神を仰ぎ、人に仕う

LOVE GOD AND
SERVE HIS PEOPLE

キリスト教概論

聖学院キリスト教センター編

改訂 21世紀版

はじめに

「あなたがたに神の言葉を語った指導者たちのことを、思い出しなさい。彼らの生涯の終わりをしっかり見て、その信仰を見倣いなさい。イエス・キリストは、きのうも今日も、また永遠に変わることのない方です。」

(『新共同訳聖書』ヘブライ人への手紙 13 章 7 − 8 節)

1986 年 3 月 19 日、本書は女子聖学院短期大学で講じられた「キリスト教概論」の教科書として刊行されました。本学の建学の精神「神を仰ぎ、人に仕う」に裏打ちされた熱き信仰と使命共同体の力によって本書は編述されました。以来、1988 年の大学開学時に若干の手直しがなされ、1991 年には「改訂と増補」が施されました。さらに、2007 年には『神を仰ぎ、人に仕う・21 世紀版』が上梓されました。

さて、学校法人聖学院は、従来『口語訳聖書』を使用してまいりましたが、2013 年度より『新共同訳聖書』に変更する決定をいたしました。従いまして本書中に使用する引用聖句訳文を、新共同訳に変更する必要が生じてまいりました。ここに若干の手直しを加えて新共同訳版『神を仰ぎ、人に仕う・改訂 21 世紀版』として改訂する運びになった次第であります。

使用聖書変更理由については、拡大チャプレン会でまとめられた文章がございますので、参考のために以下に載せることといたします。

「学校法人聖学院は、従来1955年に刊行された口語訳聖書を使用してきましたが、この度、来年の2013年度より、新入生から順次、1987年に刊行された新共同訳聖書に替えることを決定いたしました。どの訳の聖書を使用するかに関しては1999年に一度検討がなされ、その時は翻訳の内容を重視する観点から口語訳聖書の使用継続が確認されました。ただし、その時点においても、教会での日曜礼拝に園児・児童・生徒・学生を送り出す関係から、諸教会の動向を見定めながら変更もありうるとの状況を重視する意見もありました。その議論から十数年を経、また次の新しい聖書翻訳の声が聞かれるこの時期ではありますが、以下のような理由から、新共同訳聖書の使用を決断いたしました。

① 1987年時点で、新共同訳聖書は最も新しい底本と最新の研究を取り入れていること。
② 園児・児童・生徒・学生を受け入れてくださる諸教会で、従来口語訳聖書を用いていたところが、大部分新共同訳聖書に替えたこと。
③ 新共同訳聖書のほうが口語訳聖書に比べ、読みやすく、分かりやすいこと。
④ 新共同訳聖書には不快語の改善が見られること。
⑤ 特に中高では、外部で出版されている教科書や参考書を用いているが、そのほぼすべてが新共同訳聖書に基づいていること。
⑥ 新共同訳聖書で使用されている人名・地名のカタカナ表記が、次の聖書翻訳においても基本的に継承される見通しであること。
⑦ 1999年に議論された新共同訳聖書のもつ内容上・表記上の問題点は、教育的努力で改善できると判断したこと。

以上、特に近年、教会の高齢化がますます顕著になり、若者離れが進む現状に鑑みる時、何よりも園児・児童・生徒・学生の〈分かりやすさ〉と〈社会的状況〉から判断し、変更の決断をいたしました。ただし、今後とも口語訳聖書の良さも大切にし、複数の翻訳のあることの豊かさを生かしていきたいと思います。皆様のご理解とご協力を賜わりますならば、幸いです」。(2012 年 12 月)

上記の内容を受け今回の改訂に至りましたが、冒頭で述べましたように本書は、聖学院関係者との協働の賜物であります。それぞれの信仰の歴史を内に刻み込んでおります。

執筆者たちの最大の願いは、学生諸君が本書を「キリスト教概論」の教科書として用いるだけでなく、本学のスクール・モットーを深く知り、キリスト教信仰の豊かさに触れ、主イエスとの交わりに入っていただくことです。

2013 年 2 月 1 日

キリスト教センター所長　山口　　博

神を仰ぎ、人に仕う —— # 目次

III　神とその民――キリストに至る道（旧約聖書）

VI　教会の歴史と現代

I

序——出会い

1 | 実存的問題から（自分を知る）

1——あなたを捜し出す神

「これを見たシモン・ペトロは、イエスの足もとにひれ伏して、『主よ、わたしから離れてください。わたしは罪深い者なのです』と言った。……すると、イエスはシモンに言われた。『恐れることはない。今から後、あなたは人間をとる漁師になる。』」（ルカ福音書５章８—10節）

私たちは人生においてしばしば「あなたは誰？」という問いに出会います。その時、私は「そうだ、私は一体どういう人だろう？」という問いを持ち始めます。その問いへの答えとして、私たちは手がかりを必要とします。血液型調べ、星占いに始まり、学問的にもユングの「人間のタイプ論」等数多くあります。これらはいずれもこうした自己確認の手がかりをつかもうとする試みなのであります。いまだに私たちの周りでは、自分がどのような星のもとに生まれているか、どのような性格が原型か、自己確認として大きな興味が持たれております。しかしこれらはいずれも人間を先天的な性格が決定的なものと見る、宿命論の人間観の表明であります。一方、人間はその置かれた環境のもとで大きな影響を受けますし、教育によって後天的に新しい人格が現れ出ることもあるのです。人間は成熟すると、自らに大きな影響を及ぼすであろう「環境」を選んで、そこに自らを置くことで新しい影響を与えさせることもあるのです。人間はかくも周囲から影響を受けやすい存在であります。

次頁の写真は、ウルフ・チャイルド‘wolf child’の写真です。この物語は、実話ですが、1920年、宣教師シング師が地元の人々と協力して、インドのベンガル地方・カルカッタ近郊の町ミドナプールで、狼に育てられた二人の少女を救出しました。年長の少女推定8歳をカマラ、年少の少女推定1歳半をアマラと名づけました。彼らはきわめて凶暴で人間に対し敵意をむき出しにし、行動様式は狼そのものであったということです。人間復帰教育が始まりました。アマラは不幸にして1年後死亡しましたが、6年後、1926年にカマラはようやく2本の足で立てるようになり、言葉もたくさん覚えました。カマラは17歳で亡くなりましたが、何かに驚いたり急ぐ時は4本足で走り出したそうです。それくらい狼の生活が身についていたのです。（図版①参照）

先天的には、彼らは人間です。しかし幼児期に、狼にさらわれ、偶然狼の教育を受け、狼に「成って」いたのです。そこからの人間取り戻し教育は至難をきわめました。人間の行動パターンや性格は、決して血液型のような先天的なもので決まるものでないこと、そして教育の重要性、特に幼児期の環境は重大な影響を後々まで与えることが分かります。周りの人々の愛情と教育によってカマラもようやくにして人間に「成る」ことができました。しかし、その過程で大変な苦しみを味わいました。人間はそのままでは決して「人間である」とは言えません。人間は大変な苦労をして「人間に成る」、「成っていく」のです。

冒頭に掲げた新約聖書の一つのエピソードは、ある日漁師シモン・ペトロがまったくの不漁で落ち込んでいた時、たまたま出会ったイエスからも

図版①-1　孤児院に連れてこられて間もないカマラとアマラ

図版①-2　シング夫人からビスケットをもらっているカマラ

（出典：『ウルフチャイルド』福村出版、1984年）

う一度網をおろすよう言われ、やってみたところ大漁を体験しました。ペトロは嬉しかったに違いありませんが、よほど驚いたのでしょう、また恐れたのでしょう、イエスに次のように言ったのです。自分は自らを考えてみて、このような素晴らしい体験をできるような者ではない、罪人であるゆえに、自分から離れてくださるようにと言いました。しかしイエスは、「恐れることはない。今から後、あなたは人間をとる漁師になる」と言われました。人間をとる漁師とは、世界という海の中で不自由にして死の脅威にさらされている（当時海は死の象徴でした）魚を人間にたとえ、人々をそこから自由の世界へ救い出すわざをなす人に成ることを意味します。ペトロはこのようにイエスと出会い、イエスから呼びかけられた声に呼応して、「新しい人間、ペトロに成っていく」のです。

私たちは「私は何者であろう」と思索します。ともすれば私たちは「どうせ自分は」と考えてしまいます。ペトロも「自分は罪人」と考えます。

しかしイエスは「恐れることはない。今から後、あなたは人間をとる漁師になる」と言われます。私たちも呼びかけに応えていきながら「新しい自分に成っていく」のであります。

「あなたたちは真理を知り、真理はあなたたちを自由にする。」（ヨハネ福音書 8 章 32 節）

これは聖学院大学の標語の一つです。「どうせ自分は」という自らを束縛する不自由な生き方でなく、「これからあなたは……に成る」という声に応えて、新しい存在に成っていく自由を受け取りましょう。国立国会図書館にも類似の標語が掲げられております。しかしその標語は「真理は我らを自由にする」となっております。真理を各人が学べば、自由になるという意であります。しかし、真理は「あなたは誰か、あなたはこれからこういう存在に成っていく」という呼びかける声に、私たちが応えていく過程で、教えられていくものではないでしょうか。

皆さんが聖学院大学に入学した経緯は、各人にそれぞれいろいろあったことでしょう。まったくの偶然で入学された人、本来の志望でなかった人など、いろいろなケースがあることでしょう。しかし皆さんはこの大学へ招かれたのです。そしてこの大学で呼びかけられる声に耳を傾けましょう。

ゴーギャンという画家が『われわれはどこから来たのか、われわれとは何者か、われわれはどこへ行くのか』という大作を描いております。ゴーギャンという画家は 19 世紀フランスの人で、太平洋のタヒチ島で、文明の問題、人間の問題を考えていたようです。彼は「どこ」という問題を考えます。このように言い換えてもよいでしょう。われわれにとって故郷とはどこか、と。

新しい世界へ来て、私たちはしばしば「ここには自分の居場所がない」と感ずることがあります。それはアイデンティティ ‘identity’（自己存在確認）の問題であると言ってもよいのです。

「この人たちは皆、信仰を抱いて死にました。約束されたものを手に入れませんでしたが、はるかにそれを見て喜びの声をあげ、自分たちが地上ではよそ者であり、仮住まいの者であることを公に言い表したのです。このように言う人たちは、自分が故郷を探し求めていることを明らかに表しているのです。もし出て来た土地のことを思っていたのなら、戻るのに良い機会もあったかもしれません。ところが実際は、彼らは更にまさった故郷、すなわち天の故郷を熱望していたのです。」（ヘブライ 11 章 13—16 節）

ある人は自分のアイデンティティは、ヘブライ人への手紙で言われている「故郷」だと、言うかもしれません。しかし、現在の社会はあまりに流動性が激しく、また情報流通の拡大による均質化が進み、地域性のアイデンティティは非常に持ちにくくなっていると言えます。自分の最終的な落ち着かせ場所、居場所は、自分に本当に親身になって関心を寄せ、呼びかけてくれる声のもとにあります。それこそ天の故郷、人間の真の故郷です。ペトロは、その後かつての漁師であることから自分に呼びかけてくれた声、イエスのもとにとどまり、従うようになりました。ペトロはこの声のもとに、自分の居場所を定めたのです。

ペトロがどのような人かと問えば、もはや「どこの国、どの市の出身、どのような民族で、何語を話すか」という説明は意味をなしません。ペトロは、イエスの呼びかけに応えて、今まさに「どんよりした海から多くの魚を自由の世界へ引き上げるように、イエスと共に人々を日々救おうとしている人」と言うべきでしょう。それは皆さんにもあてはまります。

ペトロはまさにそのように生きていったのです。

どこに生きる居場所を定めるかは、即どのように生きるかの問題に直結します。この大学は「神を仰ぎ人に仕う」というスクールモットーを掲げております。それはどう生きるかの課題の一つの手がかりを示しております。それをこれから、共に探究していきましょう。そしてこの大学で、多くの豊かな呼びかけに応えて（ある時は反発したり、共感を覚えたりして）、これから皆さんがなすべき具体的使命 'mission' を見いだしてください。それは生きがいの問題にもつながります。

2——神様のこと

「心で見なくちゃ、ものごとはよく見えない。かんじんなことは、目に見えないんだよ。」（サン・テグジュペリ、内藤濯訳『星の王子さま』岩波書店、1962年、より）

「昔の人たちは、この信仰のゆえに神に認められました。信仰によって、わたしたちは、この世界が神の言葉によって創造され、従って見えるものは、目に見えているものからできたのではないことが分かるのです。」（ヘブライ 11 章 2—3 節）

皆さんの中には、神と聴くと反発を覚える人が多いことでしょう。目に見えない存在をどうして考えられるのか、それは人間の空想する架空のものではないか、という反発です。昔、『サンタクロースっているんでしょうか』というアメリカで今も語り継がれている実話が日本にも紹介されました。今から 100 年程前、バージニアという 8 歳の少女がサンタクロースの存在を信じて成長していったところ、学校で、目に見えないサンタクロースがいるわけがないと言われ、当時のニューヨークの「サン新聞」に投書をしました。編集部のチャーチ記者は、後世に語り継がれる見事な公開回答文を、少女に宛てて書きました。

「バージニア、サンタクロースがいないと言うあなたの同級生は間違っています。それは近代の懐疑精神に毒されてしまっています。サンタクロースがいないなら、人生を豊かにしてくれるメッセージが消え、そしてバージニアのような心を持つ子どもたちまで消えてしまうでしょう。赤ちゃんのガラガラを分解してみればどのように音を立てるか分かりますし、クリスマスイブに誰かに頼んで煙突でサンタクロースを捕まえられるかもしれません。しかしそんなこととサンタクロースがいるかいないかとは、何のかかわりもないことです。私たちの生きる世界とサンタクロースたちが活躍する世界にはどんな力持ちが引っ張っても開けることのできない美しいヴェールがあるのです。そのヴェールはあなたのように信ずる心、感じやすい心の持ち主だけがそっと開けることができるのです。サンタクロースがいないですって！　いな、サンタクロースは、今より後も永遠に生き、私たちの心に愛と希望と信仰を与え続けることでしょう」(私訳)

この公開回答文をもらったバージニアがその後どのような生涯を送ったかは、早世したチャーチ記者には知る由もなかったのです。彼女は、その後大学を優秀な成績で卒業し、孤児たちのための教育者になりました。彼女は、最期の時まで、サンタクロースの心を持ち続け、希望もなくすさんだ少年少女たちを温かい心で育てました。その中から驚くばかりの大きな業績をあげた人々が巣立っていったのです。このサンタクロースを信じ続けた少女の物語は、私たちが神を信ずるとは何を意味するか、私たちに暗示しているのではないでしょうか。見えないもので存在するものは本来あまりに多いのです。見えないもので、見える世界に大きな影響をもたらすもの、それは豊かに存在します。理念、ルール、理想など、多くのものがあります。しかし、聖書の示す「神」はそうしたものにとどまりません。私たちと対話し、叱り、励まし、慰め、立ち直らせてくださる存在です。人格的交流をもたれる方であります。そうした方と交流する中で私たちが成長させられ、変えられるのであります。

昔、日本の剣豪、宮本武蔵は、巌流島決戦に臨む前に、神仏に祈ろうとしますが、神仏に頼るような心を排せんと、祈るのをやめて、決戦に臨んだと言われます。今日も「カミ」を名乗る多くの宗教の崇拝の対象があり、日本では年始には多くの賽銭が投げ込まれます。「合格祈願」、「商売繁盛」、「良縁成就」など、多くの祈願が「カミ」に寄せられます。それらは、確かに武蔵のような厳しく生きようとする人から見れば、甘えた依存心の強い心が出ていることになります。しかし、そうした宮本武蔵も、既に亡き剣術の師匠とは、黙想の中でしばしば語り合い、教えを乞い、時には叱られていたようです。

本当の神は、私たち人間を愛するゆえに、戒め、励まし、時には叱り、懲らしめ、そして悔いる者を赦し、浄化してくださる存在ではないでしょうか。厳しくも慈悲に富んだ父親のような存在ではないでしょうか。私たちは少なくとも聖書において、そういう真の神を示されるのです。

さて、人間は自然の脅威の中で、まったく小さな存在にすぎません。生きていく過程で、受ける不安、脅威、もろもろの人間を萎縮させる見えない「もの」が存在します。しかし人間がそうした自然の脅かしの中にあって、萎縮状態から立ち上がることができた背景には、大変重要なある役割がありました。次の一文を読んでください。

> 「子どもは悪い夢でも見ると、夜中に目がさめて、自分が一人ぽっちで闇に囲まれ、言いようもない脅迫感に取り巻かれていることに気づく。そのようなときに、信頼できる現実の輪郭は、ぼやけて見えない。そして、初めて混沌状態の恐怖を感じて、母親を求めて泣く。このようなとき……母親は、おそらくあかりをつけて、安心をもたらす光の暖かい輝きで、子どものまわりを照らすだろう。そして、子どもに話しかけるか、歌をうたってやるだろう。……『こわがらなくてもいいのよ――みんなちゃんとなっているから、みんな大丈夫よ』。すべてがうまくゆけば、泣いた子どもは安心し、子どもの現実に対する信頼は回復され、そして、この信頼のゆえに再び夜のねむりに入るのである。」（ピーター・バーガー、荒井俊次訳『天使のうわさ』ヨルダン社、1982 年、より）

宗教社会学者ピーター・バーガーは、こうした世の多くの母親の役割は、心理的に混沌状態にある子どもを安定させ、再び安らかな夜の眠りへと導き、健全な人格へと育むものであると言います。重大な役割を果たしていることを示唆するのであります。ところが、この学者は続けてこう申します。しかし、この「母親は子どもにうそをついている」のではないだろうか、と問いかけるのであります。すなわち、現実社会には、子どもどころか大人も脅かすような悪魔的存在や多くの不安や危険が存在することを、こうした世の母親は知っているはずであると言うのであります。

このように言うことができるでしょう。夜突然目を覚まし、不安と闇の恐怖から泣き出す幼い子ども、それは大自然の脅威の中にいる人類の象徴であります。しかし人間はそうした萎縮する不安の中から、立ち上がり、文化や文明を作り上げてまいりました。そこには、こうした人間を立ち上がらせる「母の役割」がありました。人間を脅かすそれらの悪魔的存在以上に強い存在が実在することを、そうした悪魔的存在に打ち勝ち、時には人間社会に介入して人間を護り、人間を見守り続け、人間を育てるまなざしのあることを教える「母」的役割がありました。皆さんにも幼い頃、こうした「母の力強い声」に接して、生きるための根源的な信頼を育てられた体験を持たれた人もいることでしょう。皆さんもやがて親になっていくとき、子どもにこうした力強い信頼を与えることができれば、その子どもにとって何と幸せなことでありましょう。しかし、(母) 親はうそをついているのではないかという疑問をあの学者は提示しているのです。親自身が、こうした「神」をしっかり知り、どれほどこの地上に悪魔的存在が跳《ちょう》梁《りょう》跋《ばつ》扈《こ》していても、そうした存在を究極において抑えつけ、人間をしっかり護ってくださる「神」の本当のご支配を信じているのでない限り、親は子どもに実はうそをついていることになります。子どもに安心感を与えるための方便としての「信頼」、必要性から出た「信仰」ということになります。子どもはそうした親の「うそと偽善」を見抜き、やがて人類が根源的に持つ「究極的不安」の中に、かえって強い形で舞い戻ってゆくのであります。

これにもかかわらず、人類は、悪魔的存在を抑える「究極の力」を信頼して、究極的不安の中から立ち上がり、温かい家庭を築き、文化の花を咲かせ、社会や国家を築き上げてきました。しかし、現代において、その根底を支える精神に、亀裂や脆弱な点が現れるとすれば、今後大変なことになります。

これまでの人類の歩みを肯定するためには、人類を支え、護り、育てる「究極的存在」を人類は信じなければならないのであります。そうでなければ、すべてがバーガーのいう「うそ」になります。しかし、幸いなことに人類は、この「究極的存在」、まことの神を知ることができるのです。キリストをとおし、聖書をとおして。

3——キリストとの出会い——キリストなしには神は分からない

「御子は、見えない神の姿であり、すべてのものが造られる前に生まれた方です。」（コロサイ 1 章 15 節）
「いまだかつて、神を見た者はいない。父のふところにいる独り子である神、この方が神を示されたのである。」（ヨハネ福音書 1 章 18 節）
「いまだかつて神を見た者はいません。わたしたちが互いに愛し合うならば、神はわたしたちの内にとどまってくださり、神の愛がわたしたちの内で全うされているのです。」（一ヨハネ 4 章 12 節）

私たちは、ある人を理解しようとする時、その人の話を聴きまたその人と一緒に学んだり奉仕したりせず、一緒に生きようとせずに、その人を評価しようとすれば、評価は独断的なものになってしまうでしょう。神に対してもそうです。神を人間があれこれ想像と断定で評価するとすれば、大変な誤りになります。そうしたことを、speculation（思弁）と言います。「ヨーロッパ人の『神』の肌は白く、アフリカ人の『神』の肌は黒い」ということが言われますが、そうした思弁による神概念は、単なる人間の自己投影にすぎません。人間の自己投影の最たるもの、それは偶像です。神を何とか人間の頭で捉えやすい形にしようとすること、また人間が必要な時にいつでも現れる神を創り出すこと、つまり人間の支配の範囲内に「神」を置こうとする心、それこそ人類がしばしばなしてきた「偶像崇拝」です。偶像崇拝こそは、神理解から最も遠い態度です。まことの神を知り、理解しようとするならば、人間理解でさえそうであるように、神の声に、神の言葉に耳を傾けなくてはなりません。

先に私たちは、目に見えない豊かな世界に心を開くべきであることを学びました。確かに神は、人間の目には見えない方であります。しかし見えない神を知ることは、人間には大変困難なことであります。見えない神の真意を理解することも大変難しいことであります。真意をめぐって誤解や不安が人間の側に起こってくるのであります。しかし、人類史上、大変な出来事が起こりました。

> 「キリストは、神の身分でありながら、神と等しい者であることに固執しようとは思わず、かえって自分を無にして、僕の身分になり、人間と同じ者になられました。人間の姿で現れ、へりくだって、死に至るまで、それも十字架の死に至るまで従順でした。このため、神はキリストを高く上げ、あらゆる名にまさる名をお与えになりました。」
> （フィリピ2章6—9節）

キリストとは、ギリシア語で「油注がれた者」の意味です。古代イスラエルにおいて、王や祭司や預言者などが油を注がれることで特別な神の使命を受ける者であることを示されましたが、転じて救い主を指します。ここには、人間の目に見えない高次の存在である神によって人間世界に送られた「神の身分」であるキリストの姿が示されております。「へりくだって」とは、ご自分のことをかえりみない、という意味です。「僕（しもべ）の身分」とは、仕え人のかたちをとられたということです。そして人間の姿になられました。私たちが祝うクリスマスとは、神の子キリストが、イエスという一人の完全な人間の姿をおとりになったことを示すものです。聖書は別の箇所で、キリストを「神から派遣された神の子」と表現しております。

またイエスとは、イスラエルではヨシュアから転じた名で「主はわが救い」の意です。当時はありふれた名であったと言われます。キリスト（救い主）であるイエス（まったき一人の人間）、イエス・キリストと称されるようになりました。

このイエス・キリストは、ご生涯をとおして神を示されました。自らは大工の長男として育ち、年齢およそ30歳の頃、バプテスマのヨハネから洗礼を受けられ、神の国の福音を伝える活動に専念されました。しかも新しい権威ある教えを、時にはたとえを用いられながら伝えつつ、多くの病の人を癒し、時には亡くなった者をよみがえらせました。しかし当時のユダヤの宗教権力の支配者と厳しく衝突し、ローマの政治権力当局の保護も受けず、裁判にかけられることになりました。ここでキリストは力による解決をなすこともできたはずです。しかしあえてそうなさらず、神への真剣な祈りの結果、すべての人の罪を赦し、罪からの救いのわざを達成されるために、神の意志として自ら十字架にかかられました。まさに十字架の死に至るまで従順であられました。しかしそのイエス・キリストを神は復活させ、やがて昇天させ、多くの弟子たちを立ち上がらせ、やがて世界中に教会を建て、人類の歴史を変えてきたのであります。このイエス・キリストから私たちは神のご計画とご意志を見いだすだけでなく、神を知るのであります。イエス・キリストと出会い、イエス・キリストに救われた人は、みなイエス・キリストをまことの神と告白するようになります。イエス・キリストは神のもとから人間世界に至り、十字架にかかられよみがえられ、神と一つであることを示されました。（図版②「グリューネヴァルトの磔刑画」参照）

神の子が十字架にかかるなどということは、当時の人にも理解しがたい驚くべきことでした。しかし、本来神が暴虐と虚偽に生きる罪人の人間に正義を要求し続けられるなら、やがて学びますノアの時の洪水のように、人間すべてを滅ぼさなくてはならないでしょう。またその時、後に学びますが、毒麦と共にせっかくの良い麦も抜かなくてはならないでしょう。神は、神の子が十字架にかかられることにより、神の赦し（「許し」ではありません。「赦し」です）の愛を示され罪からの強い救いのわざをなされたのです。十字架のもとから多くの人々が変えられ始めました。ここに人類は

図版②「グリューネヴァルトの磔刑画」

見えない神のご意志とご臨在を知ったのです。しかも神の力の強い現実を体験していったのです。

イエス・キリストは神のかたちです。イエス・キリストをとおして神の心を知ることができます。またイエス・キリストと共に歩む時、大いなる私たちの変化を体験できます。さらに、イエス・キリストはご生涯をとおして神へのまったき従順の模範を私たちに示されました。このイエス・キリストのあとに従って行ってよいのです。そのイエス・キリストは、きょうも私たちを招き、私たちに呼びかけられます。

本当の神は、私たちが偶像を造って私たちの手元に置けるような方ではありませんし、そうであってはなりません。私たちに語りかけ、私たちと会話でき、私たちと心の交流ができる方であります。このイエス・キリストと出会えるのは、礼拝の中で始まりますが、具体的には聖書を読むことから始まります。聖書こそは、神の言葉であり、イエス・キリストを証するものであります。

4——聖書こそは、神の言葉

「あなたたちは聖書の中に永遠の命があると考えて、聖書を研究している。ところが、聖書はわたしについて証しをするものだ。」（ヨハネ福音書 5 章 39 節）

最近世に 3D という興味深いコンピュータ・グラフィックの絵があります。表面は意味のない単なるデザインが描かれておりますが、練習によって視点を正しく持つとき、そこから驚くべき内容の素晴らしい世界が現れ出るのであります。聖書を読むときも同じです。正しい視点を持たないとき、単なる古文書の一つにしか過ぎませんが、正しい視点を持つとき、そこに命の言葉が現れるのであります。正しい視点とは、聖書がイエス・キリストを証しするために書かれている視点であります。

「毎日見ていた／空が変った
涙を流し友が祈ってくれた
あの頃恐る恐る開いた／マタイの福音書
あの時から／空が変った
空が私を
見つめるようになった」（星野富弘「空」『鈴の鳴る道』、偕成社 1986 年、p. 69）

星野富弘という方は、もと中学の教諭で事故により半身不随となられ、病院で寝たきりでした。そのとき、イエス・キリストと出会い、ご自分の歯で筆をとり、絵と詩を書き、多くの人々に感銘を与えておられる方です。この詩には星野さんが聖書をとおして神と出会った様子が生き生きと描かれております。「あの時から空が変った。空が私を見つめるようになった」とは、何という素晴らしい表現でしょう。絶望する人間に空はどんよりと閉ざされております。不安にあえぐ人間は空を仰ごうともしません。体が不自由で空しか見上げることができない状態の星野さんに、涙ながら祈りつつ、聖書を読むように勧めた人がいたのでしょう。恐る恐る開いた新約聖書の最初の文書のマタイによる福音書を読み始めた星野さんに大きな変化が起き始めました。空が変わったと。これは大きな星野さんの内的変化です。自分が絶望から見回す世界でなく、自分が見られている存在であることを知り始めた事実を語っております。つまり空が私を見つめるようになったと。星野さんの上をおおう空が四六時中消えないように、四六時中星野さんを見守るまなざしの存在を感じ始め、神と出会い始めたのです。さらに星野さんは、聖書に聴きつつ、周りの世界に働く神のわざに目をとめるようになりました。星野さんが歯に絵筆をくわえながら花を描き始めたのも、その後です。打ち砕かれ、萎縮していた人間が力強く立ち直り、しかも周りの世界に積極的な関心を持って、愛情込めて探究しはじめる姿がここにあります。

> 「初めに言《ことば》があった。言は神と共にあった。言は神であった。この言は、初めに神と共にあった。万物は言によって成った。成ったもので、言によらずに成ったものは何一つなかった。言の内に命があった。命は人間を照らす光であった。光は暗闇の中で輝いている。暗闇は光を理解しなかった。」（ヨハネ福音書 1 章 1—5 節）

この「言」は言葉とは違います。神のご意志そのものであります。しかしこの言から聖書の言葉が生まれてまいります。「万物は言によって成った」と。まさに万物はこの神の祝福の言から生まれているのです。

星野さんが花に着目されたのも、こうした自分でさえ生かすべく支えられる神のご意志に触れ、周りにある友としての花に働かれる神の言、神のご意志を知りたいと願ったからにほかならないでしょう。そして「言の内に命があった」と告げる聖書の言葉に、この「神の命の言」を見いだしたのです。そして「命は人間を照らす光であった」と。すなわち、この命は人の光、すなわちイエス・キリストを指すものであります。聖書から、命であり人の光であるイエス・キリストと出会うとき、私たちはどれほど、この地上に大事故があり、悲しみや暗闇があろうとも、「光は暗闇の中で輝いている」ことを知るのです。そして「暗闇は光を理解しなかった」ことを深く確信するのです。こうした心が私たちに形づくられていくとき、大変暗示的で象徴的なことですが、私たちも星野さんと同じように、花に感動し（心が燃える）、花を探究し（学びに興味が持てる）、花を描いていく使命を持つようになる（生涯の目標、生きがいが与えられる）のです。

2　なぜ聖書か——特別な手がかり：神の言葉＝プロテスタンティズムの基本原理

私たちは、まことの神を知るにはキリストと出会うこと、そして聖書においてこそキリストと出会える書であることを学びました。しかし、この当然に思えることが実は長い歴史においてはそうではなかったのです。聖書が私たち一般の人が読むことができるようになるまでに1500年ほどかかりました。聖書は読み聞かせるものであり、それは一定の権威ある者が教える線に沿って解釈されるものであるとされてきた時代が長いのです。すなわちローマ・カトリック教会の権威の下でなくては、聖書を解釈してはならないとされました。たとえば「聖伝」（聖なる伝承）などの光をとおしてでなくては、解釈してはならないとされました。しかし1517年に始まったドイツ人修道士マルティン・ルターの宗教改革以来、聖書は直接すべての国民が読むべきであり、それぞれの国の言葉に分かりやすい格調高い言葉で訳されるべきであることが主張され、今日に至っております。では、どのようにしてルターは、宗教改革に至ったのでしょうか。そこには彼の真剣な、聖書を読む格闘がありました。

ある時、ルターは旧約聖書・詩編の解釈を講解していて、詩編72編1—2節「神よ、あなたの公平を王に与え、あなたの義を王の子に与えてください。彼は義をもってあなたの民をさばき、公平をもってあなたの貧しい者をさばくように」（口語訳）という言葉にぶつかります。ここで、ルターは「神の義」を当時の伝統に従って、「神は義をもって裁く」と解しました。ルターにとって義は審《さば》きであり、苛酷な判決でありました。そこではキリストもまた苛酷な審きのキリストでありました。それでは、ルターにとってこの御言葉は恐ろしいものであります。事実ルターは言いました。「神は我らに清い生活を要求しながら、その守る力を与えられず、私は神を憎みさえした」と。

ルターは聖書との厳しい取り組みの中で、やがてこの神の義を「神はその義を罪人に与える」と理解できるようになりました。ローマの信徒への手紙、ガラテヤの信徒への手紙、ヘブライ人への手紙等に示されるキリストの十字架の出来事の中に「神の義」を深く探究し、この結論へ至る内的照明を受けました。ルターにとって、人間の清潔度としての義が問題ではなく、神が大いなる力をもって与えられる義、神のわざによって与えられる義が、言い換えれば主体を転換させ、神の視点に堅く立つことを、学んだのでした。しかし神の視点に立つことにより、人間世界の多くの誤謬が見えてまいります。そこに批判精神、プロテスト（抗議する）精神が与えられます。しかしこの体験は、ルターにとって、当時の宗教的権威、政治的権威の下での聖書理解は誤謬を犯しうること、それも人間は神のご意志を誤解するほどの重大な過ちを犯しうることを体験させられました。ここからやがてルターの宗教改革が始まり、社会を大きく変え、やがて近代社会への門を開いていくのですが、その端緒となる、一つの芽が聖書の学びから起こったのであります。

私たちの聖学院大学がよって立つ建学の理念にプロテスタント原理があります。それは、私たちが神のご意志を知ろうとするとき、イエス・キリストの出来事から神のご意志を学び、イエス・キリストの出来事から聖書を理解し、その視点から社会への木鐸《ぼくたく》（警告を行うもの）としての使命が与えられるのであります。

聖書は、大変膨大な書物が集められており、あまりに豊かな内容の書であります。構成は以下のとおりとなっております。

これらの旧約聖書39巻、新約聖書27巻、合計66巻で、聖書は構成されております。まず福音書のどれかから読み始めることが勧められますが、聖書は全巻を学ぶべきものです。少しずつ読みすすめ、大学在学中に全巻読破に挑戦してみましょう。

ところで、最近市販されている聖書の中で、旧約続編という文書が掲載されることがありますが、本来プロテスタント教会は聖書としては認めておりません（正典論。正典とはつまり規範としての書）。

そもそも新約聖書が誕生する頃、ユダヤ教において旧約聖書は、聖書の正典としては下記の「律法」のすべてとルツ記、エズラ記、エステル記を除く「歴史書」および哀歌とダニエル書を除く「預言書」のみ認められておりました。文学書をはじめとする諸書のうちどれが正典であるかは、まだ決定しておりませんでした。その時暫定的に多くの「諸書」が存在しました。その後、ユダヤ教のヤムニヤ会議（紀元70～90年に断続的に開催）

	律法	歴史書	文学書	預言書
旧約聖書 39巻	創世記・出エジプト記・レビ記・民数記・申命記	ヨシュア記・士師記・ルツ記・サムエル記上下・列王記上下・歴代誌上下・エズラ記・ネヘミヤ記・エステル記	ヨブ記・詩編・箴言・コヘレトの言葉・雅歌	イザヤ書・エレミヤ書・哀歌・エゼキエル書・ダニエル書・ホセア書・ヨエル書・アモス書・オバデヤ書・ヨナ書・ミカ書・ナホム書・ハバクク書・ゼファニヤ書・ハガイ書・ゼカリヤ書・マラキ書

	福音書	使徒の歩み	書簡	黙示録
新約聖書 27巻	マタイ福音書 マルコ福音書 ルカ福音書 ヨハネ福音書	使徒言行録	（パウロ書簡） ローマ書・コリント書Ⅰ Ⅱ・ガラテヤ書・エフェソ書・フィリピ書・コロサイ書・テサロニケ書Ⅰ Ⅱ・テモテ書Ⅰ Ⅱ・テトス書・フィレモン書 （他の使徒書簡） ヘブライ書・ヤコブ書・ペトロ書Ⅰ Ⅱ・ヨハネ書Ⅰ ⅡⅢ・ユダ書	ヨハネの黙示録

で旧約聖書の残りの「諸書」の正典化が確定したのですが、その際排除されたいくつかの書がカトリック教会では「第二正典」として受け継がれております（最終的にはトリエント公会議、1546年）。プロテスタント教会はこれらを正典からはっきり除きました。読み比べてみてすぐ分かることは、旧約続編と称する「諸書」の内容における、正典とのあまりの大きな質的相違です。また新約聖書、特に福音書にも、ペテロ福音書などと称される多くの偽書が市場に出回っております。しかしこれらも、あまりの内容の違いに驚くどころか、イエス・キリストという方を大きく誤解させるものです。無論これらを読んでもよいのですが、まずは、聖書そのものをじっくり読んでからこれらに触れることをお勧めします。さらに最近発掘された『死海文書』の中には問題の内容の文書が多く（興味本位に日本のアニメーションやアメリカの映画等で紹介されたりしますが）、また世の市販されている多くの聖書紹介文書にも同様の現代人の自己投影にしかすぎない内容を多く見ます。私たちはまず、聖書そのものに、堂々と表玄関から取り組んでいきましょう。

「御言葉が開かれると光が射し出で／無知な者にも理解を与えます。」
（詩編119編130節）

聖書が内側から開き、光を放つまでに、私たち読む者が自分を捨て、すなわち自分の先入観を捨て（これは本から学ぶ者の基本的あり方です）、聴くように読むことです。これが聖書が神の言として語りだす時であります。それは祈りつつ、礼拝の中で聖書を聴く中で最も起こることであります。（図版③聖学院大学総合図書館所蔵『ティンダル聖書』）

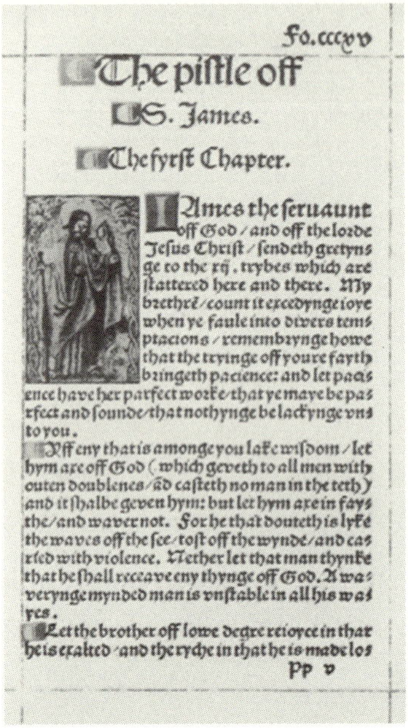
Fo.cccxv

The pistle off

S. James.

The fyrst Chapter.

IAmes the seruaunt
off God / and off the lorde
Jesus Christ / sendeth gretyns
ge to the xij. trybes which are
skattered here and there. My
brethrẽ / count it excedynge ioye
when ye faule into divers tems
ptacions / rememberynge howe
that the tryinge off youre fayth
bringeth pacience: and let pacis
ence have her parfect worke / that ye maye be pa=
rfect and sounde / that nothynge be lackynge vns
to you.
Yff eny that is amonge you lake wisdom / let
hym are off God (which geveth to all men with
outen doublenes / ãd casteth no man in the teth)
and it shalbe geven hym: but let hym are in fays
the / and waver not. For he that douteth is lyke
the waves off the see / tost off the wynde / and cas
rsed with violence. Nether let that man thynke
that he shall receave eny thynge off God. A was
verynge mynded man is vnstable in all his wa=
yes.
Let the brother off lowe degre reioyce in that
he is exalted / and the ryche in that he is made los
Pp v

図版③　聖学院大学総合図書館所蔵『ティンダル聖書』

3　祈り、礼拝

祈りとは、神の呼びかけを聴き、それに応えていくことです。心の中の対話であります。神は聖書をとおして語りかけることもありますし、直接内的に私たちの心に話しかけてくることもあります。祈りはよく聴いてこそ、語られるべきであります。祈りにおいては口を閉じるのはまず神に聴くためです。また祈りは目を閉じてなされますが、それは目に見えない世界への心の目を開くためであります。また祈りは手を組んでなされますが、一心に集中するためであります。

祈りは、個人の静かな時間の中でも持ち得ますが、公の礼拝の中で最も良く持つことができます。日曜日（聖日もしくは主日と言います）の朝、キリスト教会ではおよそ2000年間いかなる時も、礼拝が守られてきました。イエス・キリストが復活された曜日としての日曜日を覚え、毎日曜日礼拝を守ってきました。さらに聖学院大学は、月曜日と土曜日を除く毎平日、全学礼拝を守っております。聖学院大学では、その『聖学院大学の理念』第2条で、「プロテスタント・キリスト教の伝統に沿ってなされる礼拝を生命的な源泉とする」ことが宣言されております。本学の礼拝は、約30分間で次のとおりに守られます。

1. 前奏（黙祷《もくとう》）
2. 讃美歌（主に頌栄や讃栄という讃美歌が歌われます）
3. 聖書（旧約聖書・新約聖書から1パラグラフほどが奨励者によって選ばれます）
4. 祈祷（司会者による祈り）
5. 奨励（題が付けられ、その日の御言葉に即して福音が語られます）
6. 祈り（奨励者による祈り）
7. 讃美歌（讃美歌または第二讃美歌から奨励者によって選ばれます）
8. 主の祈り（後述）
9. 後奏（黙祷）

その後報告がなされ、解散します。本学の礼拝において、イエス・キリストと出会った人、イエス・キリストに従って生きる決心をした人、愛する者を失いながら復活と再会の望みが与えられた人、そしてイエス・キリストからの招きを感じ取って献身の決意を与えられた人など、これまで多くの学生たち、教職員たちに内的ドラマがこの全学礼拝で起こってきました。この全学礼拝は、まことに聖学院大学の生命的源泉であります。

ところで祈ることに困難を感ずる人も多いことでしょう。事実イエス・キリストの弟子たちも主イエスに「わたしたちにも祈りを教えてください」（ルカ福音書11章1節）と尋ねました。前述したように、昔の日本の剣豪が嫌った神仏依存の甘えの祈りなどに見られるように、祈りにこそ、人間の問題性や強欲や嫌らしさなどがかえって現れるものであります。イエス・キリストは正しい祈りを「主の祈り」として弟子たちに教えられました。全学礼拝の中でも毎回唱えられる「主の祈り」とはどのようなものでしょうか。マタイ福音書は次のように記しております。

「天におられるわたしたちの父よ、御名が崇められますように。
御国が来ますように。
御心が行われますように、天におけるように地の上にも。
わたしたちに必要な糧を今日与えてください。
わたしたちの負い目を赦してください、わたしたちも自分に負い目のある人を／赦しましたように。
わたしたちを誘惑に遭わせず、悪い者から救ってください。」（マタイ福音書6章9―13節）

まずイエスは、「天におられるわたしたちの父よ」と呼びかけることを教えられました（マタイ福音書6章9節）。この祈りは、神の子、イエス・キリストが父なる神に祈られる「主イエスの祈り」であります。イエス・キリストにとって父である神に、私たちも招かれてイエス・キリストとともに、天の父よ、と祈ってよいのです。私たちは肉身の父に従いますが、なおさら魂の父に従順であるべきです。

「更にまた、わたしたちには、鍛えてくれる肉の父があり、その父を尊敬していました。それなら、なおさら、霊の父に服従して生きるのが当然ではないでしょうか。肉の父はしばらくの間、自分の思うままに鍛えてくれましたが、霊の父はわたしたちの益となるように、御自分の神聖にあずからせる目的でわたしたちを鍛えられるのです。」（ヘブライ12章9―10節）

この地上でなく、神が直接ご支配されるところ、それが天です。そこにおられる父なる神に呼びかけるのであります。

「天にましますわれらの父よ、ねがわくはみ名をあがめさせたまえ」（通常文語文で祈ります)。本来の意味は、「神の御名が聖とされますように」ということです。その意味において、私たちも御名を讃美するのであります。名は体を現すと申します。神に名があるのでしょうか。神は旧約聖書・出エジプト記では、神の名は「わたしはある。わたしはあるという者だ」(出エジプト記3章14節)と宣言されております。「わたしはある」とは、どのような意味でしょうか。「私は生きている」というご自分のご臨在を現す表現であります。また「私たちと共にいます」という人間への呼びかけでもあります。さらに、このヘブライ語「ハーヤー」のニュアンスは、「成らせる」という意味も含んでおります。すなわち、神は、「私は生きている、私は世の終わりまであなたがたと共にいる、そして私はこれまでしてきたように、計画を実現して必ず成就していく者である」という意味です。この名が、神の体を現しております。そのような神の御名を、私たちは、感謝と喜びをこめて、たたえるのであります。

「み国をきたらせたまえ」。先ほど、天は神のおられる直接ご支配の領域であると説明しました。み国も神の直接支配される領域であります。その神の直接ご支配の領域がこの地上にもみ国として広がりゆくのです。そのことを願う祈りであります。罪と悪の支配するこの地上の悲しみ、苦しみを終らせるみ国の到来を、私たちは希望として持ち、祈ってよいのであります。

「みこころの天になるごとく、地にもなさせたまえ」。私たちが到来を祈るみ国とは、まさにみこころの行なわれる世界(神のご意志がなされる世界)であります。しかしこの地上でみこころの成就を祈る者は、自分自身がおのれの心を捧げ、神のご意志を受け止めなければなりません。事実この祈りを教えられた主イエスは、ゲッセマネで十字架にかからねばならない父なる神のご意志を、祈りの中で受け入れていきました(マタイ福音書26章36—42節)。祈りは神に自己を委ねるか否かの戦いの場でもあります。

「我らの日用の糧を今日も与えたまえ」。ここから私たち人間の困窮と本当に必要なものへの願いとなります。日用の糧とは、日ごとに必要な糧のすべてです。食料も経済的なものも含みますが、同時に私たちになくてはならない心の糧も祈りの対象です。またこの祈りが「我ら」となっておりますゆえに、世界の飢餓にある人々、日本の身近な所にいるであろう心に渇きを覚えている人々などのためにも、祈っているのであります。

「我らに罪をおかすものを我らがゆるすごとく、我らの罪をもゆるしたまえ」。もともとの聖書には、心の負債とあります。貸しがある、恨みがある、そうしたすべてのケースを含めます。それを主イエスはまず率先して赦すことを祈りの中で言いなさいと教えられるのです。その時同時に、私たちの罪が赦されることを祈ってよいのですし、事実イエス・キリストによって赦されていることを祈りの中で確信するのであります。主イエス・キリストご自身、十字架におかかりになられる中で、すべての人々を赦す祈りをされました（ルカ福音書23章34節）。この祈りを祈る時、私たちはキリストの十字架を思います。

「我らをこころみにあわせず、悪より救い出《いだ》したまえ」。もともとこの祈りは二つの祈りであると言う人もいます。しかし、私たちはこの祈りの中で、私たちが誘惑、試練に弱い存在であることを認め、父なる神の守りを祈るのです。さらに、悪の世界、支配より救い出されることを祈るのであります。聖書において、悪の存在は否定されておりません。悪魔という人格を持った存在が実在することも示唆されております。それは神の力に劣りますが、人間の力をはるかに超えた存在であります。しかしこの祈りを祈ることにより、私たちは自分の弱さを認めるとともに、それでも誘惑、試練、それに悪魔的存在と出会ったときに神の守りのもと、毅然として立ち向かう決意を新たにするのであります。

「国とちからと栄えとは、限りなくなんじのものなればなり」。新約聖書を読む限り、この最後の節は本来の主の祈りにはなかったかもしれませんが、教会は主イエスに教えられた主の祈りを締めくくるために、教えていただいた神への応答として、この節を加えたのであります。これはすべてを神に帰す賛美なのであります。国はすべて神のもの、権力などのちからも神のもの、そして繁栄が与えられるとしてもその栄えは神のもの、という賛美をもって祈りを結ぶのであります。私たちはどんな圧力にも屈しない勇気をもって神の教えられる正しい生き方をし、すべての栄えを神のために生かすのであります。

「アーメン」。アーメンとは、ヘブライ語で、「まことにそのとおり」です、「真実」です、という意味です。世界共通語とも言えます。このアーメンを唱えたからには、私たちはこの祈りを共有し、共に担っていくことを決意するのであります。

主の祈り以外にも、多様な祈り（自由祈祷）があり得ます。その祈りの場合、アーメンの前に、「この祈りを主イエス・キリストの御名によりお捧げします」と付け加えます。それは、この祈りは人間の祈りではありますが、御子イエス・キリストが父なる神に祈られる祈りとしてお受けくださいという意味であります。そうせよと、主イエス・キリストが言われたことに基づいております（ヨハネ福音書 14 章 12—14 節）。

私たちはこうして神を仰ぎ、そしてイエス・キリストが歩まれたように、人々に仕えていくのであります。聖学院のスクールモットーは、「神を仰ぎ､人に仕う」であります。それはまさにこの礼拝から来るのです。神に用いられ、人を生かす生き方への変化、成長がこの礼拝の場で起こるのであります。そして、これからキリスト教概論を豊かに学ぶことにより、私たちはこの日本でどのように生きるべきか学んでいくのであります。この日本社会は多くの点で病んでおり、まさに私たちの奉仕の対象であります。しかし主の祈りの結びの「国とちから（権力）と栄え（繁栄）とは、限りなくなんじのものなればなり」と祈るとき、日本も神のご支配に服していることを知り、克服されねばならない多くの点を持っていること、すなわち日本は救われねばならないことを知るべきであります。日本社会のためにも、そしてアジア諸国、さらには世界のためにも、真剣に祈りましょう。

なお、「主の祈り」のほか、歴史上代表的な祈りのいくつかを紹介します。

アッシジのフランチェスコ（1182〜1226）（図版④参照）の『平和の祈り』
「主よ、私をあなたの平和の道具としてお使いください。
憎しみのあるところに愛を、いさかいのあるところに赦しを、
分裂のあるところに信仰を、誤っているところに真理を、
絶望のあるところに希望を、闇に光を、
悲しみのあるところに喜びをもたらす者としてください。
慰められるよりは慰めることを、理解されるよりは理解することを、
愛されるよりは愛することを、私が求めますように。
私たちは与えるから受け、赦すから赦され、
自分を捨てて死に、永遠の命をいただくのですから。」

図版④

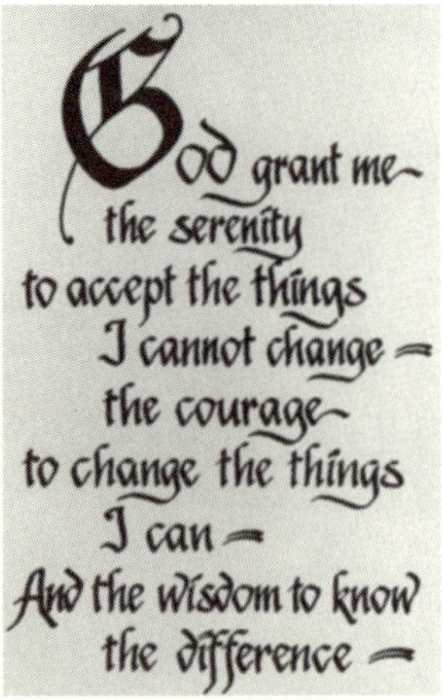

図版⑤

ラインホールド・ニーバー（1892〜1971）の『平静さを求める祈り』（図版⑤参照）

「神よ、我らに、
変えることのできないものについてそれを受け容れるだけの平静さを、
変えることのできるものについてはそれを変えるだけの勇気を、
そして変えることのできないものと変えることのできるものとを識別する英知を与えたまえ」。

II

キリスト教とは何か

1 三位一体の神

1――多神教と唯一神教

宗教の中には一定の理念や原理を認識したり悟ったりすることを主眼とした宗教もありますが、多くの場合特定の「神観念」を持っています。その場合その神がどういう本質や属性の神かという以前に、一つの神を信じている宗教と、複数の神つまり「多神教」を信じている宗教との違いがあります。宗教については、信じているその人自身の主体的な信仰とその価値判断を離れてそれを論じることはできません。それで、どの宗教が進んでいるとか、どの宗教が遅れているといった判断は、客観的な仕方では軽々しく結論づけることはできないものです。しかし概して言えば、多神教は、文明の古代時代に世界の各地に見られたものです。さまざまな原始宗教、古代エジプトや、古代のギリシャやローマの宗教、あるいはマヤ文明の宗教などです。それらは事実として諸民族を越えた普遍的な世界宗教の位置に立つことはできませんでした。古代以来日本列島に見られた神道もそうした多神教の一つです。それに対し「唯一神」を信じる行き方は、パレスティナに発する聖書系の宗教に見られます。ユダヤ教、キリスト教、イスラーム教がそうです。それらは諸民族を越え、時代の変遷や人類のさまざまな試練に耐えて、現代の「世界宗教」に数えられています。しかしなおそれらが真に「世界宗教」の名に値するかどうかは、どれだけ普遍的な仕方で、現代世界の諸問題に答えうるか、そして人類全体の行方に関与する力量を発揮しうるかどうかにかかっているでしょう。

2――三位一体の神

キリスト教の神観念は、通常「唯一神教」に数えられています。しかしキリスト教信仰によれば、神はただ「単一の神」であるというだけではありません。キリスト教の神はイエス・キリストの人格とその生涯、つまりイエス・キリストの出来事に示された神であり、それは唯一の神であり、同時に御父、御子、聖霊の神です。これを三つの位格（ペルソナ）と言います。つまりイエス・キリストの出来事にご自身を啓示された神は、三位の区別を持った一つの神です。ここにキリスト教信仰による神理解の特徴があります。神は、「御父なる神」として神であり、また「御子なる神」として神であり、「聖霊なる神」として神なのです。しかも三つの神々がいるのでなく、「唯一の神」がおられるのです。ですからこの神理解は単なる「一神教」でもなく、また「三神教」でもなく、「三位一体の神」の「唯一神」と言われるわけです。しかしこれはどういうことでしょうか。

いったい、神がどのようなお方か、私たち人間にどうして分かるのでしょうか。人間は自分の経験や理性によって、神を完全に推し量ることはできません。他の人間についてでさえ、その人の自由や人間として誰もが持っている深みのゆえに、その人がどういう人であるか、容易に理性や経験で推し量れるものではありません。まして神は、私たちをはるかに超えた超越的で、自由で、秘義的な方です。人間からの類比で測れるお方ではありません。神を知ることができるのは、ただ神ご自身が自らご自分を私たちに示し、知ることを許し、その道を与えてくださることによってのみです。またそうしてくださるのは、私たちにそうされる資格や能力があるからではありません。まったく神の自由な恵みによることです。この神の恵みによる神ご自身の自由な示しを「啓示」と言います。私たちが神を知ることができるのはもっぱら神の「恵みの啓示」によるのです。

3――イエス・キリストにおける啓示

神の啓示はキリスト教信仰によれば、イエス・キリストの出来事に、つまりイエス・キリストの人格とその言葉、その働き、その生涯の中に示されています。このイエス・キリストの出来事については、私たちは聖書によって、特に新約聖書によって知らされています。それ以外にこの出来事の元来の証言はありません。ですから神の啓示は、聖書をとおして示されているということにもなります。聖書が伝えているイエス・キリストの出来事、つまりキリストの人格や言葉、そして働きと生涯、特に十字架と復活の出来事の中に神の啓示の出来事があります。つまりイエス・キリストの出来事の中で神ご自身が働いておられるのです。具体的に言いますと、イエス・キリストは神に向かって「父よ」と呼び、十字架にかかるに至るまで、その「父なる神」に従順でした。そのことはイエス・キリストの自覚の中では、「父なる神」から「あなたはわたしの愛する子、わたしの心に適う者」（マルコ福音書1章11節）として派遣されていることでした。イエス・キリストと「父なる神」は何ものも破ることのできない、愛と信頼の絆によって結ばれています。それは、イエス・キリストと父なる神は一つに結ばれていることでもあります。神は「イエス・キリストの父なる神」であり、イエス・キリストはその「愛する子」であり、両者は一体です。そのためにイエス・キリストが働くときには、神が働いておられ、イエス・キリストが神の国は近づいたとの福音を伝え、病人を癒すときには、神の恵みが働き、その恵みの支配である神の国がすでに開始しているのです。こうしてイエス・キリストのおられるところ、神がおられるのです。

4──「わが主よ、わが神よ」

イエス・キリストがおられるところ、神がおられ、神が働いているということ、またイエス・キリストと神とは一つに結ばれているということは、他の立派な人々の場合にも言うことができる意味でそうなのではありません。後にイエス・キリストをとおして、キリストの弟子とされた人々もまた神との交わりに入れられました。現代のキリスト者たちも御言葉と聖礼典をとおして、聖霊によってキリストに結ばれ、それによって神との交わりの中に入れられています。その意味で、神と一つに結ばれていると言うこともできます。しかしイエス・キリストと神とが一つであるのは、キリスト者の誰についても言いうるのとはまったく異なった意味においてです。新約聖書はそのことを「イエスは主である」(ローマ10章9節)という言い方で表現しました。「主」とは旧約聖書以来、神の名の一つです。「イエスは主である」とはイエスと神との同一性を信じ、告白しているわけですし、さらには「イエスは神である」と言うのと等しいわけです。実際、トマスは復活されたイエス・キリストに向かって「わたしの主、わたしの神よ」(ヨハネ福音書20章28節)と呼びかけています。

5──「神の子とする霊」

イエス・キリストと父なる神とを一つに結ぶ、破れることのない愛と信頼の絆は、聖霊による絆です。「霊」が下って、イエスは「これはわたしの愛する子」と言われたとあるとおりです。聖霊はイエスの誕生にも働き、復活にも働いています。イエスは「聖霊によって身ごもっている」(マタイ福音書1章18節)と言われ、「聖なる霊によれば、死者の中からの復活によって力ある神の子と定められた」(ローマ1章4節)と証言されているとおりです。聖霊は御父と御子とを結び合わせ、愛の交わりを形成します。こうして「御父なる神」「御子なる神」とともに「聖霊なる神」の働きが信じられます。一つなる神の内には、御父、御子、聖霊の相互の交わりがありますが、聖霊はさらに人々に神を信じる信仰を与え、キリストと結び合わせ、神との交わりに生かし、さまざまな霊の実（信仰、希望、愛、自由、新しい命、義、平和など）を結ばせます。こうして御父と御子、それに聖霊の区別がありながら、一つである神であるという現実が分かります。神は三位一体なる神と言うわけです。

6――洗礼と信仰告白

三位一体の神に対する信仰は、特に洗礼と関係し、洗礼を受けるときに言い表される「信仰告白」（使徒信条）と密接に関係してきました。「父と子と聖霊の名によって洗礼を授け」（マタイ福音書28章19節）よと言われているように、キリスト教的洗礼は三位一体の名による洗礼です。それによって聖霊の働きをとおしてキリストの体に入れられ、神の子とされ、神の民に加えられ、神との交わりに入れられるわけです。また洗礼の信仰告白と言われてきた「使徒信条」はやはり、三位一体を基本として信仰を言い表しています。それが教会の信仰の基準になりました。またその信仰の言い表しは、神に対する「賛美の表現」でもあります。「父、子、聖霊にいます神を信ず」と言うとき、神がキリストの十字架と復活において、またキリストが共にいてくださるすべての歴史において、聖霊をとおして、ご自身のご計画の達成のために、また私たちの救いのために、何をしてくださったかを思い起こして、感謝をもってその栄光をほめたたえ、賛美しているのです。

2　契約の神

1――「神われらと共にいます」

イエス・キリストの人格と出来事において啓示されている神は、「人間と共にある神」です。それは「人間を選び、創造し、罪を赦し、和解に入れ、完成してくださる神」です。神が「われらと共にいます神」であることは、イエスの名が示していると言われます。「『見よ、おとめがみごもって男の子を産む。その名はインマヌエルと呼ばれる』。この名は、『神は我々と共におられる』という意味である」（マタイ福音書1章23節）とあります。キリストによって啓示され、聖書によって証しされている神は、「インマヌエルの神」「我々と共におられる神」であって、ただご自身の内にあって孤立し、人類なしに、また世界なしに、不可思議な全能者として隠れておられる方ではありません。

この「インマヌエルの神」は、またただ一般的に人類と共にいるだけではなく、人類と共にいるために具体的にその中から人々を選び、ご自身の民とし、その民と共にいることによって、人類と共におられる方です。そのことが旧約聖書においては、世界のもろもろの民を祝福するためにその祝福の基として具体的にアブラハムを選び、さらにイスラエルの民をご自身の民として選ぶ中に示されています。こうして神は、その民の神となり、その民は神に選ばれて神の民となります。このことは聖書の中に繰り返し語られていることです。たとえば、「わたしはあなたたちのうちを巡り歩き、あなたたちの神となり、あなたたちはわたしの民となる」（レビ記26章12節）と言われているとおりです。「あなたたちの神になる」。これが神の契約です。神は「契約の神」であり、それゆえに選ばれた民は「契約の民」なのです。

2――人格的な出会いの神

契約関係においてその双方は、契約のパートナーとなります。神は特定の人々を契約のパートナーとして選び、その関係を維持し、その中にご自身が真実なお方であることを示されます。このように選び、相手として真実であり続ける中に、神の人格的な性格が示されています。しかし神が「人間のための神」であることを神が自己を有限化したり、自己制限したと考えるべきではありません。また神はどうしても避けられない必然性から「人間と共なる神になった」と考えることも誤りです。神は何ものにも強制されず、また何らの必要もなく、ご自身の内でもっぱら完全な自由にあって、そして愛にあって意志決定され、まったく恵みによって私たちのパートナーとなられ、また特定の人々を資格なしに恵みによって選ばれたのです。そのようにして神はご自身が人格的な神として、祈りによって呼びかけることを許してくださいました。契約の神は人格的な出会いの神です。

3――契約と律法

それにしても契約の神の選びは、個人的な出会いとは異なります。それも含まれているのですが、第一義的には個人ではなく、民が契約の相手です。そしてこの契約の徴として、神はその民に「律法」を与えました。契約の民には、その契約にふさわしい歩みが期待され、使命が与えられ、そこに向かって歩むための守りが与えられたわけです。そこで契約の民は恵みにあって真実な神に対し、正しい意味で応答的に歩まなければなりません。律法は、そのために契約の民がなすべき礼拝と生活とを記しています。神をまことに神とする礼拝と、神の民とされた共同体の本当の意味での自由と愛の信仰と生活、つまり神に応える信仰と生活があるわけです。

4――キリストの血による新しい契約

ところで契約というと、契約の当事者である双方が対等の資格で契約を締結する場合が普通考えられると思います。万一対等の資格ではないとしても、契約の当事者である以上、双方が双務的な義務を負うのが通常の契約でしょう。たとえば勝者と敗者の間の契約、あるいは支配者と支配される者との間の契約などでも、対等ではないが、やはりどちらにも守るべき条件がついている双務的な契約が普通です。しかし聖書に示されている神とその民との契約では、そうした相互的な対応や双務的な義務については語られてはいません。常に神が契約の主導者です。契約は当事者同士ではなく、一方的に神の恵みによって成立しています。

実際、イスラエルの民は偉大な契約のパートナーである神をしばしば忘却し、神から離れ、別のものに心を向け、神との契約関係から繰り返し脱落しています。神は真実ですが、人間は不真実なのです。ここでは契約の遂行はまったく神の一方的な愛と真実によって保持されています。人間が神の民でありうるのは、ただ神が恵みによって人間の神であり続け、契約の神であり続けてくださるからです。その一方的な契約の保持の中に、神の恵みの真実が、忍耐強さが示されています。その意味で契約は「恵みの契約」にほかなりません。契約の神は自由な、しかし愛と真実の、恵みの神です。

このことは新約聖書においてますますそうです。イエス・キリストの人格、言葉、行為、そしてその生涯において神が働いています。主イエスは「あなたがたがわたしを選んだのではない。わたしがあなたがたを選んだ」（ヨハネ福音書15章16節）と言われます。またイエスの言葉と生涯の中に、失われた神の民を追い求める愛の神が啓示されています。迷子の羊を捜す羊飼いは、主イエスご自身の姿ですが、それはまたキリストに啓示された神ご自身の姿です。罪によって神との契約関係から背き離れた者をキリストは追い求め、神の民として連れ帰り、ご自身の犠牲をとおして神の子とします。このことのために主イエスは派遣されてこの世に来たのです。そして契約の破れの克服と回復のために、その罪の赦しと罪の克服がなければなりませんでした。キリストはそのために十字架にかかり、血を流し、そして苦痛の中に死を受け入れたのです。それは派遣された御子であるイエス・キリストの自己犠牲の死と苦痛でした。そのようにして「キリストの血」による「新しい契約」が打ち立てられたのです。そこでキリストの十字架の贖いによって、罪の者、神に反逆した者がその罪を赦され、失われた者が再び神との「和解」に入れられました。それは「新しい契約」と言われているとおり、ただ罪を犯すその前の状態に復帰しただけといったものではありません。神の子の贖いを受け、二度と元に復することのない仕方で、神と民との新しい契約の中に入れられたのです。そして神との和解の中で新しい歩みが開始されました。キリストの十字架の血による贖いにより、その復活の命に与ることによって、神の民がキリストの体である教会（エクレシア）として新しく集められ、異邦人もまたその中に加えられ、神の国への旅路を歩み始めたのです。それはすでに終末に実現する神の国が開始しはじめた状態です。神の国には神の民が集められる必要があります。その神の民がキリストの名によって、父と子と聖霊の名による洗礼をとおして集められ始めたのです。

5――契約と教会

神との契約の信仰は信じる人ひとりの個人主義的な信仰ではありません。それは共同体形成的な信仰です。主イエスのたとえにある「100 匹の羊」も、「10 枚の銀貨」も神の民を表しています。その 1 匹が欠けても神の民は完全ではないのです。神の民はかけがえのない一人ひとりを含みながら、同時に全人類の祝福の基でもあります。したがって、神の民は閉鎖的な意味で特定の人々の集まりではありません。全人類のために集められた神の民です。教会の本質について「公同的」と言われます。教会は「一つであり、聖であり、公同的であり、使徒的」と言われるのです。この「公同的」というのは、神の民の普遍的な性質に理由があります。そして教会の公同性、神の民の普遍性は、神の愛の普遍性から由来しています。

一人ひとりの個人はどのようにして契約の民の中に加えられるのでしょうか。誰でも生まれながらに教会に属しているのではありません。福音を宣べ伝えられ、信仰を告白し、洗礼を受けて、教会に加えられます。選ばれた者が召されて洗礼を受け、信仰を言い表して教会に加えられ、神の民に属するのです。洗礼は、召された者が、キリストと共に死に、キリストと共に生きる仕方で、キリストに結び合わされ、それによって神の子とされ、神の民に加えられる出来事です。

6――契約の目的、御国における神の栄光

神がキリストにあって選び、神の民としてくださった契約の民には、目標があります。それは神の国にあって、神の栄光を賛美することです。教会がいますでに礼拝を捧げているのは、不完全ながら、神の国での神の民の賛美を今この地上で先駆的に表しているのです。その神の国における神の栄光の賛美までに、神の民がすべて召集される必要があります。そのためにすでに神の民として召されている教会共同体はこの世界に派遣されます。神の民を集めるためにです。神の民の最後の使命は神の栄光を賛美する礼拝ですが、いまの使命はそのために神の民を集めることです。それが伝道です。契約の民は、いますでに万物、万人に代わって先駆的に礼拝しながら、すべての神の民による礼拝を目指して、伝道に派遣されているのです。日本の中だけではありません。世界の伝道のために派遣されています。

日本が近代的な国家や社会として歩み始めた明治時代に、はじめてプロテスタント・キリスト教が伝えられました。そのとき各地に信仰によって結ばれた青年の集団ができました。彼らは同じ信仰による使命を共通に持って、盟約共同体を形成しました。典型的には熊本バンドに見られたように、その使命とそれに挺身する志とその約束を文書の形で掲げたケースもありました。そこには神に対する信仰と、信仰によって与えられた使命の自覚、そしてその遂行のための盟約、そして友情が示されています。契約はそうした使命共同体を生み出します。教会はまさしくその使命共同体なのです。

3 聖書の意味と構造

1——現代に生きる聖書

聖書は「永遠の書物」と言われます。現代でも聖書は読まれているでしょうか。読まれているはずです。地球上のほとんどあらゆる言語に聖書は訳され、ほとんどあらゆる地域に配布されています。ドストエフスキーは『罪と罰』の中で、「読みふるした、皮表紙の古ぼけた本」（ロシア語訳の新約聖書）が読まれる場面を描いています。「神様がいなかったらどうして生きて来られたでしょう」。そう語るソーニャが殺人犯ラスコーリニコフの求めるままに、ヨハネによる福音書第 11 章「ラザロの復活」の箇所を読む場面です。「この人も、いまはおなじように眼が見えず信仰をもたないこの人も、やはり信ずるようになるに違いない、そうだきっとそうなるに違いない。いますぐにも、と彼女は空想した。そしてよろこばしい期待に身をふるわすのであった。……ひんまがった燭台に立っていた蠟燭の燃えさしは、この永遠の書物を読むためにこのみすぼらしい部屋で不思議なことから顔を合わせた殺人犯と淫売婦の姿をぼんやりと照らしながら、もう大分前から消えかかっていた」。作家は聖書が読まれるとはどういうことかを描こうとしています。聖書が読まれることはどん底の中に光が射すことです。限界状況の中で人間は聖書を読むのです。現代人もこういう聖書の読みを忘れてはならないと思います。人間がまことに人間らしく苦しみ悩むとき、聖書が読まれなくてはならないでしょう。現代人がもし聖書を読まなくなったなら、それは聖書の終わりではなく、むしろ現代人の終わりを意味するのではないでしょうか。

2——聖書それ自体が求める読み方

それにしても聖書は、聖書にふさわしい仕方で読まれ、理解されなければなりません。聖書はどんなふうに読んでも聖書だとは言い得ないでしょう。聖書が語ることを聖書に即して理解する「信仰」が与えられなければ、聖書は聖書として読まれることにならないでしょう。結局、聖書としては分からなかったという聖書の読み方も世には随分多いのです。使徒言行録第8章に聖書の一節を朗読するエチオピアの高官の話が出てきます。彼はイザヤ書を読みながら、その聖書の意味が理解できません。「そこで、フィリポは口を開き、聖書のこの個所から説きおこして、イエスについて福音を告げ知らせた」（35節）とあります。やがて高官は「イエス・キリストは神の子と信じて」、バプテスマを受け、「喜びにあふれて旅を続けた」というのです。聖書を理解することは、キリストを信じることになって現れます。そしてバプテスマを受けることと結びつき、喜びながら人生の旅を続ける力になります。そのためにはまた「導き手」が必要であり、キリストが宣べ伝えられなければなりません。つまり聖書は、それを受け入れる信仰と関係し、またキリストを伝える教会と密接に関係しているわけです。聖書は「信仰の書」であり、「教会の書」です。聖書それ自体が求める読み方に従って読むとき、まさしく聖書は永遠の書物なのです。

3――聖書と教会

聖書と教会の関係を理解することは、聖書の意味を知る上で重要です。聖書は教会的な書物ですし、逆に教会は聖書的な共同体です。両者の成立には「相互関係」があります。聖書の成立には教会が深く関与しています。旧約聖書はイスラエルの民の歴史の中で生まれました。契約の民として神から受けた律法が記述され、また預言者が召され、神の言葉が語られました。ただし、聖書はイスラエルの民自身が生み出したと言うことはできません。それは確かにイスラエルの民とですが、しかし神の歴史から生まれたものです。神の働きなしには聖書は生まれなかったでしょう。同じく新約聖書は、イエス・キリストという神の出来事から生まれています。聖書を生み出したのは、結局、神の働きです。神の霊が著したのであって、したがって神の霊によらなければ正しく理解できないと言われるのも正当なことです。

しかしそれにしても聖書を受け止め、またそれを保持したのは、旧約聖書についてはイスラエルの民でした。教会もそうです。また新約聖書について、それを受け入れ、旧約聖書と共に保持したのは教会です。教会は聖書の成立に深く関与しています。後の時代に、あるいは他の地域に聖書を伝達したのも教会です。しかし逆に教会の歴史を見ますと、教会は聖書によって導かれ、聖書によって教会として存続させられてきました。聖書がなければ教会はその歴史が示しているようには継続しなかったでしょう。聖書と教会の間には、その成立と存続について相互関係があります。

聖書と教会の相互関係は、成立や存続についてだけでなく、理解や解釈のレベルでも成り立ちます。聖書が教会の信仰を指導し規定すると同時に、教会の信仰が聖書理解に寄与し、聖書の正しい理解に奉仕します。教会の信仰は特に「信仰告白」に表現されます。「信仰告白」は聖書の信仰のエッセンスを表現したものです。正しい「信仰告白」は聖書の指導力に服しますが、同時に聖書を正しく、聖書らしく理解するための道筋を整えます。こうして聖書と、教会の信仰である「信仰告白」の間には、相互理解、つまり解釈的な循環が成立しています。聖書をまさに聖書的に理解するのは教会なのです。同時に教会は聖書に養われます。

4——聖書が神の言葉になる

聖書がまさに聖書として迫ってくるのは、特に礼拝においてです。聖書が教会の書であるということは、特にそれが礼拝で読まれ、説き明かされる「礼拝の書」であることによって典型的に示されます。聖書は「説教」をとおして「神の言葉」になります。聖書による説教をとおして神の言葉が語られ、神とその御旨、そして御業が語られます。そのとき聖書はその真価を発揮したことになるでしょう。ですから聖書がまさにその真価を発揮し続けているのは、教会の礼拝においてであり、その説教においてです。しかも聖書は、礼拝ごとに新しく説教され、枯渇することを知りません。またそのための備えとして、聖書の研究書や注解書が書かれ続けています。毎年、何十冊もの注解書が書かれ続け、数え切れない説教がなされ続け、なお聖書に隠された宝は汲み尽くされないのです。それは聖書をとおして神が語られ、神の御業が語られるからですが、まさしく聖書のこの無尽蔵さによって聖書は永遠の書物です。それはまた聖書が「終末論的な書物」であることを意味しています。聖書は世の終わりまで読み続けられるに違いありません。聖書が時代遅れになることはないでしょう。あらゆる思想や科学が時代と共に廃れるでしょう。しかし聖書は最後まで読まれ続けるでしょう。いかなる科学も思想も聖書を追い越すことはできません。

5——正典としての聖書

聖書はイスラエルにおける神の歴史を語っています。律法を記し、預言者の言葉を伝え、とりわけキリストの人格と出来事を語り、使徒たちの説教を伝えています。それらをとおして神とその御業を語っているわけです。イスラエルとキリストにおける神とその御業を語っているということに、聖書の個性があり、聖書の権威があります。聖書は「信仰告白」にまさって「信仰の規範」です。規範としての聖書は、「正典」（キャノン）とも言います。「正典」は聖書のどれか一句とか一書について言うのではありません。「66巻全巻の聖書」が正典です。聖書の中の一句に心を打たれることも確かに意味深いことです。しかしそこにとどまるべきではありません。旧約書39巻、新約書27巻、全66巻を一つとして聖書は読まれなければなりません。どの一冊にもその書なりの個性と意義があります。しかしそれが全巻の中に位置づけられて読まれるとき、一層深い意味を発揮します。部分から全体へ、また全体から部分へと、繰り返し循環しながら聖書は読まれるべきです。

聖書全巻は、独特な構成をもって各書を配列しています。詳細な叙述は本書の他の箇所でなされていますが、この配列によって神の救済の歴史が示されています。創造から堕罪、そして救済の開始、神の民の選びとその歴史、律法と祈りと賛美、知恵と預言が伝えられます。預言され待望されたキリストの出現とその出来事が伝えられ、新しい神の民の召集と福音の伝道が語られ、使徒たちの証言、そして最後に終わりのときの約束と希望が語られています。

聖書の各書やその中の一つひとつの箇所は歴史的方法、文学的方法など、いろいろな学問的方法で研究されることができます。そうした研究は今後も探求され、開発されるべきです。そしてそれを踏まえながら、さらに神とその御業を語る書として、信仰的・神学的に、そして「正典的に」聖書は理解され、研究される必要があります。

4　プロテスタンティズム論

1──宗教改革とプロテスタンティズム

「宗教改革」(Reformation) は16世紀のヨーロッパに起きた世界史的な大事件です。これはすでにその前世紀からヨーロッパ各地に起きていた当時の中世ローマ・カトリック教会を改革しようとするさまざまな運動の総決算の出来事でした。その中心的な狙いは、信仰の改革、宗教的な改革であり、また教会の改革でした。しかし当時宗教的・教会的な改革ということは、同時に社会全体に深く影響を及ぼす改革でもあったのです。宗教改革はしたがって当時の都市生活全般の改革にもなり、また教育や学校の改革にもなりました。この運動の中心にはドイツの修道士マルティン・ルターが立っていました。彼による「福音」の再発見、「聖書」の再発見は、ちょうどグーテンベルクによる印刷技術の発明とも時期が一致し、その影響は急速にヨーロッパの北半分の地域に及んでいきました。信仰内容に関しては、宗教改革には「二大原理」がありました。一つは、人間が救いに入れられるのは、何らかの条件を具えることによってではなく、もっぱら神の恵みにより、それをただ信じて受け入れるという「信仰義認」の原理（内容原理）であり、もう一つは「福音」を知るのは教会の権威的な教えによるのでも、また人間の理性の働きによるのでもなく、「聖書のみ」により、聖書に記されている神の言葉によるという聖書原理（形式原理）です。信仰義認は、人間の側の条件に左右されない「神の恵み」の圧倒的な働きの強調であり、やがて次世代のフランス人でジュネーヴの改革者ジャン・カルヴァンにおいて、もっぱら神による選びや予定による「神の主権」の強調になりました。

宗教改革はこうして「聖書」を神の言葉として再発見し、「福音」を再発見したことで、同じ時代に「原典への復帰」を一つのスローガンとして展開していた「ルネサンス」とも共通するところがあります。しかし、宗教改革が生み出した人間の生き方は、ルネサンス的人間とは大きく異なる面を持っていました。ルネサンス的人間が普遍的な万能人的能力を発揮したのに対し、宗教改革的人間は「神の栄光のための道具」として一つの目的に向かって集中し、そのために生活を意志的に管理する禁欲的な専門人に育て上げられました。しかもルネサンス人が、依然として当時の封建貴族や国王、あるいはローマ教皇や司教に経済的ならびに社会的に依存していたのに対し、宗教改革は社会的に自立した独自の創造的生産力を発揮しました。その意味で宗教改革は優れた歴史的社会的な変革力を生み出したと言うことができます。このことは、ルター自身やドイツにおけるその後継者であるルター派教会よりは、ルターから宗教改革的信仰を継承し、ツヴィングリーやカルヴァンを経由して、スイス、北フランス、イギリス、オランダなどのヨーロッパ各地に普及していった改革派教会について一層あてはまります。

宗教改革はこうして、当初、教会全体の改革を求めた運動でしたが、結果的には全体を改革することはできず、それまでの中世カトリック世界を二分することになり、プロテスタント的地域を生み出しました。「プロテスタント」（抵抗派）という言い方は、外部から言われた消極的な呼称で、プロテスタント自身は、「福音的」と自称しましたが、しかし宗教改革から生まれた新しいキリスト教の生き方をプロテスタントと呼ぶ言い方も定着しています。

2――近代世界の成立とプロテスタンティズム

宗教改革から結果的に発生したプロテスタンティズムは、やがて世界史的な意義を負うことになりました。それは、プロテスタンティズムが「近代世界の成立」に深く関与したからです。宗教改革そのものがすでに大きな世界史的事件であり、近代世界の成立を準備した出来事であったことは言うまでもありません。宗教改革が中世ローマ・カトリック教会の統一的支配を結果的に崩壊させたこと、内面的にも権威の所在としてローマ教皇や位階制を持った教会の職制、あるいはサクラメントの権威に対し、「聖書原理」を打ち立てたこと、そして「神の恵み」の圧倒的な強調のもとに他の媒介的な権威を相対化させ、神の前の信仰的良心の位置を高くしたことなどがそうした近代世界への準備として考えられます。しかし宗教改革が全体として依然中世に属するものであり、宗教改革から本格的な近代世界の成立まではなお一世紀を隔てること、また近代の成立舞台は、宗教改革発生の地ドイツではなく、イギリスであり、ドイツはその後の三十年戦争の戦禍を受けたことも災いして、ヨーロッパの中にあってむしろ近代化の後進地域になったことも否定できないことです。

近代の成立と深く関わったのは、宗教改革そのものというより、むしろそこから生じてきたプロテスタンティズムでした。中でも、ドイツのルター派よりは、スイスや北フランスからイギリスに波及した改革派の影響が著しいものでした。さらに言えば、宗教改革期にはルター派、改革派の二大勢力から共通の敵として忌み嫌われた再洗礼派が、次第に改革派と融合する形で、近代世界の成立に著しい影響を及ぼしました。そうした再洗礼派のモティーフを融合した改革派の代表例として、17 世紀イギリスのピューリタニズムが挙げられます。マックス・ヴェーバーの言う「禁欲的プロテスタンティズム」やエルンスト・トレルチの言う「新カルヴィニズム」も、このピューリタニズムを典型とする近代世界の成立に深く関与したプロテスタンティズムの総称です。それにはまた人文主義の関わりも無視することはできません。そうした諸要素の融合を体現し、近代世界成立に貢献した典型的な人物として、例えば詩人であり、クロムウェルの秘書であり、政治思想家でもあったジョン・ミルトンがいます。

3――プロテスタンティズムの原理とプロテスタント的文化価値

イギリスの神学者P. T. フォーサイスはプロテスタンティズムの典型としてピューリタニズムの中のインディペンデンシー（独立派）を挙げて、その真髄を「根拠づけられた自由」（founded freedom）と呼びました。神がキリストの十字架に示された聖なる愛の恵みをもって、権威をもって、私たちを自由にしてくださっています。ルターは「キリスト者の自由」を語り、その自由により愛をもって仕えると語ったように、神の恵みによって根拠を与えられた自由、それゆえ愛をもって神と人に仕える自由は、プロテスタンティズムの重大な原理です。この「プロテスタント的自由」によってプロテスタンティズムは「絶えざる改革の教会」の道を歩もうとするわけです。

またプロテスタンティズムの倫理は、キリスト教史上、中世ヨーロッパのキリスト教倫理に次いで偉大な力を発揮しました。それは特に近代世界の変化に精神的推進力を与えました。近代的な経済活動、職業倫理、合理性の追及、さらに近代的な政治としてのデモクラシーの発生に影響を与えました。良心の自由、信仰の自由、宗教的な寛容、結社の自由、教会と国家の分離の原則、その他市民的な自由の確立にも本質的な役割を果たしました。これらは「プロテスタント的文化価値」と言ってよいものです。プロテスンタント的文化価値は今日、普遍的な世界文明の共通基盤となりつつあります。世界の平和や正義の基盤として、また広く人命の尊重と地球環境の保全のためにも普遍的な共通基盤が形成されなければなりません。そのときにプロテスタント的な歴史的倫理資産を掘り起こし、新しく開発し、世界に貢献することが求められます。プロテスタンティズムはなお世界史的な使命を与えられていると言うべきでしょう。

4――聖学院大学の理念

聖学院大学は、「神を仰ぎ、人に仕う」をスクール・モットーとし、独自の「大学の理念」を自覚しています。スクール・モットーは、プロテスタント的な神の恵みの権威によって「根拠づけられた自由」を「愛」によって生きる姿勢、そしてその目的を簡潔に表明したものです。また「大学の理念」は、それをさらに学的に表現し、特にプロテスタント的な歴史的倫理資産を継承し、さらに新たに展開させることで、現代世界における普遍人類的な責任に応えていきたいとの願いを表明しています。聖学院大学が宗教改革記念日（10 月 31 日）を創立記念日として定め、この日を重大な日として守っているのは、宗教改革的信仰とプロテスタント的使命を自覚し、その継承と発展を大学形成という形で遂行していこうとする意志を表したものです。

III

神とその民――キリストに至る道（旧約聖書）

1 創造する神（創造された人間）

「初めに、神は天地を創造された。地は混沌であって、闇が深淵の面にあり、神の霊が水の面を動いていた。」（創世記 1 章 1―2 節）

これは、聖書の冒頭に出てくる言葉です。神の天地創造物語と言います。古代・中世ならいざ知らず、科学の進歩した現代にあってこうした物語は荒唐無稽であると断言されることも多い昨今です。しかし、この記述は天地がどのようにして造られたかの記述でしょうか。大分後の時代に、イスラエルの民が捕囚民となって遠くバビロンの地に連れ去られた時、預言者によって示された、次のような御言葉があります。

「わたしは見た。見よ、大地は混沌とし／空には光がなかった。
わたしは見た。見よ、山は揺れ動き／すべての丘は震えていた。
わたしは見た。見よ、人はうせ／空の鳥はことごとく逃げ去っていた。
わたしは見た。見よ、実り豊かな地は荒れ野に変わり／町々はことごとく、主の御前に／主の激しい怒りによって打ち倒されていた。」（エレミヤ 4 章 23―26 節）

このエレミヤ書の文の中の用語は、まったく創世記１章1―2節の用語と同じものが使われているのであります。エレミヤの時代、物理的には、大地の形がないわけでなく、また空に光がないわけでもありません。また山が震えているわけでも、人や鳥がまったく存在しないわけでもなかったでしょう。いずれも物理的にはです。しかし、人間存在を支える社会基盤としての「地」は確固とした組織も形も崩れておりました。また「混沌」と表現されるように、それらが意味を持って機能しておりませんでした。天には希望の光がなく、世界が揺るぎ、生気に満ちた人は存在しないも同然でありました。このような状況の中の人々に、神は呼びかけるのであります。しかしこのような宗教的象徴表現に、私たちがなじんでいく時、この天地創造物語の創世記１章をどのように読み解くべきでありましょうか。

「天」とは神のおられる所であります。人間の想像もつかない場であります。そこから神は人間世界の「地」に向かわれるのです。「地」、すなわち人間世界は「混沌」とした状況でした。混乱し、基準もなく、人々の心も荒廃しておりました。そして「闇が深淵の面にあり」ました。淵は、底なしの深みであります。すなわち、死のリアリティが人間世界のただ中に存在し、しかもそこを歩く人にとって落とし穴のように地割れがあり、その上をさらに「暗闇」がおおっておりました。「暗黒の闇がおおう底なしの深み」が神の近づかれる人間存在の原点の姿とは、何という恐ろしいまでの厳しい現実認識でしょうか。それをさらに、「神の霊が水の面を動いていた」とあります。これは、神の霊が母鳥が雛を抱くようにギリギリのところで、人間存在、人間社会を護ってくださっている意味になります。しかし近年の研究では、「暴風が吹き荒れていた」と訳すべきであると指摘されております。また「霊」とは、「風」も意味します。そこで、この訳では、暗闇がおおっている、そのさらに上部を恐ろしい最大級の暴風が吹き荒れていたとなります。何とか立ち上がろうとする人間存在、何とか再建しようとする社会を、あざ笑うかのように、虚無の強風が吹き飛ばしていきます。創世記が見ている神が介入される現実世界の把握は、暗闇がおおう混沌とした瓦礫の山と荒涼、しかもその大地には、そこにはまる者を底知れぬ地の底に誘う地割れがあちこちにあり、一方その上空には強風が間断なく荒れ狂って人間の小さな懸命の努力をすぐさま絶望へと吹き飛ばしていく、こういう世界であります。しかし、まさにこの世界に神は、「光あれ」と言われ、「光があった」とされております。創世記は、この「地」すなわち人間世界を、神の語りかけのある世界であると見ています。神に見捨てられた絶望の世界ではなく、神が明確なご意志をもって語りかけ、それが出来事となって実現する世界であると見ております。ところで、この光とは何でしょうか。創世記1章14節に登場する自然界の発光体とは異なるものであると見ております。

「何のために生きているのだろう
何を喜びとしたらよいのだろう
これからどうなるのだろう
その時　私の横に　あなたが一枚の花を置いてくれた
力をぬいて　重みのままに咲いている　美しい花だった」
（星野富弘　「にせアカシア」『鈴の鳴る道』偕成社、1986年）

星野富弘さんは、中学の体育の先生でしたが、授業中大怪我をし、首から下の体が麻痺状態となってしまわれました。まさに、地割れから底知れぬ地の底に落ち、暗闇におおわれ、虚無の暴風に翻弄される人生が始まりました。しかし、その暗闇の中の星野さんに人間を超える超越から語りかける光があったのです。花をとおしてそっと、心を明るくする温かい激励の声が送られたのです。一方新約聖書は、この光は私たちに正しい認識を与えてくれる啓示の光であると、教えております（一コリント4章6節、二ペトロ1章19節）。

また、神は光を昼、闇を夜と呼ばれました。「呼ぶ（名づける）」とは、ご支配の行為であります。神は闇（そこには死の世界も含まれます）をも究極においてご支配のもとに置かれたことを示しております。また神は昼夜の創造をとおして、「時」の秩序を創造されたのです。万物は時のリズムの中で、すなわち歴史の中で生きていくのであります。

さて、神は6日目に人間を造られました（創世記1章26節)。神は「御自分にかたどって人を創造され」ました。それは、人間は神とコミュニケーションをとりうる存在として、すなわち人格存在として創造されたのです。神はこの人間に、万物を「支配させ」たのでした。支配するとは、神のご意志に沿って管理することです。万物を人間のほしいままに収奪することではありません。万物の痛み（ローマ8章19―22節）を覚えつつ、万物が神の栄光をたたえるように、保護し、ケアし、管理すべきであります。

創世記1章と同じ用語で、歴史的激動期にエレミヤ書4章などが書かれていることから、私たちは、神が創造行為へと介入されるのは、天地創造の始原に限らず、日々闇や強風との戦いを続けている人類の種々の局面でもあることを知ります。神の呼び声に応じて、私たちも、建設のわざ、形成のわざ、再建のわざ、すなわち創造のわざに取り組むために、闇から立ち上がるのであります。

さて、創世記2章に進むと、人間の創造が再び記されております。しかし「神にかたどって創造される」記述でなく、「土の塵で」造られた人間の記述です。人間存在の二つの側面です。創世記1章が書かれたのは、バビロン捕囚期の人間存在が暗い状況下でありましたが、そのただ中で、人間は神のかたちに創造されたことが力強く語られました。一方、創世記2章が書かれたのは、ダビデ・ソロモン王朝の絶頂期であり、人間が土の塵で造られている現実が警告されているのであります。大変知恵に満ち、暗示に満ちた事実ではないでしょうか。

創世記2章は、後半で人が一人でいるのは良くないとされ、男女が創造された経緯を語ります。人間が「関係に生きる存在」であること、また男女が協力し合うべき真理が語られております。

2 人間の堕罪（へびの誘惑・カインの殺人）

「チェルシーは今 3 歳、庭のビニールのプールで遊んでいる。彼女が手を動かすと水がはねる。彼女のママが家から彼女を呼ぶ声がする。でも彼女は応えないと決めた。
突然、彼女の心に大きな発見が湧き上がる。私は私なんだ！
ふと彼女は急になぜか自分が恥ずかしくなった」。

この短い文に、人間は 3 歳くらいの頃、自我に目覚めることが示されています。それまで母親のまなざしの中で護られ、まるで座席から劇の登場人物たちを見ている観客のように周りを見ていた存在が、ふと自分が独立した存在、しかも他者から見られている存在であることに気づくのです。自意識を持つようになり、羞恥心や名誉心を持つようになります。人間は ego（自我）を持つ存在であることを意識するようになるのです。この意識自体は必ずしも悪いものでありませんし、人間の人格性の萌芽でもあり得ます。しかし、ここに大きな落とし穴があります。人間は独善的、唯我独尊的傾向を示し始めるのであります。対話を拒み、他者に耳を貸さない存在になりうるのであります。ego を持つ存在が次第に egoism（利己主義）に落ちていくのです。それを聖書は万人に共通する罪としているのであります。こうした人間存在はどのようにして癒され、真に生きることができるのでしょうか。

創世記 3 章は、こうした人間の根本問題をシンボル的表現で次のように語ります。人類の代表としてアダム（男）と妻エバ（女）が始祖として登場します。アダムとエバは当初神に創造されて以来、神の教えに聴き従って育ってきました。ところがある日誘惑する声（へびと表現されている）が登場し、まずエバに働きかけるのです。それは神が食べるなと命じた「善悪の知識の木の実」でした。しかしエバはそれを食べ、夫アダムにも食べることを勧め、アダムも食べます。すると彼らは自分たちが裸であることが分かり、自分を着飾り、また恥ずかしさから木の茂みの闇に隠れます。神は彼らの名を呼びつつ捜します。神はまずアダムをとらえ詰問します。食べることを禁じた木の実を食べたのかと。しかしアダムの答えは実に象徴的でした。「あなたがわたしと共にいるようにしてくださった女が、木から取って与えたので、食べました」と。ここにはあまりに自己防衛的で責任意識がなく、反省の弁もなく、エバに罪をなすりつける心があります。さらに何とエバを出会わせてくださった神に、自分の命令違反の責任を投げ返す心が吐露されたのです。ここには人間の神非難の心が潜んでおります。

次に神はエバを詰問しました。エバはへびのせいにしました。彼らはこうして素直に自分の責任を認めることなく、自己弁明に終始し、悔いる心が示されませんでした。ここには人間の罪の本性が浮き彫りにされております。

神は彼らの罪を裁かれました。まずへびに対して、人の末裔との永遠の対立を預言され、「彼はお前の頭を砕き、お前は彼のかかとを砕く」と言われました。へびは人を罪にいざなう悪魔的存在の象徴であります。

次に神はエバに対して、出産が女性への断罪としての苦しみとなったことを語りかけておられます。本来出産は、母親にとって喜びであるべきでしょう。しかし神の断罪ゆえ、出産は人間への審きとなりました。しかし出産の本来的祝福を、私たちは知るべきであります。

最後に神はアダムに対して、人は「顔に汗を流してパンを得る」こと、すなわち労働が人間の断罪としての審きとなったことを告げられます。ここには労働の二つの側面が示されております。創世記2章15節を見ると、人間の本来的あり方としての理想的楽園での人間の生活は、喜びをもって働いているのであります。本来、労働も学習も喜びであるはずなのです。しかし創世記3章におけるこの神の断罪によって、現実においては、両者とも人間にとって苦しみであり、人間存在の疎外というべき状態になっていることが示されております。

さらに神は一つのご意志から、人間をこの庇護された理想の楽園から追放することにしました。神には一つの大きな憂慮があったのです。神の禁断の木の実はもう一つありました。それは永遠の命の木でした。神はこのままでは、彼ら人間は命の木の実を食べ、罪ある状態のまま永遠に生きるかもしれないことを恐れ、二人を園から追放することを決意されました。

egoistic な状態のまま永遠に生きる人間同士の恐ろしく悲惨な姿は、スウィフトの『ガリヴァー旅行記』(平井正穂訳、岩波文庫、1980 年)「第 4 部・馬の国」の不死人間たちの姿に示されております。

しかし神は人間を救うべく、将来の予兆となる大変暗示的な行動に出られました。一匹の動物（小羊であると言われております）を犠牲に皮の着物を造られ、それを二人に着せられたのでした。やがてそれは、人間を救うイエス・キリストの衣の予兆となりました。それを着て二人は世界へ進み行くことになりました。

やがて二人には、カインとアベルという二人の息子が与えられました。カインは土を耕す者となり、農耕民族の祖ともいうべき者に育ちました。一方アベルは羊を飼う者となり、遊牧民族の祖となりました。二人はそれぞれ神に捧げ物を持ってきましたが、カインは単なる地の産物を持ってきたのに対して、アベルは群れのういごと肥えたものとを持ってきて神に捧げました。すなわち、アベルの捧げ物には心がこもっていたのでした。当然神はアベルの捧げ物を顧みられました。しかしカインは嫉妬に身を焦がしました。そのことからカインはアベルを野で殺害し地に埋めました。神がカインにアベルはどこにいるかと尋ねられた時、カインは「知りません。私は弟の番人でしょうか」と、冷淡な応答をしました。結局カインの犯罪は暴露され、神の厳しい審判を受けました。しかし神はカインを追放処分にしましたが、他の者がカインを殺さないよう、一つのしるしをつけました。神はそれぞれの罪人を叱られながら、それぞれの人生を護り、究極のご意志として導かれます。しかし、カインの末裔からやがて武器を作る者が現れ、傷を受けたならばその復讐は 7 倍、77 倍にして返すという、恐ろしい現代的発言（テロと対抗暴力）をする末裔も現れました。

ここには、人間の罪の赤裸々な姿が浮き彫りにされております。アダムもエバもカインも、まず神の存在と御教えを忘れ、自分の感情の赴くままに神の言いつけにそむきました。それは神の言いつけに従うよりも自分の自由意志に従うことを優先したことにほかなりません。さらに神の叱責を受けた際にはその自分の罪を告白せず、その責任を他者になすりつけ、さらには神のせいにするのです。そこには自分さえ良ければ良しとする自己中心的な生き方が現れています。また自分が不公平な扱いを受けたならば殺害を辞さない感情的行動や、攻撃を受けたならば7倍、77倍にして報復するという自己中心的生き方の数々が罪の諸相なのです。これらは、あの自我（エゴ）意識がエゴイズムに展開している諸相であると言ってよいのです。究極において罪とは、神と無関係に生きようとすること、また自分を中心にして神と他者とを顧みない生き方のことであります。この自我を持った人間がいかにして自分の罪に気づき告白し、神の呼びかけに応え、心を開いてその自己中心性を明け渡すか。人間の救いはこの課題にかかっております。

しかし、神はアダムとエバが願うよりも先に、彼らと彼らに代表される人間を救われるご意志とご決意を示されました。先に神は人間が罪のままで永遠の命の木の実を食べることを憂慮されたと述べました。しかし、神は、旧約聖書・新約聖書の長い壮大な歴史のドラマをとおして、人間の罪を贖い、その罪を赦し、やがて最後に人間に永遠の命の木の実を与える光景（ヨハネの黙示録22章14、17節）を示しておられるのです。ここに神の究極の壮大なご計画が示されているのです。（図版⑥「ミルトン『楽園喪失』の挿画」参照）

図版⑥　「ミルトン『楽園喪失』の挿画」

3　神の救済（ノアの方舟・ノアの契約）

1──不安：世界の根底にあるもの

パウル・ティリッヒという20世紀の神学者は、現代人を悩ませているのは恐怖ではなく不安である、と言いました。恐怖というのは何か恐れる対象があるものであり、それが取り去られれば恐怖はなくなります。しかし不安というのははっきりとした対象がない、「なぜだか分からないが何となく」という性質のものです。確かに私たちは、不安すなわち文字どおり「安らいでいない」という感じを時として抱くのではないでしょうか。「安定していない」、「安住していない」、「安心していない」と感じる、しかしそれはいったいなぜでしょうか。哲学者ゼーレン・キルケゴールは「不安とは夢見る精神である」と言いましたが、心理学者ジークムント・フロイトは、夢を、普段は意識の下に抑圧されている無意識の表れとして重要視しました。夢において、普段ははっきりと自覚されてはいない、意識の深層に存在する内面世界が表れてくる。それと同じように、不安において、私たちを取り巻く表層の世界には普段は表れていない、表層の下にある目に見えない深層にあるものが「何となく」感じ取られるのです。

2――神話：根底の開示

ノアの洪水の物語やバベルの塔の物語は、「神話」（myth）という文学類型に属するものですが、しばしば神話はおとぎ話（fairy tale）や創作（fiction）と同じものとして扱われます。しかし、実は神話とそれらのものとはまったく違うものなのです。百科事典などを引きますと、おとぎ話や創作には「作り話」、「ウソ」という意味があることが分かります。しかし神話には「事実の背後にある深い隠された意味を含む叙述」というよう意味があることが分かります。20世紀アメリカの神学者ラインホールド・ニーバーは、神話は「科学的に厳密な分析の対象とはならないにも関わらず経験においてその妥当性を認めることが出来るような意味や事柄を記述する」と言っていますが、確かに、ノアの洪水の物語に記されている出来事は実際に起こった歴史的事実である、という証拠はありません。しかし、それにもかかわらずそれは「事実の背後にある深い隠された意味」、「経験においてその妥当性を認めることが出来るような意味や事柄」を私たちに語るのです。

では、洪水によって人間は滅びた、というノアの洪水の物語は、いったい何を私たちに語るのでしょうか。それは、自然は究極的には人間を支え守るものではない、ということ、難しい言葉で言えば、自然と人間との間にある根源的な不調和を指し示している、と言えるでしょう。自然との調和ということがしばしば語られますし、確かにトレッキングやハイキングで自然に触れるのは快適なものです。しかし、私たちは本当に自然によって癒されうるのでしょうか。たとえば、もし私たちが着の身着のままでアマゾンのジャングルや富士の樹海のような、人間の手がまったく入っていない原生林の中に放り出されたとしたら、私たちは不安を感じるでしょう。その不安の原因はいったい何なのでしょうか。それは、人間は自然の中に安らうことができないという根源的な事実によるのではないでしょうか。その、自然と人間との間にある不調和について、ノアの洪水の物語は神話という形を借りて私たちに語るのです。

3──箱舟：自然の超越

ノアの洪水が起こる前のことについて、「主は、地上に人の悪が増し、常に悪いことばかりを心に思い計っているのを御覧になって……心を痛められた」（創世記6章5―6節）とあります。それがどんな悪であったのかについては具体的には書かれていませんが、イエス・キリストは洪水以前のことについてこう述べておられます、「ノアが箱舟に入るその日まで、人々は食べたり飲んだり、めとったり嫁いだりしていた」（マタイ福音書24章38節、ルカ福音書17章27節）。「食べたり飲んだり」、「めとったり嫁いだり」というのは、食欲や性欲から生じてくるものであり、それらの欲求は通常「自然的欲求」と呼ばれます。これに睡眠欲などを含めることもできるでしょうが、こうした自然的欲求は、人間の生命維持に必要不可欠のものであり、それらが満たされなかったなら人間は死んでしまいます。しかし、もし私たちがそうした自然的欲求の命じるままに行動したとしたらどうでしょうか。暴飲暴食、放蕩三昧、惰眠を貪る……そういう生活は、私たちの健康を損なうでしょうし、それ以前に「果たしてこんな生活をしていていいのだろうか」という疑念が生じることでしょう。これは、人間と自然との間の不調和を示す一つの実例です。人間は自然的なものに完全に身を委ねてしまうことに不安を感じる、それは、人間は自然の一部であるのみならず自然を超える性質も併せ持っている、ということを表しています。人間には自然を超越する力があるがゆえに、自然への埋没に満足できず、逆にそうなってしまうことに対して不安を感じるのです。人間を滅ぼしたのが洪水であった、というのは非常に暗示的なことです。自然的なものの持つ性質、つまり適度であるなら人を育むが、多過ぎると人を滅ぼす、という性質が、この「水」によって見事に描き出されているからです。自然的欲求は、水と同じようにそれなしでは生きられないにもかかわらず、それに「溺れ」たり、「ドップリと浸かっ」たりするなら、洪水のように人を滅ぼすのです。そして、自然のこのような性質が、自然に対する不安、すなわち本当にはその中に安らぐことができない、という感覚を呼び起こすのです。

物語の中で、神はノアに向かってこう命じています、「あなたはゴフェルの木の箱舟を造りなさい。箱舟には小部屋を幾つも造り、内側にも外側にもタールを塗りなさい」（創世記6章14節）。箱舟は、自然的なものではなく、ノアが造った人工的なものですが、それに乗り込むことによってノアは洪水という荒れ狂う自然から逃れることができたのです。このことは、先に述べた、人間には自然を超越する力があるということを描き出していると言えるでしょう。

4――最初の契約

以上見てきましたように、洪水の物語は、自然は究極的には人間を支え守るものではない、ということを明らかにするのですが、では、自然でなければいったい何が私たち人間を支え安定を与えてくれるのでしょうか。ノアの洪水の物語は、この問いに対して、神の言葉を指し示して答えます。「わたしは、わたしとあなたたちならびにすべての生き物、すべて肉なるものとの間に立てた契約に心を留める。水が洪水となって、肉なるものをすべて滅ぼすことは決してない」（創世記9章15節）。この、創世記第9章に記されている神とノアとの間の契約は、アブラハムやモーセの契約に先立つ「最初の契約」と呼ばれます。洪水を生き延びたノアに対して神が救いの約束をする、それは、人間はその根底において自然ではなく神によって守られ生きるのであり、それが人間の真の安定や安心の根拠である、ということを指し示しています。ところで、この契約の記事の中には、気になることが書かれているのです。「人に対して大地を呪うことは二度とすまい。人が心に思うことは、幼いときから悪いのだ」（同8章21

節)。もし洪水後の人間が、洪水で滅ぼされる前より良くなったわけではなく、あいかわらず「心に思うことは、幼いときから悪い」のであるなら、なぜ人間はもはや滅ぼされることはないのでしょうか。ありうる結論は一つです。神の救いの約束の背後には、自然的欲求にどうしようもなく惹かれていくことを含めた人間の悪を、神の側で何とかするということがなければならないのです。かくして、ノアによる最初の契約は、イエス・キリストの十字架における罪の赦しという究極的な救いにまでつながっていくのです。

4 人間の自己栄化(バベルの塔)

1――洪水後の新たなる問題:文化への不安

先の「ノアの洪水」の物語において、人間は自然ではなく神の約束によって救われる、ということが示されたのですが、しかし洪水後の人間は神の約束に信頼して生きるようになったわけではなかった、ということを、後に続く「バベルの塔」の物語は語ります。ノアとその家族たちは箱舟に乗り込むことによって自然の猛威から逃れることができたのですが、それによってノアの子孫たちは、自然に手を加えることによって自然を超えることができる自分たちの能力、すなわち文化に頼るようになった、ということがバベルの塔の物語には書かれています。「石の代わりにれんがを、しっくいの代わりにアスファルトを用いた」(創世記11章3節)。ここには、人間が自然的なものではなく人工的なものにその生活基盤を移した様子が描かれています。しかし、バベルの塔の物語は、自然でなく文化によってもやはり人間は救われることはない、と語るのです。

ノアの洪水の物語と同様、この「バベルの塔」の物語も、やはり神話と呼ばれる文学類型に属するものであり、やはり私たちが漠然と感じている不安の正体を開示して見せてくれます。人々は「天まで届く塔のある町」

（同 11 章 4 節）の建設を始めた、と記されていますが、今日でも高層建築物は「文化」を象徴するものです。発展途上国はその首都に高層建築を建てようとやっきになります。もし「天まで届く塔のある町」が完成したなら、それは彼らの文化的達成を誇示する壮大な記念碑となったことでしょう。しかし、その建設は、神によって阻止されたのです。このことはいったい何を意味しているのでしょうか。今日、科学技術はすさまじい勢いで進んでいますが、しかし私たちの多くは、このまま文化や文明が進歩していけばやがてバラ色の未来が訪れるとは考えないでしょう。私たちは文化の進歩に対して何となく不安を感じています。そして、その不安の原因について教えてくれるのが、このバベルの塔の物語です。文化的達成を第一のことと考え、それのみを追求することは最終的には破綻をもたらす、ということをこの物語は語るのです。

2――文化の追求による人間の手段化

では、なぜ文化のひたすらな追求が破綻をもたらすのでしょうか。一つは、文化的達成のために人間が犠牲にされることが容認される、ということです。ラビ（ユダヤ教の教師）の伝承によりますと、バベルの塔は非常に高かったため、頂上に達するためには 1 年も歩かなければならなかった、と言います。「そこで人間よりもレンガのほうが価値を持つようになり、人間が塔から落ちても、そこの市民は誰も嘆き悲しむことはなかったのに、頂上からレンガが落ちて来たら、下の人間はみな嘆き悲しんで叫んだ。というのは、そのレンガを新しく置くためにはもう 1 年間が必要だったからである」（M・トケイヤー『ユダヤ発想の驚異』実業之日本社、1972 年、65 頁以下）。ここには、文化的達成のほうが人間の命よりも重視される、という倒錯が見られます。第二次世界大戦中、アウシュビッツや七三一部隊においてユダヤ人や中国人を対象とした悲惨な人体実験が数多く行なわれましたが、一説によりますとそれによって世界の医学のレベルは数十年分も一気に進歩した、と言います。しかし私たちはそれを「医学の進歩のためには少々の犠牲はやむを得ない」と言って片付けてよいでしょうか。医療は本来は人間を救うためのものなのですから、人間を救うために人間を殺す、というのは目的と手段の転倒であるはずです。しかしそのような転倒が、いつの間にか「やむを得ないこと」、「仕方がないこと」と容認されるようになるのです。このように、人間の生活の向上という目的のために奉仕する手段であったはずの文化的達成がいつの間にか目的となってしまい、人間はそのために利用されるモノ・手段となってしまう、という主客転倒の危険性が文化的営みには潜んでいるのです。

3——人間の画一化

第二の問題は、人間の画一化です。「世界中は同じ言葉を使って、同じように話していた」（創世記 11 章 1 節）とあります。高層建築のような営みは、個人でできることではなく、多くの人による共同作業が必要ですが、そのためには相互のコミュニケーションが不可欠であり、その前提となるのが言語です。そして相互にコミュニケートし合いながら、みんなで「結束」し「連帯」し「一致協力」し、力を合わせて一つの目標に向けて進んでいく——これは一見するとすばらしいことのように聞こえます。しかし果たして本当にそうでしょうか。20 世紀はファシズムが横行した時代でしたが、ファシズムの語源であるファッショ（fascio）は、イタリア語で「結束」という意味です。そして、このファッショという単語は、古代ローマで用いられた、木の棒を何本も束ねて作られた儀礼用具であるファスケスに由来します。つまり、ファシズムの意味するファッショ（結束）とは、各個人が個性や多様性を圧殺して全体の一部となることなのです。「同じ言語を使って、同じ言葉を話す」とは、同じ思想、同じ文化、同じ価値観などといったことをも意味していると考えられるでしょうが、そうしたものを共有している人たちが結束する、ということは、異なる思想や文化や価値観を持った人たちが排除され、場合によっては「敵」、「悪」とみなされる、ということを意味します。そのことは、ファシズム国家において、ファシズムとは異なる思想を持った人たちが反抗分子とみなされて徹底的に弾圧されたことを見れば明らかです。つまり、「みんなで結束し、一致協力して力を合わせて」という主張は、自分たちと「違う」ということを「悪いこと」とみなす、という全体主義的・画一的社会への接近を伴うのです。

しかし神は「彼らの言葉を混乱させ、互いの言葉が聞き分けられぬよう」（同 11 章 7 節）にいたしました。このことは、神は全体性の重視のために個別性、多様性を否定する画一化への動きに対してノーと言われる、ということを示しているのです。

4——人間の自己栄化

私たちは、自分たちの成し遂げた偉大なる文化的達成を目にする時、文化の進歩の行き着く先に不安を感じつつも、そのようなものを作り上げることのできる自分たちの力に感嘆することでしょう。それは、人間の自己高揚や自己栄化、簡単に言えば自分を素晴らしい偉いものであるかのように考えることを呼び起こします。「天まで届く塔のある町を建て」る、というのは、人間がその文化的達成によって神の高みにまで到達しようとする自己高揚の企てを象徴している、と言えるでしょう。しかし私たちは、バベルの塔の物語をとおして、文化的達成を目指す過程には、手段と目的の転倒による人間の手段化、一致協力の主張に伴う異なる考えを持つ者の排除および人間の画一化という危険が伴うということに気づきます。人間を高めてくれるものと信じて文化的達成に励んでいるうちに、いつの間にか当の人間がその尊厳性を奪われて地に投げ落とされている、という危険が文化的達成の追求の中には潜んでいるのであり、そうである以上、私たちは自然と同様やはり文化に対しても不安を感じざるを得ないのであり、文化的発展の中に安んじることは結局はできないのです。

かくして、ノアの洪水の物語とバベルの塔の物語において、自然に身を委ねることによっても自分たちの文化的達成によっても人間には本当の安らぎはないし救いもない、ということが示されます。そして聖書は、以下に続くイスラエル史の物語において、本当の救いを与えてくださる方である神と人間との間の壮大な歴史的ドラマへと入っていくのです。

——神の民・イスラエルの歴史——

5　アブラハムと信仰の世界

はじめに

大まかに言いますと、創世記 12 章から、旧約聖書の主人公となるイスラエル民族の歴史が始まります。しかし、「歴史」と言っても、それは現在使われている意味での歴史とは少し異なります。というのも、それは事実に基づく記述ですが、同時にそこにはイスラエル民族の信仰の目から見た解釈が加わっているからです。すなわち、「事実＋信仰的解釈」がここで展開されている歴史であると言えます。しかし、信仰的解釈が加わっているということは、この歴史記述に虚偽が含まれているということではありません。むしろ、そのことによってイスラエル民族が経験した事柄の本質が深められ、その根源的な意味が明らかにされていると考えるべきです。

1——アブラハムの旅立ち

創世記 11 章 27 節から、テラの系図が記されています。このテラとは、イスラエル民族の父祖であり、また「信仰の父」とも呼ばれるアブラハムの父親の名前です。父テラは、あるとき、家族を引き連れてそれまで住んでいたカルデアの地ウルを捨て、カナンの地を目指して旅立ちました。その理由は定かではありませんが、聖書の記述の中に、一つ重要な言葉があります。それは、「サライ［アブラハムの妻］は不妊の女で、子供ができなかった」（創世記11章30節）という言葉です。この「不妊」という言葉は、子どもができないということだけではなく、そのこと以上に、人生の行き詰まり、絶望といったものを象徴する言葉でもあります。おそらく父テラは、サライに子どもができないということだけではなく、何らかの理由で人生に行き詰まりと絶望を覚えたのです。そして、それを打破すべく故郷を後にしたのです。それは大きな不安と危険が伴うことでした。しかし、そうした決断なしには人生を一新することはできなかったのです。そして、この決断こそが、新しい民族の歴史を切り開くことになったのです。

父テラは、ハランの町で、目的半ばにして生涯を終えます。そして、その後、この大家族を率いることになったのが、後にアブラハムと呼ばれるアブラムでした。アブラムもまた、父の志を受け継ぎ、ハランを後にする決断をします。しかし、アブラムの決断は、父テラの決断と一つの点で大いに異なっていました。それは、父テラの決断が行き詰まりの打破に基づくものだとすれば、アブラムの決断は、次のような神の祝福に基づく決断であったからです。

「あなたは生まれ故郷／父の家を離れて／わたしが示す地に行きなさい。わたしはあなたを大いなる国民にし／あなたを祝福し、あなたの名を高める／祝福の源となるように。」（同12章1—2節）

アブラムは、この神の祝福の言葉を聞いたのです。それは、人が語りかけるように直接耳に聞こえてきたというのではないかもしれません。しかし、アブラムは、それまでの人生の歩みをとおして、確かに聞き取ったのです。人生には神の祝福が先立ってあるということを。そして、それこそが信頼に値するもの、人間の本当に信頼すべきものであることを知ったのです。

アブラムは、この神の祝福の言葉を信じ、ハランの地を旅立ちました。そして、神の約束された地であるカナン（現在のパレスチナ）に至ったのです。これ以後、この地が旧約聖書の主な舞台となりますが、この旅立ちはまた神の祝福の言葉に聞き従う歩み、つまり信仰に基づいて歩むというまったく新しい歩みの始まりでもあったのです。

この出来事は、聖書考古学の研究の結果、紀元前19世紀頃のことであったと推定されています。

2――アブラハムの信仰

神の祝福の言葉に信頼して旅立ったアブラムは、その後どのような生涯を歩んだのでしょうか。結論から言えば、それは信仰と不信仰との間を大きく揺れ動きながら、なお信仰の歩みを深めていった人生であったと言えます。というのも、人間的な一切のものを超えた神を信じるということは、同時にしばしば深い不信仰を引き起こすことにもなるからです。その意味では、信仰と不信仰とは対極にあるのではなく、いわば表裏一体の関係にあるものなのです。

神の祝福の言葉に信頼して旅立ったアブラムも、その実際の歩みにおいては、しばしばこの不信仰に苛まれました。そして、その最大のものは、自分に語られた神の祝福の言葉に対する不信でした。神は、アブラムとその子孫とを祝福すると語られましたが、自分の妻サライは不妊の女性だったのです。そこでアブラムは大いに苦しみ、悩まなければなりませんでした。しかし、この深い不信の苦しみのどん底で、アブラムは次第に次のような神の言葉を聞くことになったのです。それは、「天を仰いで、星を数えることができるなら、数えてみるがよい」、「あなたの子孫はこのようになる」（創世記15章5節）という言葉でした。そのときアブラムは、おそらく不信に憂える眼差しを天空へと高く向けたのではないでしょうか。そして、すべてのものを創造された神に再び信頼の眼差しを向けたのではないかと思います。そのとき、「アブラムは主を信じた」（同6節）と聖書には記されています。アブラムは、深い不信の中から、もう一度神を信じる者として立ち上がったのです。そして、聖書は、「主［神］はそれを彼の義と認められた」（同）と語っています。「義と認められた」とは、神に対するふさわしい生き方として、神によって受け入れられたということです。ローマの信徒への手紙 4 章 17 節には、「死者に命を与え、存在していないものを呼び出して存在させる神を、アブラハムは信じ」、そして「彼は希望するすべもなかったときに、なおも望みを抱いて、信じ［た］」（同 4 章 18 節）と記されています。このところは、英語では“hope against hope”という表現が用いられています。それは、一見矛盾するような言い方ですが、それは人間の希望を超えた神の希望を語ったもので、アブラハムはこの神の希望に生きることによって、信仰の歩みを全うしていったのです。ここに、アブラムが「信仰の父」と呼ばれるゆえんがあります。

このように、アブラムは、次第に神の言葉に深く信頼する者となっていきました。そして 99 歳のとき、アブラムは神と特別な関係を結ぶことになったのです。それは「契約」という形で持たれた神と人間との特別な関係でした。それは、「わたしは全能の神である。あなたはわたしに従って歩み、全き者となりなさい」（創世記 17 章 1 節）という戒めの下に、神がアブラムとその子孫とを祝福されるという関係でした。この契約に立ったとき、アブラムの人生は一新されたのです。そしてアブラムは、新たにアブラハム（「多くの国民の父」の意）という名を与えられ、「割礼」というしるしを身に帯びることによって、神との契約に基づく歩みを始めることになったのです。またそのとき、妻サライもサラという新しい名を与えられました。

3——イサクの誕生と奉献

契約に基づく新しい歩みの中で、ついに神の約束が実現する時がやってきました。あるとき、三人の旅人（神の使い）がアブラハムに現れ、その内の一人が「わたしは来年の今ごろ、必ずここにまた来ますが、そのころは、あなたの妻のサラに男の子が生まれているでしょう」（創世記18章10節）と予告したのです。そして、不思議なことに、その言葉どおりサラは身ごもり、男の子を生んだのです。その子はイサク（笑い）と名づけられました。その名に、不妊の女と呼ばれたサラの大きな喜びと感謝が示されています。

ところで、長い間その誕生が待たれて生まれてきたイサクは、その後どのような人生を送ったのでしょうか。不思議なことに、聖書はこのイサクについて、あまり多くのことを語ってはいません。しかし、イサクをめぐって語られた話の中に、「イサクの奉献」と呼ばれている大変重要な話があります。これは、せっかく生まれてきた一人息子のイサクを、神へのいけにえとして捧げよと神がアブラハムに命じられたという話です。この冷酷とも言える神の命令を聞いたとき、アブラハムは、おそらくひどく驚き、戸惑ったのではないかと思います。しかしアブラハムは、すべての迷いと思いを振り切って、決然としてこの命令に従ったのです。

しかし、アブラハムが定められた場所に祭壇を築き、息子イサクをその上に載せ、まさにイサクをほふろうとしたとき、事態は一変しました。「その子に手を下すな。何もしてはならない」（創世記22章12節）という神の呼びかけがあったからです。そして、その呼びかけには、次の言葉が続いていました。「あなたが神を畏れる者であることが、今、分かったからだ。あなたは、自分の独り子である息子すら、わたしにささげることを惜しまなかった」（同13節）。アブラハムは、自分のたった一人の息子イサクを捧げよとの神の命令において、神の大きな試みにあったのです。しかし、アブラハムはその試みを、神への決然とした信頼において乗り越えたのです。

そのとき、アブラハムは後ろの茂みに角をとられた一匹の雄羊を見つけ、それをイサクに代わる献げ物として神に捧げたと聖書には記されています。そのため、この場所は後の人々から「主の山に、備えあり（ヤーウェ・イルエ）」と呼ばれるようになりました。しかし、その呼び名は、アブラハムが神に信頼したその思いそのものであったとも言えます。人間の思いに先立ってすべてを備えてくださる神、その神に信頼する中にあって、アブラハムは神の試みを乗り越え、神への信頼を一層深めることになったのです。そして、それは息子イサクの信仰となって継承されていきました。まさに命を賭けた試練をくぐり抜けて、信仰が父から子へと力強く継承されていったのです。

6 出エジプト ― 民族的救済の原点

1――ヤコブとエサウ

イサクはリベカという女性と結婚しましたが、このリベカにもなかなか子どもができませんでした。しかし、やがて双子の男児が与えられました。最初に生まれてきた兄は、赤くて全身が毛皮の衣のようであったのでエサウと名づけられ、後から生まれてきた弟は、兄のかかとをつかんでいたのでヤコブと名づけられました。しかし、この二人は、「兄は弟に仕えるだろう」という予言どおり、その立場が逆転した人生を送ることになったのです。

それは、ごく些細なことから起こりました。それは、あるとき野原から疲れと空腹を覚えながら家に帰ってきた兄エサウが、そのとき弟ヤコブが作っていた煮物が欲しくなり、それと自分の長子の特権とを交換してしまったのです。しかし、それだけでは済みませんでした。父イサクが年老い、いよいよ兄エサウに長子の祝福を与えるときがやってきたとき、弟のヤコブは母リベカの策略に従って、その長子の祝福を父から騙し取ってしまったのです。母親の弟に対する偏愛が正当な家督の継承を歪めてしまったわけです。（しかし、そこには兄エサウの問題もあったようです。というのも、エサウは異教の女性と結婚し、おそらくは異教を家に持ち込み、両親を深く悩ませていたからです。）

その結果、当然のことエサウは激怒しました。そしてヤコブはエサウの怒りから逃れるため、身一つで母の兄ラバンのもとに逃げていかなければならなかったのです。しかし、そのとき、深い孤独と不安の中で、ヤコブは神に出会うという不思議な経験をします。それは、「見よ、わたしはあなたと共にいる。あなたがどこへ行っても、わたしはあなたを守り、必ずこの土地に連れ帰る。わたしは、あなたに約束したことを果たすまで決して見捨てない」（創世記 28 章 15 節）という神の祝福の言葉を聞くという経験でした。そして、そう語られたのは、祖父アブラハムと父イサクに現れたのと同じ神であったのです。ヤコブは、人生の最も深い孤独の中で、この神に励まされて、未知の地での新しい生活へと入っていったのです。

ヤコブは、伯父の許でその後 20 年間生活し、そこで二人の妻と多くの子ども、そして豊かな財産を与えられることになります。しかし、20 年後、ヤコブはついに兄エサウのいるカナンの地に戻ることになったのです。それは兄エサウとの再会を意味していました。そのため、ヤコブは深い恐れと不安に捕らわれてしまうのです。カナンの地に近づくにつれて、その恐れと不安が一層深まったとき、ヤコブは再び神に出会うという不思議な経験をすることになりました。しかも、それは神の使いと組み討ちするという、経験であったのです。おそらくそれは、大きな恐れと不安の中で、何とかして神の励ましと祝福を勝ち取りたいというヤコブの強い思いが現れた結果であったろうと思われます。そしてそのとき、ヤコブはその組み討ちに負けなかったばかりではなく、神の祝福を勝ち取り、さらにイスラエル（「神支配し給う」の意）という新しい名前さえ与えられることになったのです。それは、それまでの人を押し退けて生きてきた生き方から、すべてを支配し給う神に信頼して生きるという、新しい生き方の始まりであったとも言えます。そして、このイスラエルという名が、ヤコブの 12 人の息子たちから始まる十二部族全体の名ともなったのです。

2――カナンからエジプトへ：ヨセフの生涯

ヤコブには二人の妻がいましたが、ヤコブが深く愛した妻ラケルからは、なかなか子どもが生まれませんでした。しかし、そのラケルから、ようやく待望の子どもヨセフが、ヤコブの 11 番目の子として生まれます。そのため、ヤコブはヨセフを溺愛しました。そのうえ、このヨセフには夢を解くという特異な能力があり、ある日自分の見た夢を解いて、将来自分の 10 人の兄たちと両親が自分に跪くことになると予言したのです。そのため、ヨセフは兄たちの怒りを買い、結局エジプトに奴隷として売られてしまい、そこで 17 年間、不遇な生活を強いられることになったのです。しかし、やがて再び夢を解くというその特異な能力を発揮し、今度はその不遇な生活から一躍エジプトの宰相の地位に上り詰めることになります。それは、エジプトの知者の誰一人も解くことができなかったエジプト王ファラオの見た夢を、ヨセフが見事に解き明かしたからです。その夢とは、将来起ころうとしていた 7 年間の大豊作とそれに続く 7 年間の大飢饉を告げるものでした。この夢を解き明かしたヨセフは、パロの深い信任を得、何と将来の飢饉に備えて、エジプトの宰相に抜擢されることになったのです。宰相となったヨセフは、7 年間の大豊作の間にできる限り多くの穀物を蓄えさせ、その後大飢饉が襲ってきたとき、エジプトはもちろんのこと、近隣諸国の飢餓をも救うことになったのです。

ところで、このとき、まったく予期しないことが起こりました。それは、ヨセフをエジプトに奴隷として売り飛ばした兄たちが、食料を求めてカナンの地からエジプトのヨセフのところにやってきたからです。兄たちは、それがヨセフであるとは分かりませんでした。しかし、目の前にいるのが自分の兄たちだと分かったヨセフは、感極まって自分が弟のヨセフであることを告げるのです。当然、兄たちは驚き、そして恐れました。しかし、そのときヨセフは、兄たちにこう語ったのです。「今は、わたしをここへ売ったことを悔やんだり、責め合ったりする必要はありません。命を救うために、神がわたしをあなたたちより先にお遣わしになったのです」(創世記45章5節)。ヨセフは、それまでの人生をとおして、人間の営みがどれほど混乱に満ちたものであるとしても、その中に神の導きのみ手があることを教えられたのです。そして、その神に対する畏れと感謝の中で、兄たちを心から許し、そして和解することができたのです。

このことを機に、父ヤコブもエジプトに下り、それ以後イスラエルの民は400年以上にわたってエジプトの地で生活することになったのです。

3――モーセと出エジプト

エジプトでのイスラエルの民の生活は、はじめはヨセフの力で恵まれたものでした。しかし、ヨセフを知らないファラオが現れてくるにつれ、イスラエルの民は次第に疎んじられ、400年ほどエジプトに滞在する間に、奴隷の状態に置かれてしまいました。そのため、イスラエルの人々の間から、次第に解放を求める叫び声が上がり始めたのです。そして、その叫びに応えて神がイスラエルの民を解放すべく立てられたのが、「神の人」とも呼ばれたモーセという人物でした。

モーセが生まれた頃、エジプト王ファラオはイスラエルの民が増大することを恐れ、生まれた男児をすべて殺害するよう命じていました。そこでモーセの母は、生まれて間もないモーセを葦で作った籠に乗せ、ナイル川に流し、子供の運命を神に託さざるを得ませんでした。しかし、それは偶然にもファラオの娘の目に留まるところとなり、モーセは奇しくもファラオの宮殿で育てられることになったのです。しかもそのとき、その乳母として雇われたのは、モーセの実の母でした。しかし、成長して青年となったとき、モーセは自分がイスラエル人であることを知ります。そして、エジプトにいるイスラエルの民の深いうめき声を聞き、その解放を思い立ちます。しかしモーセは、間もなく一人のイスラエル人を救おうとしてエジプト人を一人殺してしまい、そのため遠くの地に身を隠さなければならなくなります。この逃亡生活の時期、モーセは愛する家族を与えられ、恵まれた生活を送りますが、エジプトにいるイスラエルの民のことは片時も忘れることはありませんでした。そして、解放を思い立ってから40年後、モーセ80歳のとき、イスラエルの民を解放せよとの神の召しを聞くことになったのです。

しかし、そのときモーセは、責任の重さにしばし尻込みしてしまいます。それは、「わたしは何者でしょう」と神に問いかけるほどでした。それに対して神は、「わたしは必ずあなたと共にいる」と語られ、モーセを励まされると同時に、そのときはじめて「わたしはある。わたしはあるという者だ」、また「あなたたちの先祖の神、アブラハムの神、イサクの神、ヤコブの神である」（出エジプト記3章14―15節）と語られ、ご自身のことを示されたのです。そこでモーセは、この神に支えられ、またアロンという弁の立つ「兄弟」の手助けを得て、イスラエルの民を解放するために、エジプト王ファラオと対決することになったのです。

しかし、解放までの道のりは、並大抵のものではありませんでした。モーセとアロンは、繰り返しファラオのところに出向いて、イスラエルの民を解放するよう説得し、またその度ごとに神の奇跡をもってファラオの心を翻させようとしました。しかし、ファラオの心は逆にますますかたくなになっていったのです。そこで神は、ついに一つの決断をされることになります。それは、人間から家畜に至るまで、エジプトにいるすべてのういご（母の胎をはじめて開いたもの）を殺害するというものでした。しかし神は、イスラエルの民に、その神の怒りから逃れる一つの方法を示されます。それは、定められた日に、家ごとに小羊をほふり、その血を家の入り口の2本の柱とかもいに塗り、その肉はその夜のうちに焼いて、種入れぬパンと苦菜を添えて食べるというものでした。家の入り口に塗られた血は、神の怒りを過ぎ越させるためのもの（後に、このことを記念して、毎年「過越の祭り」が守られるようになります）、そしてその食事は急いでエジプトの地を脱出するためのものでした。そこでイスラエルの民は、定められた日に、ことごとくこの命に服したのです。その晩、エジプト人とその家畜とのういごはことごとく神の怒りに触れ、その命を奪われてしまいます。そして、ファラオの一人息子もその例外ではありませんでした。我が子を失ったファラオは、その悲しみの中で、ようやくイスラエルの民を去らせることを決断したのです。

そこでモーセは、ついにイスラエルの民を引き連れ、エジプトの地を出立し、神の約束の地カナンを目指して旅立つことになります。そして、その旅路の間中、昼は雲の柱が、そして夜は火の柱が、イスラエルの民を導いたと聖書には記されています。

しかし、いったんはイスラエルの民にエジプトを去ることを認めたファラオでしたが、激しい怒りと憎しみに駆られ、その思いは再びかたくなになってしまいます。そして、イスラエルの民を滅ぼすべく、強力な軍隊を率いてイスラエルの民を追撃することになったのです。それはちょうど、イスラエルの民が紅海にさしかかったときでした。そのためイスラエルの民は、前は海に遮られ、後ろからはエジプト軍が迫ってくるという絶体絶命の危機に立たされることになったのです。しかし、そのとき、神はモーセに命じてつえを上げさせ、それを海の上に差し伸べさせると、前方を塞いでいた海が真っ二つに分かれ、イスラエルの民はそこを通って対岸に渡ることができたと聖書には記されています。しかし、その後を追って海に入ったエジプト軍は、元に戻った海水に飲み込まれ、全滅してしまったのです。

このようにして、神は「強い腕」をもってイスラエルの民をエジプトの地から導き出されたのです。この出来事は、後に「出エジプト」と呼ばれるようになり、民族的救済の原点として、イスラエルの人々の記憶に深く刻み込まれることになりました。この出来事は、紀元前1250年頃のことであったと推定されています。

7 律法と契約――荒野の生活と十戒

1――民の不平

奴隷の地エジプトを脱出したイスラエルの民でしたが、その喜びは、荒野での過酷な生活の中で、次第に消え失せていきました。約束の地カナンまでは広大な荒野が広がっていました。イスラエルの民の数は、成人男子だけでも60万人いたと聖書には記されていますので、全体の数はその倍はあったと思われます。それに加え、多くの家畜がいました。それに反し、食料も水も乏しい生活が続いたのです。そこで人々は、次第に不平をつぶやき始めました。しかし神は、そうした民の求めに具体的な恵みをもって応えられたのです。日々の食料としては、毎朝マナが与えられました。それは、一般にはタマリスクの樹液を摂取するカイガラ虫の分泌物からできたものだと考えられています。またときにはうずらの大群が飛んできて、その肉を食べることができました。また水がなくなったときには、モーセがそのつえで岩を叩き、水を出したと聖書には記されています。そのように、神は絶えず具体的な恵みをもってイスラエルの民を支えられたのです。

しかし、イスラエルの民の不平は、なかなか根絶しませんでした。そこで、繰り返し沸き上がってくる不平に対し、神はついに厳しい態度をもって臨むことになったのです。それは、不平不満をつぶやく者たちを、猛毒を持つ蛇に嚙み殺させるというものでした。そこで人々は、慌てふためき、モーセに助けを求めたのです。そのとき、神がモーセに命じられたことは、青銅の蛇を作ってそれを高く掲げさせ、蛇に嚙まれた者たちがそれを仰ぎ見て傷が癒され、救われるようにさせるということでした。そのようにして神は、不平不満の中にいる者たちを、すべての者を養われる神ご自身へと目を上げさせ、その不平不満の中から引き出されようとされたのです。それは、後々のイエス・キリストの十字架の出来事を先取りするような、象徴的な出来事でありました。

2――十戒（律法）とシナイ契約

イスラエルの民は、エジプトの地を出立してから3カ月後、シナイ半島の先端に位置するシナイ山の麓に到着します。そして、ここで、自分たちの将来を決定する重要な出来事に遭遇することになります。それは、モーセをとおして、その後のイスラエルの歩みを導くことになる「十戒」が与えられることになったからです。このとき、モーセは山頂に登るようにとの神の招きを受け、シナイ山に登ります。そして、そこで、神から十の戒めの記された石板を授かったのです。そこには、「わたしは主、あなたの神、あなたをエジプトの国、奴隷の家から導き出した神である」との前置きに続き、以下の十の戒めが記されていました。

〈十戒〉

第一戒　あなたには、わたしをおいてほかに神があってはならない。
第二戒　あなたはいかなる像も造ってはならない。
第三戒　あなたの神、主の名をみだりに唱えてはならない。
第四戒　安息日を心に留め、これを聖別せよ。
第五戒　あなたの父母を敬え。
第六戒　殺してはならない。
第七戒　姦淫してはならない。
第八戒　盗んではならない。
第九戒　隣人に関して偽証してはならない。
第十戒　隣人の家を欲してはならない。隣人の妻、男女の奴隷、牛、ろばなど隣人のものを一切欲してはならない。

（出エジプト記20章／申命記5章）

＊以上はプロテスタント教会（ルター派を除く）の数え方です。ユダヤ教と

カトリック教会（とルター派）はそれぞれ別の数え方をします。

一般に第一戒から第五戒までの前半は神に関する戒め、そして第六戒以下の後半は人間に関する戒めであると言われています（第五戒の「あなたの父母を敬え」とは、〈神を代表する〉（左近淑）父と母を敬いなさいということで、基本的には神に関する戒めと考えられています）。イスラエルの民は、この十戒に基づいて、神と契約（「シナイ契約」）を結びます。すなわち、イスラエルの民は、「わたしたちは主の仰せられた言葉を皆、行います」と言って神と契約を結び、神の祝福に与る「神の民」となったのです。そして、この十戒に基づいて、さらに生活上の細かいさまざまな法律（「律法」）が作られていきました。そしてこの律法は、イスラエル宗教の重要な柱の一つとなっていったのです。

ところで、このシナイ契約は、十戒の前書きにも見られるように、イスラエルを奴隷の地であるエジプトから救い出された神（＝ヤハウェ）の恵みに対する応答として結ばれたもので、その意味ではこの契約においては神の恵みが先行しています。そのため、この契約は必ずしも対等な当事者の間で結ばれたものとは言えません。しかし、それはまた、律法遵守の義務が伴うという点で、一方的な神の恩恵に基づく無条件の契約（たとえば、ノアの契約、アブラハムの契約）とも異なっています。そのため、この時からかなりの時代を経た後、イスラエルが徐々に滅亡していく時期を迎えたとき、その原因はイスラエルの民の契約不履行にあると考えられるようになり、契約に対するイスラエルの責任が問われることになりました。またそれと共に、次第にこの契約に代わって「新しい契約」（エレミヤ書31章31節）が結ばれなければならないという考え方が生じてゆきました。そのような歴史を経て、新約聖書では、イエス・キリストの十字架における贖いの出来事をこの「新しい契約」として受け止め、それに先立つ律法に基づく契約を「旧い契約」として捉えることになったのです。そして、ここから、「旧約（聖書）」、「新約（聖書）」という呼び方が生まれることになりました。

3——荒野の40年

イスラエルの民は、シナイ山で十戒を授けられた後、約束の地カナンを目指して旅を続けました。そして、ついにそのすぐ近くにまで迫ります。しかし、カナンの地には先住者がおり、そこに入るためには戦いが避けられませんでした。そこでモーセは、斥候を派遣して様子を探らせます。ところが、戻ってきた斥候たちの意見は真っ二つに分かれてしまいました。一方は、カナンの先住者は大変強力で、到底勝ち目はないと報告しました。もう一方は、神に信頼して一致団結して臨めば、勝利を得ることができると報告しました。この二つの意見を聞いて、イスラエルの民は、前者の言葉に捕らわれて怖気づいてしまい、ついにはエジプトに引き返すべきだとすら言い出す始末でした。後者の意見を主張したヌンの子ヨシュアとエフネの子カレブを石で撃ち殺そうとすらしたのです。しかし、それは神の怒りに触れるところとなりました。出エジプトという大きな救いを経験し、神の偉大な力を見たにもかかわらず、イスラエルの民は神への信頼を忘れ、徒《いたずら》に怖気づいてしまったからです。そこで神は、この不信の民を罰するため、神に信頼しなかった者たちを約束の地に入れることを拒否されたのです。その結果、イスラエルの民は、普通だったら歩いて30日ほどで行けるエジプトからカナンに至る荒野を、それから約40年間さ迷うことになったのです。その年数は、不信の世代が完全に滅亡する時間を意味していました。そのようにして、神は神を信頼する新しい世代が成長してくるまで、イスラエルの民を荒野に留め置かれたのです。

しかしこの間、イスラエルの十二部族は、宗教を基盤として次第に一つにまとまっていき、将来のイスラエル王国の基盤を築くことになったのです。

8 預言者とメシア思想

1――イスラエル王国の成立と預言者

荒野を40年間さ迷った後、イスラエルの民は、モーセに代わって指導者となったヨシュアに導かれてカナンの地に侵入し、次第にそこに定着していきました。そして、その後しばらくの間、「士師」と呼ばれる人たちによって治められることになりました。この士師とは、「さばきづかさ」(英語では“judge”) とも呼ばれ、必要に応じてその都度立てられた指導者たちのことで、平時は主として裁判を司り、戦時には指揮官として活躍しました。士師には大士師と呼ばれる人たちと小士師と呼ばれる人たちがいますが、大士師の中には、たとえばギデオン、あるいはサムソンといった勇士たちが名を連ねています。

しかし、イスラエルの中には、次第に周りの列強にならって王制を採るべきだという声が上がってきます。というのも、当時イスラエルは、王制を採り強力な軍隊を持つペリシテ人に悩まされていたからです。ただし、イスラエルの中には、王制に反対する声が根強くありました。というのは、イスラエルでは、伝統的に神こそが王であるとする考え方があったからです。そのような中で、イスラエルの長老たちは、時の祭司サムエルのところにやってきて、是非自分たちにも王を立ててほしいと懇願したのです。そこでサムエルは、神の導きを求めました。その結果、サムエルは王制を採ることを承諾したのです。ただし、それは独特な形態を取ることになりました。それは神と王と預言者から成るものでした。すなわち、王は何よりも真実の王である神ご自身によって選ばれ、神の御心を行なう者として立てられることになりました。そして、同時に、王が真実に神に従って歩むように、預言者が立てられたのです。預言者は必要に応じて王に助言し、またその歩みに誤りがあればそれを叱責する役割を担いました。歴史的に見ると、預言者と呼ばれた人たちは、神の御心を伝える者として、それ以前から存在し、またいろいろな名で呼ばれていましたが、特に王制の成立以後は、イスラエルの歴史を担う重要な役割を負う存在となったのです。具体的には、祭司サムエルが、王制の成立と共に預言者としても立てられました。そして、預言者でもある祭司サムエルが、神によって最初の王に選ばれたサウルに油を注いで、サウルを王としたのです。それは、紀元前 1020 年頃のことと考えられています。

ところで、油を注ぐということは聖別することを意味し、王、祭司、預言者といった重要な地位に就く人たちが、その就任に際し、油を注がれました。そして、この聖別を受けた人たちのことを「メシア」(「油注がれた者」の意) と呼びました。しかしこの言葉は、時代を経るにつれて次第に「救世主」、「救い主」という特別の意味を持つようになり、それがギリシア語に翻訳されたとき、「キリスト」という言葉が用いられたのです。このキリスト (クリストース) というギリシア語も、語義的には元々は〈油っぽいもの〉といった意味しかありませんでしたが、それが「救世主」という特別の意味を持つ言葉として用いられるようになったのです。

2――王国の盛衰と預言者たちの活躍

最初の王として神に選ばれたのは、サウルという人でした。サウルは、はじめ神に従って善政を行ないましたが、やがて神の戒めに背き、神から退けられてしまいます。それは、窮地に立たされたとき、神に信頼することを忘れ、占い師のところに走ってしまったからです。そこで、このサウルに代わって、第 2 代の王として神によって立てられたのが、ダビデという若者でした。ダビデははじめサウル王に仕えていましたが、やがて頭角を現し、人々の信頼を勝ち得てゆきました。しかし、そのことはサウルの妬むところとなり、ダビデは命を狙われることになります。けれども、最後には、サウルは神によって退けられ、ダビデが全イスラエルを統一して王となります。それは、ちょうど紀元前 1000 年頃のことと考えられています。

南北を統一し、全イスラエルの王となったダビデは、エルサレムを首都に定め、内政と外交に力を入れ、その地位を不動のものにしていきました。しかし反面、ダビデの人生は波乱に満ちたものでもありました。先に触れたように、王になるに際してはサウルに命を狙われ、また晩年には息子アブサロムに命を狙われました。そしてその生涯は戦争の繰り返しであったのです。私生活においても自分の部下ウリヤの妻バト・シェバを強引に奪うといった過ちも犯しました。そのときは、預言者ナタンによって激しく叱責されています。詩編の中には、ダビデが詠んだと言われる多くの歌が残されていますが、それはすべて嘆きと賛美の歌です。そのことは、ダビデが幾度となく経験した人生のどん底で、神に赦しと救いを求めて真剣に祈った人でもあることを物語っています。このダビデ王の時代、イスラエルはその領地を最大に拡張し、経済的にも文化的にも大いに栄えました。そして、その次のソロモン王の時代と共に、イスラエル王国の黄金時代を築いたのです。

ダビデの後を継いだのは、バト・シェバとの間に生まれたソロモンでした。このソロモン王のときも、イスラエルは大いに栄えました。特にソロモンは知者として名を馳せました。聖書の中には、ソロモンの知恵と呼ばれるものが多く残されています。またこのソロモン王の時代、イスラエル宗教の中心となる神殿が完成しました。これはダビデ王が計画したものですが、それをソロモンが実現させたのです。これ以降、神殿を中心とし、祭儀と律法を柱とする宗教形態が成立します。栄華を極めたダビデ・ソロモン時代でしたが、ソロモンが死ぬに及んで、王国は南北に分裂してしまいます。そして、それ以後、王国は二度と統一されることはなかったのです。紀元前 922 年のことでした。

分裂後、北王国はイスラエルと呼ばれ、南王国はユダと呼ばれました。そして、一時期を除いて、それぞれの国とも次第に周囲の列強に脅かされ、衰退していきます。そして、北王国は紀元前 722 年にアッシリアによって、南王国ユダは紀元前586年にバビロニアによって、それぞれ滅ぼされてしまいます。そして、それ以後、一時期独立を勝ち取る時もありますが、基本的には20世紀半ばまで、後にユダヤ人と呼ばれるようになるイスラエルの人たちは、国を失ったままで存在し続けることになったのです。

ところで、北王国と南王国の歩みは、大きく言えば、衰退と滅亡へと向かう歩みでしたが、その困難な歴史の中で活躍したのが、預言者たちでした。北王国では、紀元前9世紀にエリヤとエリシャという二人の預言者が出現しましたが、特に紀元前8世紀以降現れた預言者たちは、聖書にその名を冠した書物を残した人たちで、一般に「記述預言者」と呼ばれています。その最初の人は、アモスという預言者です。アモスは北王国にあって、紀元前8世紀頃活躍しますが、特に公平と正義を訴えた預言者でした。また同じ頃、南王国で活躍した預言者にイザヤという人がいます。イザヤは、エレミヤ、エゼキエルといった預言者たちと共に、大きな書物を残していますが、このイザヤは、その名を冠した書物である『イザヤ書』（全66章）の39章まで関わった人で（ちなみに、40章から55章までを「第二イザヤ」と呼び、それ以降を「第三イザヤ」と呼んでいます）、アモスと同じように公平と正義を語る一方で、以下で扱うような「メシア思想」、あるいは「残りの者」といった重要な思想を語った預言者でもあります。

これ以外にも、多くの預言者たちが出現しました。聖書には大小16の預言書が残されていますが、その多くがイスラエルの民の神への背信を非難し、神へと立ち返るべきことを繰り返し訴えています。なぜなら、そここそ、イスラエルの衰退と滅亡の根源的要因があったことを、預言者たちは見ていたからです。

3――メシア思想：「苦難の僕」

記述預言者たちが活躍した時期は、紀元前8世紀から6世紀にかけてですが、この時期は世界史的に見ても、大きな精神的高まりを見た時期です。中国では孔子や老子といった偉大な思想家が出現し、インドではブッダが現れました。またギリシアでもホメロスをはじめとする偉大な思想家たちが出現しました。哲学者のK. ヤスパースは、こうした人類史における類まれな時期を「枢軸時代」と呼んでいます。そして、そのような全人類の精神的高揚の一端を担ったのが、旧約の預言者たちであったのです。

キリスト教との関連から見るとき、預言者たちの思想の中で最も重要なものは、何といっても「メシア思想」です。というのも、このメシア思想があってはじめて、イエスという人物はキリスト（メシア＝「救い主」）として受け止められ、歴史に決定的な足跡を残すことになったからです。このメシア思想は、預言書や詩編などに広く見られますが、何よりもイザヤ書の中にまとまった形で見ることができます。たとえば、イザヤ書の9章では、「闇の中を歩む民は、大いなる光を見／死の陰の地に住む者の上に、光が輝いた」と、救済の出来事が語り出されています。そして、「彼らの負う軛、肩を打つ杖、虐げる者の鞭を／あなたはミディアンの日のように／折ってくださった」と語られているように、神ご自身によって実現される救いでした。その具体的内容は、以下の文章に示されているように、一人の子どもが誕生し、その人物をとおしてもたらされる公平と正義の社会として描かれています。すなわち、次のように記されています。

> 「ひとりのみどりごがわたしたちのために生まれた。ひとりの男の子がわたしたちに与えられた。権威が彼の肩にある。その名は、『驚くべき指導者、力ある神／永遠の父、平和の君』と唱えられる。ダビデの王座とその王国に権威は増し／平和は絶えることがない。王国は正義と恵みの業によって／今もそしてとこしえに、立てられ支えられる。」（イザヤ書9章5―6節）

この「みどりご」とは、具体的には一人の王子の誕生を語ったもので、そこからも明らかなように、メシアはダビデ家から出ると考えられました。そして、将来、「正義」（ミシュパート）と「恵みの業」（ツェダーカー）をもって支配し、もはや戦争も争いもない「平和」（シャローム）な社会を実現すると考えられたのです。それは、時代を下って、イエス・キリストの時代になると、当時のユダヤ地方を支配していたローマ帝国からの独立をもたらし、この理念を実現する者と考えられるようになっていました。こうした、いわば「政治的」メシア像が旧約聖書においては一般的であったと言えます。

しかし、旧約聖書には、もう一つのメシア像が見られます。それは、一般に「苦難の僕」と呼ばれているメシア像です。それは、イザヤ書 53 章に典型的に記されているもので、以下の文章に示されているように、それは人々の負債を自ら負って、人々に救いをもたらす人物として描かれています。

> 「見るべき面影はなく／輝かしい風格も、好ましい容姿もない。彼は軽蔑され、人々に見捨てられ／多くの痛みを負い、病を知っている。彼はわたしたちに顔を隠し／わたしたちは彼を軽蔑し、無視していた。彼が担ったのはわたしたちの病／彼が負ったのはわたしたちの痛みであったのに／わたしたちは思っていた／神の手にかかり、打たれたから／彼は苦しんでいるのだ、と。彼が刺し貫かれたのは／わたしたちの背きのためであり／彼が打ち砕かれたのは／わたしたちの咎のためであった。彼の受けた懲らしめによって／わたしたちに平和が与えられ／彼の受けた傷によって、わたしたちはいやされた。」
>
> （イザヤ書 53 章 2—5 節）

この文章は、「わたしたちの聞いたことを、誰が信じえようか」という言葉でもって語り出されていますが、この「苦難の僕」の姿は、人間の常識をはるかに超える内容を示しているのではないでしょうか。それは、わたしたちの常識からは生まれてこない救済観を示しています。そして、これほどまでに人間の救いを深く捉えた見方もないのではないでしょうか。確かに、「政治的」メシア像は分かりやすく、またそういう面も必要であります。しかし、それだけでは本当の救いはもたらされないのです。というのも、救いを必要としている人間の状況には、その本質において「罪」の問題があるからです。そしてそれは、誰かが、人間の外から、人間の罪の現実にまで深く到来し、人間に代わってその罪の重荷を負ってくれなければ決して解決できない問題であるからです。キリスト教は、この苦難の僕の姿にイエス・キリストの姿を見たのです。そして、それは何よりも、イエス・キリストご自身が、この苦難の僕の姿にご自身の歩まれるべき道を見られたからなのです。イエス・キリストは、人々の罪を負って、人々の罪のために十字架につけられ、死に、そしてよみがえられ、その罪の暗黒から人々を救い出されたのです。そこに、聖書の語る真実の救いがあります。そして、聖書の語るこのイエス・キリストの救い出来事の背景には、この「苦難の僕」としてのメシア像があったのです。

9　神の民の苦難と礼拝

1――神の民の苦難：「ヨブ記」からキリストへ

神の民イスラエルは苦難の歴史を歩んだ民です。その力は弱く、絶えず周辺の国々に脅かされ、支配されてきました。最近でも第二次世界大戦時に、ドイツのヒトラーによって大量虐殺の対象とされたことは記憶に新しいところです。

忠実に神に従い、信仰的な歩みをしている神の民イスラエルがどうしてこんなに苦しい目に遭うのか、この問いと真剣に取り組んで書かれたのが旧約聖書の「ヨブ記」です。ヨブは「無垢な正しい人で、神を畏れ、悪を避けて生きていた」（ヨブ記１章１節）人物です。愛に満ちた家庭と豊かな財産、多くの使用人を持ち、幸せそのものの人生を送っておりました。そして家族と共に宴会を開くたびにいけにえを捧げて礼拝をしていました。「『息子たちが罪を犯し、心の中で神を呪ったかもしれない』と思ったからである」（ヨブ記1章5節）。本当に立派な信仰深い人として描かれています。

ところが、サタンの仕掛けたわなにより、ある時からヨブの人生は一変して大変悲惨な人生を送ることになります。突然襲ってきた他民族の略奪や大風などによって、妻とわずかの使用人を除いて家族全員と財産のすべてを一挙に失ってしまいます。また本人自身も全身「ひどい皮膚病」に覆われ、そのあまりのかゆさに全身をかきむしり、ついに本人とわからなくなるほどの醜い姿に変わり果ててしまいます。それでもはじめはこの苦難を冷静かつ信仰的に受け止めていました。

「わたしは裸で母の胎を出た。裸でそこに帰ろう。主は与え、主は奪う。主の御名はほめたたえられよ。」（同1章21節）
「お前まで愚かなことを言うのか。わたしたちは、神から幸福をいただいたのだから、不幸もいただこうではないか。」（同2章10節）

「このような時にも、ヨブは神を非難することなく、罪を犯さなかった」（同1章22節）、「このようになっても、彼は唇をもって罪を犯すことをしなかった」（同2章10節）のです。ところがそのヨブもさすがにその苦しみに堪えかねてやがて「わたしの生まれた日は消えうせよ」（同3章3節）、「わたしの魂は息を奪われることを願い／骨にとどまるよりも死を選ぶ」（同7章15節）と述べるようになるのです。この後、三人の友だちと一人の若い知人、そして最後には神さまとの深い信仰的議論が続くのですが、私たちがすぐ納得できるような解決が与えられているわけではありません。結論は、その理由がわからないまま神の与えたもう試練として雄々しく受け止めよというものです。一般の人にはこれはなかなか納得できない答えですが、ユダヤ人たちはこの答えでさまざまな苦難に耐え、乗り越えてきたのです。神さまに御利益を求めることの多い精神と比べるとき、その深い宗教性は際立っています。

さて、このヨブ記の課題をさらに違った仕方で取り組み、深めていったのが新約聖書の信仰であり、キリスト教です。キリスト教では、神と人とのために苦しむこと、それが救いと直結すると堅く信じています。罪もないのに苦しめられて十字架で殺されたイエス・キリスト、この方の苦しみによって私たちは神の子とされたのです。神と人とのために苦しむ、ここに真実の愛がある。そのことを証しして多くの信仰者たち（たとえば、アッシジのフランチェスコ、マーティン・ルーサー・キング、マザー・テレサなど）は死んでいったのです。以下、苦しみに関わる聖句をいくつか引用してこの項を終えます。

「人の子［キリスト］は必ず多くの苦しみを受け、長老、祭司長、律法学者たちから排斥されて殺され、三日目に復活することになっている。」（ルカ福音書 9 章 22 節）
「あなたがたには、キリストを信じることだけでなく、キリストのために苦しむことも、恵みとして与えられているのです。」（フィリピ 1 章 29 節）
「キリスト・イエスの立派な兵士として、わたしと共に苦しみを忍びなさい。」（二テモテ 2 章 3 節）
「キリストは肉に苦しみをお受けになったのですから、あなたがたも同じ心構えで武装しなさい。肉に苦しみを受けた者は、罪とのかかわりを絶った者なのです。」（一ペトロ 4 章 1 節）

2――賛美と礼拝：「詩編」の信仰

旧約聖書にある「詩編」はイスラエルの民の信仰、人生観、世界観、共同体的また個人的喜びや感謝、悲しみや苦しみなどが歌（詩）の形で言い表されたものです。5 巻から成り、全部で 150 編あります。第 1 巻は 1―41 編、第 2 巻は 42―72 編、第 3 巻は 73―89 編、第 4 巻は 90―106 編、第 5 巻は 107―150 編となっています。その内容は実に豊富で多岐にわたっていますが、大きな共通点はそのほとんどが礼拝で歌われているものであるということです。ですから詩編を読むたびに、私たちは礼拝へ出て共に神を賛美をするよう促されるのです。まずその代表的な詩編を二つご紹介しましょう。

「主に向かって喜び歌おう。救いの岩に向かって喜びの叫びをあげよう。御前に進み、感謝をささげ／楽の音に合わせて喜びの叫びをあげよう。主は大いなる神／すべての神を超えて大いなる王。
深い地の底も御手の内にあり／山々の頂も主のもの。海も主のもの、それを造られたのは主。陸もまた、御手によって形づくられた。わたしたちを造られた方／主の御前にひざまずこう。共にひれ伏し、伏し拝もう。主はわたしたちの神、わたしたちは主の民／主に養われる群れ、御手の内にある羊。今日こそ、主の声に聞き従わなければならない。」（詩編 95 編 1—7 節）
「全地よ、主に向かって喜びの叫びをあげよ。喜び祝い、主に仕え／喜び歌って御前に進み出よ。知れ、主こそ神であると。主はわたしたちを造られた。わたしたちは主のもの、その民／主に養われる羊の群れ。
感謝の歌をうたって主の門に進み／賛美の歌をうたって主の庭に入れ。感謝をささげ、御名をたたえよ。主は恵み深く、慈しみはとこしえに／主の真実は代々に及ぶ。」（同 100 編 1—5 節）

この二つの詩編に共通しているのは、礼拝とは、神を賛美し、感謝を捧げることです。決して難しい話を聞いたり、ただじっと静かにしているということではないのです。神と出会って喜びに満たされる、これが礼拝者の実感です。神を信じるということは神を礼拝するということです。ですから教会も毎日曜日礼拝をしているのですし、この聖学院大学でも火曜から金曜まで全学礼拝が守られているのです。

礼拝する人生へと変えられた者は、いつも人生の前に神がおられ導いてくださることを感じて生きています。「わたしは絶えず主に相対しています。主は右にいまし／わたしは揺らぐことがありません。わたしの心は喜び、魂は躍ります。からだは安心して憩います」（同16編8―9節）。神さまと対面しつつ、神と共に歩む人生、この人生の豊かさを詩篇は証ししているのです。

108編を歌った詩人は次のように言います。「神よ、わたしの心は確かです。わたしは賛美の歌をうたいます。『わたしの誉れよ／目覚めよ、竪琴よ、琴よ。わたしは曙を呼び覚まそう。』主よ、諸国の民の中でわたしはあなたに感謝し／国々の中でほめ歌をうたいます」（同108編2―4節）。

「わたしの心は確かです」、人生のさまざまな苦難や試練の中でこの決心と確信を与えられた者の歌、それが詩編なのです。どうぞ150の一つひとつの詩編を味わって、神を礼拝する喜びを知ってください。最後に、やはり人生の悩みから救われた者の素敵な詩をご紹介いたします。

「苦難の中から主に助けを求めて叫ぶと／主は彼らを苦しみから導き出された。主は嵐に働きかけて沈黙させられたので／波はおさまった。彼らは波が静まったので喜び祝い／望みの港に導かれて行った。主に感謝せよ。主は慈しみ深く／人の子らに驚くべき御業を成し遂げられる。」（同107編28―31節）

図版⑦ 「現在のエルサレム」

IV

イエス・キリストの福音

1 イエスの生涯

キリスト教を一言で説明すると、それは「イエスは主である」と信じ告白する宗教ということができます（ローマ10章9—10節）。それは、イエスという方を自分にとっての救い主（キリスト）として心の中に受け入れることであり、同時にまたイエスが救い主であることを知っている者にふさわしく生きることなのです。私たちは問題もなく幸せに生きているようでも、大なり小なり、孤独、不安、恐怖、失敗、挫折、その他さまざまの自己の弱さや破れに見舞われるものです。そういう中にあってイエス・キリストに救いを求める。これがイエスをキリストと告白するキリスト者の生活です。強がりを言って生きるのではなく、「主の名を呼び求める者はだれでも救われる」（同10章13節）という約束の言葉の下で、この世の煩わしさから逃れ、退き、イエス・キリストの前に静かにひれ伏して祈り、ひたすらに助けを呼び求めるのです。この意味でキリスト者の生活は礼拝や祈りを欠かせないのです。

1——イエスに関する資料

ところで、キリスト教会が長い間救い主と信じ告白して来たイエスとはどういう生涯を送った人なのでしょうか。このことはキリスト教信者にとってはもちろんのこと、キリスト教を理解しようとする人々にとっては興味深い事柄であります。しかしながらイエスの生涯を知る手がかりは限られています。新約聖書は歴史的事実に基づいて記しているにしても、信仰者の立場から見たイエスについて語っていますから、歴史的事実を客観的に理解するために限界がないとは言えません。

新約聖書の中でも「福音書」と呼ばれる四つの書物には、イエスの教えや具体的活動が記されてはおりますが、三十数年に及ぶイエスの生涯を伝記的に記したものではないのです。四つの福音書が語っている概要は、30歳の頃にガリラヤのナザレを出て洗礼者ヨハネから洗礼を受け、ヨハネが捕縛されたことをきっかけにしてガリラヤのカファルナウムを中心とした地域で宣教活動を始めたこと、民衆からは熱烈に歓迎されたがユダヤ教の伝統や律法を重視する人々からはその教えや行動に疑問をいだかれたこと、そして最後は過越祭のためにエルサレムへ上り、そこで捕らえられ十字架の苦しみを受けて殺され、3日目によみがえったこと等々が記されています。このように福音書が語っているのはイエスの生涯の全体ではなくむしろイエスの生涯のごく短い終わりの部分にすぎないのです。

新約聖書では福音書以外の書物もイエスについて語っておりますが、それらは断片的であり、イエスの生涯の概要を知る意味においては重要ですが、イエスの生涯の詳細を把握するためには十分ではありません。たとえば、フィリピの信徒への手紙には、次のように記されています。「キリストは、神の身分でありながら、神と等しい者であることに固執しようとは思わず、かえって自分を無にして、僕の身分になり、人間と同じ者になられました。人間の姿で現れ、へりくだって、死に至るまで、それも十字架の死に至るまで従順でした」(フィリピ2章6—8節)。この記述はイエスが奴隷のような姿において生きた人であったことを印象深く語っていますが、しかしイエスの生涯が実際にはどのように貧しかったのかということについては何も語ってはいないのです。また、ヘブライ人への手紙も同様に、「キリストは、肉において生きておられたとき、激しい叫び声をあげ、涙を流しながら、御自分を死から救う力のある方に、祈りと願いとをささげ、その畏れ敬う態度のゆえに聞き入れられました」（ヘブライ5章7節）と語って、イエスの生涯が苦難に満ちたものであったことを示唆してはいますが、しかし具体的なことは何も語ってはいないのです（この他に使徒言行録3章13節以下、4章10節以下、5章30節以下、一コリント15章3節以下参照）。

このように見てきますと、果たして、イエスは本当に実在の人物であったのかという疑問も生じてくることになるかもしれません。しかしイエスが実在の人物であったことは聖書以外の歴史資料によって確かめることができるのです。ローマの歴史家タキトゥス（2世紀初頭）によれば、皇帝ネロは60年の大火災のことで人々から放火の非難を受けたのですが、その嫌疑を「人類の敵」とみなされていたキリスト教徒に転嫁し、多くのキリスト教徒を殺害しました。タキトゥスは次のように記しています。「この名は、ティベリウスの統治下、総督ポンテオ・ピラトが死刑にしたキリストから起こっている。このいまわしい迷信はしばらくの間抑圧されていたが、再び広まって行き、この悪事を始めたユダヤのみならず、世にもおそろしいことや恥ずべきことにみちているローマにも流れこみ、多くの信者を見出している」（『年代記』15章4節）。

さらに、ローマ皇帝伝記作家であるスエトニウス（2世紀）は、（『皇帝クラウディウス伝』25章4節）の中で「クラウディウスは、クレストス（Chrestos）の煽動によって騒動を起こすことをやめなかったユダヤ人をローマから追放した」と記しています。スエトニウスは、キリストを煽動家と見ていますがその実在については疑問をいだいてはいません。小アジアの総督プリニウスはトラヤヌス皇帝に宛てて手紙を書きました（110年）。彼は次のように記しています。「神をほめるのと同じように、キリストをほめたたえている」（『書簡』10章96節）。さらにユダヤ人歴史家ヨセフスは、ヤコブという人の裁判と投石死刑について述べる箇所において、このヤコブが「キリストと呼ばれたイエスの兄弟」であることについて記述しております（『ユダヤ古代史』山本書店）。

このようにこうした歴史資料の著者たちはイエスの生涯の詳細すべてを語っているわけではありませんが、私たちは彼らの記述からイエスが実在の人物であったことの確証をつかむことはできるのです。こうした歴史資料に詳しく記されていないということは、イエスの出現は当時の歴史家には注目すべき画期的な出来事としては認識されなかったということであります。聖書の信仰からするならイエスの誕生、イエスの教えと働き、そしてイエスの十字架の死とよみがえりは、この世界の歴史を分ける重大な出来事であります。しかしこの出来事は世界中のすべての人々がそのようなものとして認識できるような出来事ではなかったのです。聖書が記しているように、この出来事は普通の人々には注目すべき何の輝きもないのです。普通の人々には熱狂的に神を信じて生きた男が十字架に架けられて死んだというだけの愚かなことにしか見えないのです（一コリント1章21節、同23節、同25節）。歴史家たちがイエスについての記述を残さなかったのはここに理由があります。けれども、一般の歴史家もその実在については認めているのです。

しかし、それなら最初のキリスト者たちはどうしてもう少し客観的なイエスの生涯についての記述を残さなかったのでしょうか。それは、後でも触れますように、最初のキリスト者たちはイエスの教えやその働きに啓発されて信仰者になったのではなかったということと関係があるのです。キリスト教の起源はイエスの十字架の死とよみがえりの出来事にありました。最初のキリスト者たちは十字架以前のイエスの教えや働きの中に救いを見いだしたのではなく、イエスの十字架の死とよみがえりにおいて神の救いを見たのです。ですから伝道者パウロは次のように記しております。「それで、わたしたちは、今後だれをも肉に従って知ろうとはしません。肉に従ってキリストを知っていたとしても、今はもうそのように知ろうとはしません」（二コリント5章16節）。これによってパウロはイエスの十字架の死とよみがえりにおいて啓示された神の奥義に注目するのです。ボルンカムという聖書学者は次のように記しています。「最も古い原始的キリスト教の宣教は、すべての内世界的出来事の限界を突破し、時代を転換させるこの歴史によって生きているので、今日の私たちにとっては驚くほど復活前のイエスの生活や働きについて知らないですませることができたのである」（『ナザレのイエス』p. 20、新教出版社）。

2――隠された栄光と卑しい生まれ

マタイによる福音書とルカによる福音書は、イエスの生まれの神秘的な側面を強調しています（マタイ福音書1―2章、ルカ福音書1―2章）。マリアはまだ結婚もしていなかったのですが聖霊によって身重になったと記されているのです。マリアは大工ヨセフと婚約中でまだ一緒になる前であったのに身重になったのです。こうした聖書の記述を読む時、私たちの多くは、結婚によらない処女降誕の科学的可能性について議論をしたくなります。けれども、この問題について科学的に確証することはできません。ただ、聖書の信仰によれば、聖霊は存在していないものを呼び出して存在させ、不可能をも可能にする神の力であるということです（ローマ4章17節以下）。したがって、イエスの誕生についてのマタイやルカの神秘的な報告記事において大事なことは、イエス・キリストの誕生は、人間的可能性を超えた出来事であり、無から有を呼び出し不可能を可能へと変えることのできる全能なる神が起こしてくださった出来事であるということなのです。

マタイとルカは、記述の仕方は異なりますが、両者とも共通して、マリアの嫁ぎ先が古い時代にイスラエルの2代目の王になったダビデの家系に属する家柄であり、たとえ養父ヨセフとの直接的な血のつながりがなくてもイエスはダビデの家系に属する者であったこと、そして生まれた場所もかつてのダビデの町と言われたユダヤのベツレヘムであったことを強調しています。これによってマタイとルカとは、神がかつてダビデに約束されたとおり救い主を誕生させてくださったことを強調しているのです（サムエル記下7章11節、同13節、同16節、同23章5節、ミカ書5章2節、マタイ福音書2章5―6節、ルカ福音書2章4、6節）。

特に、ルカによる福音書は、ヨセフは身重の妻マリアを連れて自分の故郷ベツレヘムに旅をしなければならなくなった事情を記しています（ルカ福音書2章1―7節）。それは、ローマ皇帝から発令された人口調査に応じるためでありました。産み月に入っていたマリアにとって、このベツレヘムへの旅は辛いものであったに違いありません。このような妻を連れての旅はヨセフにとっても気がかりなものであったと思われます。その上、ベツレヘムに到着した時、ヨセフは身重の妻マリアを安心して休ませることのできる宿を得ることができず、やむなく空いていた小屋を宿として借りることになりました。このようなわけで小屋を宿にすることになりましたが、マリアは、ここに滞在している間に月満ちて幼な子を産んだのです。

ところで、このようにしてヨセフが身重のマリアを連れてベツレヘムへの旅を余儀なくされたということは、ローマによる支配の過酷さを感じさせるに十分なものであります。彼らは、呑気に旅をしていられるほど裕福ではありませんでした。それなのに何日かの間、生まれ故郷までの旅のために仕事を休まなければなりませんでした。それだけではなく旅の費用も負担しなければならなかったのです。そのような犠牲を強いられた後で、挙げ句の果てには重い税金を課せられたのです。このようなわけですから人口調査は反感を買い、イスラエル民衆の反乱が起きることもありました（使徒言行録5章37節）。しかし、注目すべきことに、聖書の記者は、ローマ帝国による支配の残酷さを告発しているのではありません。そうではなく、聖書は、たとえこの世の現実が暗黒に満たされていたとしても、神はそれに支配されることはないのであって、ご自身の約束を成就すべく働いておられたということを語っているのです。神は、むしろ、暗黒をもたらしているこの世の現実をも約束を成就するために用いることができるのです。神は、聖書に記されているように、「万事が益となるように共に働く」

のです（ローマ 8 章 28 節）。

イエスは、紀元前 4—7 年頃に生まれ、ガリラヤのナザレという村で、ヨセフから大工の手ほどきを受け大工となりました。ルカによる福音書によると、少年イエスは、信仰深く知恵にも優れており、その賢さは学者たちも驚くほどでありました（ルカ福音書 2 章 47 節）。しかし、イエスは学問を学ぶ機会に恵まれることはなかったのです。当時の一般の子どもたちがそうであったように、村のシナゴグ（会堂）で聖書を学ぶことがイエスの受けた唯一の教育でありました。一説によると、養父ヨセフは比較的早い時期に他界したとも言われます。イエスには、4 人の弟と幾人かの妹がいましたから、一家を支えるための重荷も背負わなければならなかったのです（マルコ福音書 6 章 3 節）。

ところで、忘れてならないことに、このようにして生まれたイエスのナザレにおける生活は、神によって生まれた者として村人から注目され尊敬を受けるようなものではなかったのです。村人は、イエスをヨセフの子としてではなく、「マリアの息子」としか見なかったのです（マルコ福音書 6 章 3 節）。イエスは、村人たちからはマリアの産んだ私生児として蔑まれていたと思われます。したがって、おそらく、イエスは、その若い時から生きる悩みと悲しみを知る人でありました。

旧約聖書のイザヤ書は人々に救いをもたらす苦難の僕について次のように記しています。「彼は軽蔑され、人々に見捨てられ／多くの痛みを負い、病を知っている。彼はわたしたちに顔を隠し／わたしたちは彼を軽蔑し、無視していた。」（イザヤ書 53 章 3 節）。イエスは、まさに、イザヤが語っている苦難の僕の姿において生まれ、かつ生きた方でありました。それだけに、彼は、ナザレにおいて大工の仕事をしながらも、魂の深みから神に向かって叫ばないではいられなかったのです（ヘブライ 5 章 7 節）。大工として力仕事をしていたのですから体はたくましかったかもしれません。しかし、彼は、魂においてはいつも傷を負っていた人であったのです。

キリスト教は、この苦難の僕のようなイエスの貧しさと惨めさの中に、私たちに対する神の深い愛を見いだしたのです。ですから、ヘブライ人への手紙は次のように記しております。「[イエスは] 罪を犯されなかったが、あらゆる点において、わたしたちと同様に試練に遭われたのです。だから、憐れみを受け、恵みにあずかって、時宜にかなった助けをいただくために、大胆に恵みの座に近づこうではありませんか」(同4章15—16節)。さらに、「キリストは御子であるにもかかわらず、多くの苦しみによって従順を学ばれました。そして、完全な者となられたので、御自分に従順であるすべての人々に対して、永遠の救いの源となり……大祭司と呼ばれたのです」(同5章8—10節)。

また、初期の教会においては、次のような賛美が歌われていたと言われます。

「キリストは、神の身分でありながら、神と等しい者であることに固執しようとは思わず、かえって自分を無にして、僕の身分になり、人間と同じ者になられました。人間の姿で現れ、へりくだって、死に至るまで、それも十字架の死に至るまで従順でした。このため、神はキリストを高く上げ、あらゆる名にまさる名をお与えになりました。こうして、天上のもの、地上のもの、地下のものがすべて、イエスの御名にひざまずき、すべての舌が、『イエス・キリストは主である』と公に宣べて、父である神をたたえるのです。」(フィリピ2章6—11節)

3——バプテスマのヨハネとその時代

30歳頃、イエスは、大工を辞めてナザレの村を出ることになります(ルカ福音書3章23節)。それは、当時イスラエルの人々に大きな影響を与えていた洗礼者のヨハネから洗礼を受けるためでした。この人はヨルダン川に近い荒れ野において神の言葉を語り、人々に激しく悔い改めを迫っていたのです。神の民と自称しながら実際は神と関係のない生き方をしている同胞のイスラエルの民に向かって、真実な意味において神に立ち返るべきこと、そうでなければ先祖がどれほど優れていたにしても、あるいは神の民として誇るべき伝統を持っていたにしても、神の裁きは免れないと語ったのです。聖書によれば、大勢の人々が洗礼者ヨハネのところに押し寄せて、その教えに耳を傾け、悔い改めの印としての洗礼を受けたのです。このことから、彼は、「洗礼者ヨハネ」と呼ばれるようになりました。イエスは、このヨハネの教えと活動のことを伝え聞いて共感し、彼から洗礼を受けるためにナザレの村を後にしたのです。

ヨハネはイエスよりも6カ月ほど先に生まれた人でした。彼は祭司の子でありました。当時のイスラエル社会において祭司は貴族階級でしたので、ヨハネは貴族としての特権を受け継ぐことを保証された人でありました。しかし、彼は、あえて、その特権を捨てたのです。彼は、貴族としての特権に甘んじ、快適なこの世の生活にふけるよりも真実に神を求める道を選びました。というより、イスラエル民族が直面している危機的な状況を思うとき、真剣に神に問わないではいられなかったのです。ですから、彼は、一人荒れ野に生活し、聖書を学びながら真剣に神の御心を問うたのです。これが青年ヨハネの姿でありました（ルカ福音書1章80節）。

当時イスラエルはローマ帝国の支配下に置かれておりました。神の民と自称するイスラエルの民にとって、異邦人の王によって支配されるということは政治的経済的な苦痛を伴ったことは言うまでもありませんが、精神的な意味においても耐え難い屈辱でありました。異邦人は天地万物の創造者なる神を知りませんし、神の律法を持っていません。ですから、神の民イスラエルの立場からは、異邦人は欲望のままに生きるほかない汚れた民族に見えたのです。それだけに、彼らは、ローマの人たちを軽蔑していました。そのローマの支配に従わなければならないのですから、イスラエルは耐え難い屈辱を味わっていたわけなのです。

こうした暗黒の状況において、イスラエルの人々にとって共通していたことは神への期待でありました。神は、必ずメシア（「油注がれた者」すなわち神によって立てられた指導者＝キリスト、救い主の意）を遣わしてくださるという期待であります。神へのこうした期待は、確かに信仰的に見えます。しかし、洗礼者ヨハネは、信仰的に見える当時のイスラエル人たちの考えやあり方に深い疑問を覚えざるを得なかったのです。青年ヨハネを荒れ野へと追いやった要因は、こうした疑問と関係があったと思われます。なぜなら、それは人々の身勝手な思いから出たものであったからです。

ヨハネの時代の主な人々とその考え方は次のようなものでした。

1) **祭司階級**（サドカイ人）は、神殿を中心に活動していた指導者たちですが、祖先から継承した祭儀的営みの伝統を墨守することが、メシアを待つにふさわしい態度であると考えていました。しかし祭儀を守ることには熱心でありましたが、真実なる意味においては神を求めてはいなかったのです。一般民衆が危機に直面し苦しんでいたとしても、貴族である彼らはそれほどにはその苦しみを実感することがなかったのです。その意味では、ローマによる支配は彼らにとってはそれほどの悲劇ではなかったのかもしれません。それだけに、彼らは神に向かって真剣に救いを求めるということにはならなかったのです。彼らが熱心に取り組んだのは、一方においては神の民としての儀式的伝統を墨守することであり、もう一方においてはローマ帝国や国内の世俗的指導者たちと政治的な妥協をはかりながら社会的安全を得るということでありました。つまり、彼らの関心は、イスラエルが神の民として伝統を保持することにあったのです。

2) **ファリサイ人**は、儀式的な伝統よりも神の律法に基づく生活を重視した人たちでありました。一般民衆に影響力を持っていたのは、このファリサイ人たちであったのです。彼らは生活を神の律法によって律することこそ、救い主を待ち望む者にふさわしい生き方であると考えたのです。彼らは朝から晩まで神に従って生きるためのさまざまの規則、それも実際には覚えきれないほど多くの規則を定めていました。汚れたものを食べないこと、手を洗う清めの儀式なしでは食事をしないこと、安息日を厳守すること等々、すべてを数えると600を超える数の規則があったと言われます。彼らは守り切れない規則によって縛られていたのです。

一般の信徒からなるファリサイ派の人々にも、サドカイ派の人々と同様な問題がありました。それは、律法を学ぶことやそれを実践することには熱心ですが、真実なる意味において神を求めてはいなかったのです。そのことは何よりも、彼らの自己満足や自己義認の姿に現れています。彼らは律法を生活の中で実践することの中で、いつの間にか自分たちが正しい人間となったかのごとく錯覚し、自分たちは神の祝福を受ける資格のある人間だという自惚《うぬぼ》れや自己義認に陥ったのです。さらに、こうした自惚れや自己義認は、律法を大切にしようとしない人々に対する徹底した差別をもたらしました。彼らは、律法を知らず律法に基づく生き方をしていない人々を汚れた人々とみなしたのです。ファリサイ人たちは、神の約束を信じ、神から与えられた律法を大切にするという点において神を信じていたと言えるかもしれません。しかしながら、真実なる意味においては、神を仰いではいなかったのです。それだけにファリサイ人たちは、律法を知らない人々、それを守ろうとしない人々を罪深く汚れた人間とみなしたのですが、神の前における自分の罪には気づかなかったのです。

3）**エッセネ派**は、こうしたファリサイ派の考え方をさらに徹底させた人たちでありました。彼らによれば、サドカイ派のように神殿を中心とするユダヤ教の儀式的な伝統を守ることも、さらにはファリサイ派のように生活の中で律法を守ることも、神の裁きには耐えうるものではないと考えたのです。堕落した古い生活から完全に抜け出して清められた生活をするのでなければ神の民にはなれないと考えたのです。ですから、この人々は、エルサレムを中心として俗世界を捨て、死海周辺の洞窟に住み、そこで厳格な戒律に基づく集団を形成しました。財産の共有、厳格な入会規則、厳格な訓練、清潔規定、規則正しい洗身、共同の聖なる食事、動物犠牲の拒否、聖餐の儀式、世俗化を防ぐ説教、聖文書の秘密保持というようなことが彼らの集団の特色でありました。彼らの理解によれば、やがて神の裁きがなされる時、闇の子たちは滅ぼされるがこの集団に属する光の子は救われると確信していたのです。

4）以上の宗教的な人々と異なり、**ゼロテ党**と呼ばれる人々がありました。彼らは、ローマに対する憎悪によって結び合わされ、政治的な意味でのローマからの独立と解放を求める人々でありました。彼らも神が救い主を遣わしてくださることを信じていました。しかし、彼らの場合には、ただ宗教的な仕方において救いを待つのではなく、ローマに対し武装蜂起をすることによって、神による救いを勝ち取ろうとしたのです。彼らは、自分たちが神に信頼して立つなら神は必ずや自分たちに味方してくださると信じたのです。

洗礼者ヨハネは、以上のように神を自分たちに都合良く引き寄せて理解しようとする同時代の人々の考えには納得がいかなかったのです。荒れ野での祈りと思索から彼に示されたことは、イスラエル民族の選民意識の問題でありました。自分たちは神から選ばれた特別の民族であるという思い上がりこそ、ローマによる支配という悲惨さの中で悔い改めなければならない問題であったのです。その意味では、イスラエル民族が今直面している危機はローマによる支配ではありませんでした。そうではなく、神の民であると自惚れておりながら、正しい意味において神と向かい合っていないことが危機であったのです。ですから、ヨハネは彼らの罪を指摘しつつ叫びました。「蝮の子らよ、差し迫った神の怒りを免れると、だれが教えのか。悔い改めにふさわしい実を結べ。『我々の父はアブラハムだ』などと思ってもみるな。言っておくが、神はこんな石からでも、アブラハムの子たちを造り出すことがおできになる」（マタイ福音書3章7—9節）。

イエスがナザレの村を出てヨハネから洗礼を受けようとした背景には、神との関係におけるイスラエルの問題について、ヨハネと共通した思いがイエスの心の中に存在したということがありました。そして、ヨハネから洗礼を受けることによって、イエスはより一層深く神の子としての自覚を与えられることになるのです（マルコ福音書1章11節、マタイ福音書3章17節、ルカ福音書3章22節）。

4――イエスの宣教

イエスは、洗礼者ヨハネから洗礼を受けた後、神の子としての自覚が試されることになります。神の子として何をすべきか、神の子として人々の救いとどう取り組むべきかをめぐって真剣な問いに直面することになりました。「荒れ野における誘惑」として知られている出来事（マタイ福音書4章1―11節、ルカ福音書4章1―13節）の意味はここにあります。イエスは一人荒れ野に行き、40日40夜の断食をしながらこの問いと向かい合います。そして、断食による空腹の中で、イエスは悪魔的な思いに誘惑されるのです。神の子としての力を利用し、貧しい人々の空腹を満たすべきではないか。第二に、神の子としての影響力を行使するために、人々の見ている目の前で奇跡を起こして見せることも必要ではなかろうか。さらに第三に、この世を新しくするために、神の子である自分こそがイスラエルの指導者となるべきではないのか。そのためならば、この世の勢力とのある程度の妥協はやむを得ないのではなかろうか。断食による空腹の中でイエスを襲った誘惑はこうしたものだったのです。

しかし、イエスは、そのいずれも神の言葉（申命記8章3節、同6章16節）に基づいて拒絶しました。誘惑の声にさらされながらもそれを拒絶してイエスが選んだ道は、旧約聖書の預言者イザヤによって示唆されている「苦難の僕」の道でありました（イザヤ42章1―4節、同53章）。

苦難の僕は、神から離反し神に逆らって生きている人々のために苦しみを背負います。けれども、人々は誰も、彼が自分たちのために苦しんでいるとは思わないのです。それどころか、人々には、「神の手にかかり、打たれたから／彼は苦しんでいるのだ」（イザヤ53章4節）としか見えません。彼は、「私はあなたがたを救うために苦しんでいるのです」と大きな声を上げて宣伝するようなことをしないのです。魂に傷を受けている者たち、生きる望みを失い立ち上がる勇気を欠いている者たちを訪れ、彼らの隣り人となるのです。孤独と不安の中で挫折し自分の行くべき道を見いだせない彼らに心を寄せ、励ましを与え、必要な助けの手を伸べるのです。イエス・キリストはこうした苦難の僕としてその短い生涯を全うしたのです。

しかし問題は苦難の僕としてのイエスの歩みは、当時のユダヤ教の指導者と対立せざるを得なかったことでした。一つの対立点は、ユダヤ教の立場からは罪人、汚れた者とされていた人たちとの関係にありました。その人々というのはさまざまな事情から律法の生活を守り通すことのできない人たちでありました。ある人々は徴税人としてローマ皇帝に収めるべき税金を取り立てる仕事で生計を立てなければなりませんでした。この他に、自分の体を売って暮らしを立てるほかに生きる手だてを見いだせない遊女（売春婦）もおりました。同胞のユダヤ人たちはこうした人々を神を捨てた者、律法を犯す罪人、汚れた者とみなし、徹底して差別扱いをし、当然のこととして彼らとの交わりを拒絶しました。会話をかわすこともなく、ましてや食卓を共にするということもなかったのです。それは自分たちが汚されないためでありました。

イエスは、ユダヤ教の指導者たちとは反対に、こうした人々を訪れ、彼らに神の国の福音を語りかけました。彼らの罪を赦して受け入れ、神の国の福音を分かち合ったのです。これまで一人の人間としての扱いを受けることがなかった彼らが、イエスとの出会いをとおし、それまでの古い生き方を捨てて新しく生き始めたのです。こうしてイエスの周りには罪を悔い改めた徴税人や遊女が大勢集まって来たのです。そしてしばしば彼らと食卓を囲んだのです。

ところが、こうしたイエスを見たユダヤ教の人々は、「見ろ、大食漢で大酒飲みだ。徴税人や罪人の仲間だ」（ルカ福音書7章34節）と非難しました。ある人々はイエスの弟子たちに問いかけました。「どうして彼は徴税人や罪人と一緒に食事をするのか」（マルコ福音書2章16節）。しかし、イエスは言いました。「医者を必要とするのは、丈夫な人ではなく病人である。わたしが来たのは、正しい人を招くためではなく、罪人を招くためである」（マルコ福音書 2 章 17 節）。これは含蓄のある言葉です。ここでイエスは、徴税人や遊女たちが病人であり罪人であることを容認し、律法を守っている人々が健康であり正しい人であると述べているようにも聞こえるかもしれません。しかし、それは大きな誤解です。神を信じ律法を学び、律法の生活をしていると誇っている人々も病人であり罪人なのです。神の前に立つ時、人は正しさを自己主張することはできないのです。

「殺してはならない」（出エジプト記 20 章 13 節）という律法があります。この律法を目にする時、私たちは、「自分は人殺しをしてはいない」、だから「律法に従っている」、「正しい人間だ」と思うのではないでしょうか。同様に、「姦淫してはならない」（同 20 章 14 節）という律法があります。おそらく不倫を経験したことがない人なら「自分は罪を犯してはいない」と答えると思います。しかしながら、イエスは言うのです。心の中で他人を憎み、軽蔑することが人殺しであり、異性に向かって情欲を抱くことも姦淫であると。人は、このように自己中心で他人を蔑み傷つけているのに、自分は正しい人間だと錯覚しながら生きているのです。そういう意味では徴税人や遊女たちだけが「病人」や「罪人」なのではなく、すべての人間は赦されて救われなければならない罪人なのです。

人間は律法を守ったからと言って正しい人にはなれないのです。律法の生活はかえって自己欺瞞を生じさせるだけなのです。心の中では神の御心に反する思いに満ちておりながら、表面的に律法を守ったということから自分は正しい人だと思い込んでしまうのです。したがって、律法に熱心であったユダヤ人たちの多くは、「神様、罪人のわたしを憐れんでください」と懺悔の祈りを捧げる代わりに、他の人々を蔑みながら、「神様、わたしはほかの人たちのように、奪い取る者、不正な者、姦通を犯す者でなく、また、この徴税人のような者でもないことを感謝します」と自己欺瞞的な祈りを捧げていたのです（ルカ福音書 18 章 9—14 節）。彼らは自分自身が裁かれるべき者であることを知らず、他者を裁く偽善に陥ったのです（マタイ福音書 7 章 1 節）。こうした自己欺瞞に対して、イエスは厳しい言葉を語りました。「イザヤは、あなたたちのような偽善者のことを見事に預言したものだ。彼はこう書いている。『この民は口先ではわたしを敬うが、その心はわたしから遠く離れている。人間の戒めを教えとしておしえ、むなしくわたしをあがめている』。あなたたちは神の掟を捨てて、人間の言い伝えを固く守っている」（マルコ福音書7章6—7節）。

この他にも律法の生活は人々の心を歪めることになりました。カファルナウムでの宣教活動をしていたある安息日のこと、会堂に片手の不自由な人がおりました。イエスは憐れんでこの人を癒したのです。ところがこれを見ていたパリサイ派の人々はヘロデ派の人々と組んでイエスを殺す相談を始めました（同3章6節）。なぜなら十戒に「安息日を心に留め、これを聖別せよ」（出エジプト記20章8節）と書いてあるからです。「聖別する」ということは神の聖に与ること以外のことではありません。罪深い人間が神の聖に与って罪が裁かれ、悔い改めへと導かれ、神との正しい関係へと立ち返り、これによって人は真実に生きる者となる。この意味において、イエスは、「安息日は、人のために定められた。人が安息日のためにあるのではない」（マルコ福音書2章27節）と考え、片手の不自由な人を癒されたのです。ところがユダヤ人たちは安息日を厳守するということだけを自己目的化してしまいました。そのために神による栄光の出来事を目前にしながら神を讃《ほ》め称えるのではなく、神の栄光を現したイエスを殺そうとしたのです。ここに律法の生活がもたらした心の歪みがあります。

こうしてイエスは、一方においては救いを必要とする人々の隣り人になりながら貧しい人々の間に神の国をもたらしました。そしてそれは多くの人々に影響を与えることになったのです。しかし他方において、ユダヤ教の偽善と誤りに対しては厳しく立ち向かいました。このように民衆に影響力を持っているイエスがユダヤ教指導者に厳しい態度を取ったことから、イエスはユダヤ教の指導者たちからその命を狙われることになり、最後には十字架上で処刑されることになったのです。しかし十字架における死はイエスの命の終わりではありませんでした。それは「多くの人の身代金」

であり、多くの人々はイエスの十字架の死とその復活をとおして本当の命を与えられることになったのです（マルコ福音書10章45節）。

5――イエスの死と復活

キリスト教は、仏教、イスラム教と並んで世界三大宗教の一つとされていますが、イエスの十字架の死と復活は他の宗教にない特徴です。一般的に宗教には教祖が存在し、教祖の開いた教えがその宗教の基盤になっています。仏教であれば釈迦の悟り、イスラム教であればムハンマドに啓示されたと言われる神の教えということになります。しかし、キリスト教は、イエスが語った教えのみによって成り立っている宗教ではありません。その意味においてイエスは「教祖」ではないのです。

もちろん、聖書にはイエスの教えや働きが記されています。その教えを聞きまた働きに学ぶことは大事なことです。もしイエスの教えや働きに無関心であるとするなら、そうしたキリスト教信仰は内実のないものになってしまいます。それにもかかわらず、キリスト教はイエスの教えや働きのみを起源とする宗教ではないのです。イエスの教えには一般の人々の心にも訴えるものがあり、彼の働きも人々の心を引きつけるものがあります。しかしキリスト教はイエスの教えを尊重し彼の働きを模範として生きるべく成立した宗教ではありません。大事なことはイエスの十字架の死とよみがえりの出来事なのです。この出来事がなければキリスト教はこの世に存在しませんでした。仮に私たちがイエスの教えを十分に理解し彼の働きを模範として実践をしているとしても、それによってイエス・キリストを正しく理解したことにはならないのです。

伝道者パウロは次のように記しています。「最も大切なこととしてわたしがあなたがたに伝えたのは、わたしも受けたものです。すなわち、キリストが、聖書に書いてあるとおりわたしたちの罪のために死んだこと、葬られたこと、また、聖書に書いてあるとおり三日目に復活したこと、ケファに現れ、その後十二人に現れたことです」（一コリント15章3―5節）。

ここで、「キリストが……わたしたちの罪のために死んだ」という点に注目しなければなりません。イエスは、ユダヤ教の指導者たちの策略によって十字架刑に処せられたのです。ユダヤ教の指導者たちの目からすれば、イエスは神の律法を破る者であり、さらには自分を神の子とすることによって神を冒瀆する者に見えました。ですから、ユダヤ教の最高指導者であった大祭司はイエスに死刑を宣告したのです。しかし、イエスは実際に律法を破ったわけではありませんし、自分のことを偽って神の子と公言して歩いたわけでもなかったのですから、神を冒瀆したわけでもないのです。ユダヤ教の指導者たちがイエスに死刑を宣告したのは、本当のところ、聖書によれば、イエスに対する「ねたみのため」（マルコ福音書 15 章 10 節）であったのです。聖書はイエスのこうした十字架の死を「わたしたちの罪のため」であったと言うのです。

「わたしたちの罪」というのは、法律的な意味において犯した罪のことではありません。それは、神によって造られた存在としての私たちの神に対する罪のことなのです。誰であれ神について考えないことはないと思います。しかし考えることはあっても神を見ることはできないのです。ですから、私たちは、神について無知であるというだけでなく、神を無視し神に敵対して生きているのです。時には、神ではないものを神として拝んだり、自分自身を絶対化しあたかも自分が神であるかのように錯覚して高ぶり、力を振りかざして他人を蔑む。時には自分の利益のために隣人の人権を踏みにじる。これが私たち人間の姿です。反対に、自分の弱さ、惨めさ、脆さに打ちのめされ、自分を恥じ他人を妬みながら生きるということもあります。さらに厳しい運命に押しつぶされ、自分の人生を呪いながら生きるということもなくはないのです。こうした私たちの姿は、被造物でありながら創造者である神を否定することからくる堕落でありかつ破れた姿なのです。この堕落と破れからの救済こそ、キリスト教がイエスの十字架の死とよみがえりにおいて見いだしたものなのです。

神は堕落と破れの中にある私たちを救うために、イエスの十字架の死とよみがえりにおいてご自身を啓示してくださいました。ご自身の独り子であるイエスを十字架にかけ死からよみがえらせるという仕方において、神はご自身を私たちに示してくださったのです。私たちは、この出来事において、「死者に命を与え、存在していないものを呼び出して存在させる神」（ローマ4章17節）を知るに至りました。これによって、私たちは、神を知らない罪人の生活から贖い出されたのです。神なき人生から神と共に生きる人生へと贖われたのです。神に向かってつぶやき敵対しながら生きていた人生から、神に聞きそして信頼して生きる人生へと導き入れられたのです。

聖書はこれを「和解」と呼んでいます。次のように記しています。「あなたがたは、以前は神から離れ、悪い行いによって心の中で神に敵対していました。しかし今や、神は御子の肉の体において、その死によってあなたがたと和解し、御自身の前に聖なる者、きずのない者、とがめるところのない者としてくださいました」（コロサイ1章21―22節）。ここで大事なことは、私たちが主体的に自分の努力で神と和解をしたというのではなく、神が私たちをご自身へと和解させてくださったということです。私たち人間は、自分の決断や努力によっては神と和解することはできないのです。そういう私たちをご自身に和解させてくださるために、イエスをキリストとしてこの世にお遣わしくださいました。このようなわけですから、イエスはキリスト教の「教祖」なのではなく私たちの救い主（キリスト）なのです。聖書はさらに次のように述べております。「ほかのだれによっても、救いは得られません。わたしたちが救われるべき名は、天下にこの名のほか、人間には与えられていないのです」（使徒言行録4章12節）。

2 神の国の福音

1――律法主義の克服：愛の教え

「時は満ち、神の国は近づいた。悔い改めて福音を信じなさい」（マルコ福音書 1 章 15 節）。

救い主イエス・キリストは、この第一声をもって宣教を始められました。年およそ 30 歳の頃でした。イエスの言われる「神の国」とはいったいどのようなものでしょうか。当時のイスラエルの人々にとって「神の国」とは、ダビデ王国の再建でした。しかもそれは当時の人々によれば、律法を厳守する王の支配する地上の王国でした。しかしイエスの言う「神の国」とは地上の特定の国のようなものではなく、「神が支配される世界」のことでありました。それは時間・空間において、また歴史において確かに現れますが、地上の国のように国境を伴うようなものではありません。そうではなく、神が直接支配者となり、私たち人間を導かれる世界の到来が近づいたということです。しかもそれは切迫している、だから私たちは古い生き方を悔い改めて神のご支配を受け入れる用意を急いでしなさいということであります。それでは、その「神の国」のご支配とは、内容的にどのような世界なのでしょうか。イエスはその福音の開始において、どのようなメッセージを込めておられたのでしょうか。それは、まず律法主義との戦いでした。

「穀物を収穫するときは、畑の隅まで刈り尽くしてはならない。収穫後の落ち穂を拾い集めてはならない。ぶどうも、摘み尽くしてはならない。ぶどう畑の落ちた実を拾い集めてはならない。これらは貧しい者や寄留者のために残しておかねばならない。わたしはあなたたちの神、主である。」（レビ記 19 章 9―10 節）（図版⑧「ミレーの『落ち穂拾

図版⑧「ミレーの『落ち穂拾い』」

い』」参照）

この聖句は、私たちがよく知っているミレーの「落ち穂拾い」の絵のもとになった旧約聖書の律法の一つです。現在の社会福祉の精神を先取りする思いやりに満ちた教えではないでしょうか。律法にはさまざまな戒めがあります。

イエスは、旧約聖書の律法を要約するなら、二つの究極の戒めに尽きると言われたことがあります。第一は「あなたは心を尽くし、魂を尽くし、力を尽くして、あなたの神、主を愛しなさい」（申命記6章5節）であり、第二は「自分自身を愛するように隣人を愛しなさい」（レビ記19章18節）であるとされました（ルカ福音書10章27節）。すなわち、律法の本質は、神を真に愛すること、そして隣人を自分と同様に愛することであります。

しかしイエスは、当時の律法学者たちを次のように、大変厳しく批判されました。律法学者は、旧約聖書の律法を教える学者です。律法は本来愛に満ちたものであるはずです。それなのに、イエスはなぜ律法学者たちをこのように厳しく批判されたのでしょう。

「あなたたち律法の専門家も不幸だ。人には背負いきれない重荷を負わせながら、自分では指一本もその重荷に触れようとしないからだ。あなたたちは不幸だ。自分の先祖が殺した預言者たちの墓を建てているからだ。こうして、あなたたちは先祖の仕業の証人となり、それに賛成している。先祖は殺し、あなたたちは墓を建てているからである。だから、神の知恵もこう言っている。『わたしは預言者や使徒たちを遣わすが、人々はその中のある者を殺し、ある者を迫害する。』こうして、天地創造の時から流されたすべての預言者の血について、今の時代の者たちが責任を問われることになる。それは、アベルの血から、祭壇と聖所の間で殺されたゼカルヤの血にまで及ぶ。そうだ。言っておくが、今の時代の者たちはその責任を問われる。あなたたち律法の専門家は不幸だ。知識の鍵を取り上げ、自分が入らないばかりか、入ろうとする人々をも妨げてきたからだ。」（ルカ福音書 11 章 46―52 節）

福音書を読む時、イエスは旧約聖書をモーセ律法を含め大変よく読まれ、日々親しんでおられたことが分かります。イエスは、旧約聖書の律法に対し、はっきり言われております。

「わたしが来たのは律法や預言者を廃止するためだ、と思ってはならない。廃止するためではなく、完成するためである。はっきり言っておく。すべてのことが実現し、天地が消えうせるまで、律法の文字から一点一画も消え去ることはない。だから、これらの最も小さな掟を一つでも破り、そうするようにと人に教える者は、天の国で最も小さい者と呼ばれる。しかし、それを守り、そうするように教える者は、天の国で大いなる者と呼ばれる。言っておくが、あなたがたの義が律法学者やファリサイ派の人々の義にまさっていなければ、あなたがたは決して天の国に入ることができない。」（マタイ福音書 5 章 17―20 節）

イエスが攻撃しておられるのは、律法学者に代表される「律法主義」に対してであって、律法そのものにではないのです。それでは律法主義とはどのようなものでしょうか。どのような理由で、イエスは攻撃しておられるのでしょうか。

一つの例として、イエスと「富める青年」との対話を採り上げましょう。マタイによる福音書19章16―22節を読みます。ひとりの富める青年がイエスに近づいて「永遠の命を得るには、どんな善いことをすればよいのでしょうか」と尋ねます。イエスは、まず「なぜ、善いことについて、わたしに尋ねるのか。善い方はおひとりである」と言われます。自己を捨て神の前に絶対服従をする生き方でなく、「善いことと悪いこと」を自分で判断して選び取っていこうとするこの青年の生き方の中に、大変大きな問題性を指摘されます。イエスは「もし命を得たいのなら、掟（律法）を守りなさい」と言われます。しかしこの青年は律法を守ってきたという自負があるのでしょう。「どの掟ですか」と問います。イエスは十戒の後半部分を示されます。また自分を愛するように隣り人を愛すべきことを告げられます。しかしこの青年は、すぐ「そういうことはみな守ってきました。まだ何か欠けているでしょうか」と言い放ちます。するとイエスは、「もし完全になりたいのなら、行って持ち物を売り払い、貧しい人々に施しなさい。そうすれば、天に富を積むことになる。それから、わたしに従いなさい」と、言われました。この青年は育ちも良く、教育も行き届いていたのかもしれません。律法をきちんと守りながらも心に何か満たされない思いがあったのでしょう。現在の私たちに何とよく類似していることでしょう。私たちの問いも究極において、永遠の生命の問いであります。

しかしイエスは、この青年は、自己を捨てるほどに、自己を捧げるほどに神を愛し、また隣人を愛しているであろうか、と問題を指摘されるのです。この青年にとって、掟を守ることは、自分を磨き、自分が永遠の生命を得るためでした。宗教的、精神的エリートの道であります。自分を向上させていく道であり、自分が究極的関心事なのです。そこには、隣人が愛の対象として視野に入っていないのです。そして実は神も真に仕える対象として入っていないのです。イエスがあえて言われなかった十戒の前半部分がこの青年の根本問題なのです。神は人間を愛されます。神の人間への愛、そこに永遠の生命の入り口が開けております。イエスもこの富める青年を愛しました。この青年にからみつく財産を愛の道具として捧げ、ご自身に従ってきなさいと、言われました。神に従い、神を仰ぎ、人に仕えていく道、本当の自由への道。イエスはこの富める青年に何とか分かってほしかったのです。しかしあまりに財産を持つこの青年は悲しみながらイエスのもとを去りました。イエスは言われます。「金持ちが神の国に入るよりも、らくだが針の穴を通る方がまだ易しい」と。すると、弟子たちは、貧しい彼らも「それでは、だれが救われるのだろうか」と漏らしました。イエスは言われます。「それは人間にできることではないが、神は何でもできる」。富める青年のような人々も神は救い、導かれる可能性を持つと言われるのです。

この富める青年に見られるとおり、律法を守ることを、神に仕え人々を愛する教えとしてでなく、自分を高めることと考え、律法を守ることのできない他者を見下げるエリートの道として生きようとする時、それはイエスが厳しく戒められた律法主義の道であります。律法は良いものです。しかし律法主義は非常に問題です。それは、一見正しい道のようでありながら信仰と愛とは正反対の道であり、自分に強く固着する最大の罪の道でありうるのです。この問題を深く体験した人が使徒パウロでした。パウロはまさにこの富める青年のように、厳格な律法のもとで、行き届いた教育を受けて育ちました。しかしパウロには、心の奥深く、苦しみがありました。

「わたしたちは、律法が霊的なものであると知っています。しかし、わたしは肉の人であり、罪に売り渡されています。わたしは、自分のしていることが分かりません。自分が望むことは実行せず、かえって憎んでいることをするからです。……そして、そういうことを行っているのは、もはやわたしではなく、わたしの中に住んでいる罪なのです。わたしは、自分の内には、つまりわたしの肉には、善が住んでいないことを知っています。善をなそうという意志はありますが、それを実行できないからです。わたしは自分の望む善は行わず、望まない悪を行っている。もし、わたしが望まないことをしているとすれば、それをしているのは、もはやわたしではなく、わたしの中に住んでいる罪なのです。それで、善をなそうと思う自分には、いつも悪が付きまとっているという法則に気づきます。……わたしはなんと惨めな人間なのでしょう。死に定められたこの体から、だれがわたしを救ってくれるでしょうか。」（ローマ7章14―24節）

パウロは、律法を厳格に守れば守るほど、自分のエゴイズム＝罪に気づいたのでした。彼はキリストの十字架の贖いのわざに深く捕らえられ、キリストに仕えていく愛の伝道に献身していったのです。

2――山上の教え

マタイによる福音書5―7章までのイエスの教えを「山上の教え」と言います。山の上から群衆に教えられたからです。この内容は大変豊かにして、しかも厳しいものですが、多くの人々に、大きな影響を与えてきました。

日本でも明治の時代に聖書を読み始めた青年たちから、このマタイによる福音書の山上の教えには特に驚きの声が上がったと言われます。まったく新鮮で輝かしい教えであるとして、感動をもって受け止められたのです。しかし同時に、実行不可能な教えであるという批判も出てまいりました。

「『愚か者』と言う者は、火の地獄に投げ込まれる」（5章22節）

「みだらな思いで他人の妻を見る者はだれでも、既に心の中でその

女を犯したのである」(5章28節)

「悪人に手向かってはならない。だれかがあなたの右の頬を打つなら、左の頬をも向けなさい」(5章39節)

「施しをするときは、右の手のすることを左の手に知らせてはならない」(6章3節)

「狭い門から入りなさい」(7章13節)

「あなたがたの天の父が完全であられるように、あなたがたも完全な者となりなさい」(5章48節)

これらは、一つひとつを誠実に実行しようとするならば、すぐに人間の不可能性につき当たることでしょう。しかしまったく人間社会とは無縁の不可能な教えでしょうか。

5章39節の「悪人に手向かってはならない。だれかがあなたの右の頬を打つなら、左の頬をも向けなさい」という教えは、まったく適用不可能で荒唐無稽な教えでしょうか。まずイエスご自身がこの教えのとおり生きられました。また最近では、アフリカン・アメリカンの牧師マーティン・ルーサー・キングが指導したアメリカの有色人種公民権運動において、暴力をふるう白人の人種差別主義者に対して、徹底して非暴力運動を実施しました。人種差別主義者との戦いは、反撃テロでも対抗暴力でもなく、信仰的・倫理的に勝たねばならないことを指導していったのです。キング牧師は迫害差別に対して「左の頬を向け」た結果、暗殺されました。しかし、その運動は1964年、「アメリカ合衆国公民基本権法」として結実しました。(図版⑨「目の不自由な少女を励ますキング牧師」参照)

日本においても敗戦後、1946年の日本国憲法第9条が制定された際、その基本精神としてこの山上の教えが引用されたことがあります。種々議論があるにせよ、「武力行使の放棄」(第1項)と「交戦権を認めない」(第2項)旨を有するこの条項が60年以上も世界に通用している事実は、暗示的ながら山上の教えが人類の歴史に少しずつ影響を及ぼしてきている事実を物語るものであります。

図版⑨「目の不自由な少女を励ますキング牧師」
（M. L. キング『汝の敵を愛せよ』（新教出版社、1965 年）より

山上の教えは、この教えを聴く者に、現実の中で、この教えを無視することを許しません。厳しく従うことを要求します。そして人間の不可能性、限界を知らせることにより、人間に罪の自覚を促し、祈りへと導きます。そして、従おうとする者に、おのずとこの教えを語られる方を仰がしめるのです。すなわち、イエス・キリストを仰がせ、イエス・キリストに従うようにさせるのであります。この山上の教えのどこをとってもイエス・キリストの香りに満ち満ちております。そして人類の歴史において、アフリカン・アメリカンの人々の公民権運動や日本国憲法第９条が誕生しはじめたように、山上の教えが私たちの生の中に浸透しはじめているのであります。

最後に、山上の教えの代表的な項目の一つ、「八つのさいわい」に触れておきましょう。

1. 心の貧しい人々は、幸いである、と言われます。人間は生まれながら悲惨であります。生まれながら神を愛することなどできず、したがって心が貧しいゆえに隣り人もそして自分自身さえも愛せなくなっております。しかしイエスは、天国はそういう心の貧しい者のためにこそ開かれているのである、と言われます。神の前に、自分の心の貧しさを知る者こそ、幸いへの第一歩であります。
2. 悲しむ人々は、幸いである、と言われます。「生まれ、苦しみ、かつ死せり」（サマセット・モーム）という言葉があります。人生に悲しみは

避けられません。しかし悲しむ人に、寄り添って共に悲しんでくださる方がおられるのです。イエス・キリストであります。主は悲しみを知られました。神の子が人となり、人間として多くの悲しみを味わわれました。そのイエスが悲しむ者の傍らに立たれるのです。それからやがて、その悲しむ者の悲しみの性質が変わっていきます。自分のため失ったものへの悲しみでなく、自分の罪を悔いる悲しみとなり、さらに人々のために痛む悲しみとなり、そしてイエスの悲しみを共有するようになるのであります。そしてやがて神からの慰めを知るようになるのです。

3. 柔和な人々は、幸いである、と言われます。神によって、自我が打ち砕かれる体験を与えられる人こそは、真に柔和な人であります。怒り、いらだち、怨念に身を任せず、大いなる広い優しさの中に生きていく者。このような人こそがこれからの地を受け継ぐ人です。そのように生きた方がこのようにおっしゃっておられるのです。それは、ご自分の意志を乗り超えられ、神のご意志に祈りの中で常に従われた方、イエス・キリストです。

4. 義に飢え渇く人々は、幸いである、と言われます。正義が勝つことにあまりに飢え渇いている人々は、真実は神の義が支配してきていることを知るようになるからです。しかしながらイエスが十字架におかかりになられた時、暗闇が地をおおいました。神の義がまったく見えない時でありました。主イエス・キリストご自身、義に飢え渇かれた方であったと言えるでしょう。しかし、実は十字架こそ最も神の義が現れた時であったのです。すべての人々の救いのためなされた神の大いなる義のわざであったのです。義に飢え渇く者が十字架のもとに集まる時、真に神の義を見いだすのであります。

5. 憐れみ深い人々は、幸いである、と言われます。前段の義と憐れみは一見対立します。罪を憎むことが義であるとするなら、憐れみは罪を赦し罪人を愛することであります。しかし神の義は神ご自身のために人間の罪を消す（イザヤ書43章25節）ものであります。この神の義としての憐れみを注ぐ者、すなわち他者を愛し、他者の罪を赦し、他者の痛みを支えようとする人は、自分が神から愛され、自分の罪が赦され、自分の痛みが支えられていることを知らされていくのであります。

6. 心の清い人々は、幸いである、と言われます。神を見るようになるからであると言われます。神はイエス・キリストにおいてご自身を人間から見られることができるようにされました。イエス・キリストにおいて、私たちは神の御心に触れ、神を見るのであります。しかしイエスの前に立つ時、それは私たちがイエスを見るよりももっと鋭く、深いイエスのまなざしにさらされることになります。このイエスの前に立つ時、私たちが捧げられた小羊のように素直にまっすぐイエスの視線にさらされること、何の着飾ることもせずまっすぐありのままで立つこころ、それを「清い心」と言います。その時、私たちは私たちの罪を赦されるイエスを見つめ、神を見いだすのであります。

7. 平和を実現する人々は、幸いである、と言われます。戦乱が絶えません。しかし私たちの身近な周りでも、小さないさかいや対立が絶えません。私たちの神への感謝がない時、神への怒りや失望のみがある時、そこには神との平和も平安もありません。しかしイエス・キリストは、私たちとの和解のわざをなさいました。神との和解、そして人々の間の憎しみを克服すべく十字架にかかられました。イエスこそ、まことに平和をつくり出され、また私たちの心に平安を与えてくださる方です。そしてイエス・キリストと共に、神との和解の感謝を祈り、地に平和を祈り、人々の平安を祈り、そのためには犠牲をいとわない者は、イエスと似るようになり、神の子らと呼ばれるようになるのであります。

8. 義のために迫害される人々は、幸いである、と言われます。天国は彼らのものだからであります。義のために迫害されるとはどのようなことでしょうか。それは、苦しむ者を癒され、悩める人々の罪の赦しを宣言され、すべての人々を愛しぬかれ、枕するところのない生活を喜んで生き、神の義と愛を語り教えられながら、やがて十字架の上にあげられた主イエス・キリストのお姿であります。この主イエス・キリストの生き様を受け入れ、御あとに従う生、そこに本当の人生があり、素晴らしい人生の宝がある、この地上で天国が開かれるような祝福が、さいわいがあると言われるのです。

この「八つのさいわい」では、主イエス・キリストの生き様が深く語られております。そして私たちの人生の本来の姿もそこに示されているのであります。

3――たとえ話集

1）イエスのたとえ話の特徴

イエス・キリストは、実に多くのたとえ話を語られました。イエスのたとえ話として伝承されてきたものは40以上あります。マルコによる福音書4章34節では、イエスは人々にたとえを用いないでは語ることはなかったと言われているほど、実際に福音書によって伝えられているイエスのたとえ話は数多く、そしてそれぞれが豊かなイメージを喚起します。まさにたとえ話は、イエスの語られた言葉として最も顕著な特徴であると言うことができます。

イエスは誰にたとえ話を語られたのでしょうか。イエスは彼の周りに集まり、イエスの教えに耳を傾けたすべての人々に向かって語りかけられました。多くの場合、当時「地の民」（アム・ハー・アーレツ）と呼ばれていた貧しい民衆を中心としたユダヤの民でありました。

イエスのたとえ話では、当時のイスラエル地方の生活に密着した日常的な題材が用いられています。農夫たちが育てる作物の成長や収穫、羊飼いたちによる羊の世話、民衆の日々の暮らしなど、人々が慣れ親しんでいる情景を盛り込んだたとえ話によって、イエスは福音を宣べ伝えたのです。

マルコによる福音書の冒頭では、イエスの福音伝道の開始を次のように伝えています。「ヨハネが捕らえられた後、イエスはガリラヤへ行き、神の福音を宣べ伝えて、『時は満ち、神の国は近づいた。悔い改めて福音を信じなさい』と言われた」(マルコ福音書1章14—15節)。ここでいう「神の国」とは、領土や国土といった「場所的空間」ではありません。「神の国」とは、「神の支配」を意味しています。イエスは、「神の支配が近づいた」という表現で、これまでの古い時代は終わり、今や新しい時が近づいたことを宣言し、この「神の支配」がイエスと共に到来したことを告げているのです。これは喜びのおとずれ（福音）でありました。イエスは、喜ばしいこの神の義と愛の支配に私たちが招かれているということ、そしてこの招きに応じる「生の転換」(悔い改め）が私たちに求められていることを呼びかけられたのです。「悔い改め」(メタノイア）とは、「立ち返ること」を意味する言葉であり、人間の生き方の転換に迫る言葉です。神の支配の到来の宣言は、人々の生き方を揺さぶり生の転換を迫る事柄でした。イエスの「神の国の到来」の教えは、当時のさまざまな困難に直面していたユダヤの民にとって、彼らを慰め励ますものであったのです。

なぜイエスはたとえを用いられたのでしょうか。この「神の支配の到来」という終末的な出来事が、日常を超えたものとして、人間の説明的な言葉では言い尽くせないものであったからです。イエスはたとえを用いることによって、たとえでしか語ることのできない事態を人々に伝えたと言うことができるでしょう。たとえを聴いた聴衆や、たとえを読む読者は、たとえの中の人物と感情的交渉や同一化を行なうことによって、たとえ話が自分の生き方に関わる事柄となります。たとえが自分に語りかけられているものとなるのです。

では実際にいくつかのたとえ話を取り上げて、イエスのたとえ話に託されたメッセージを考えてみましょう。

2）種を蒔く人のたとえ（マルコ福音書4章1－9節）

イエスはガリラヤ湖で舟に乗り込んで、岸辺に押し寄せた群衆に向かって「種を蒔く人のたとえ」を語りました。「種を蒔く人のたとえ」では、農夫が種をまいたところ、4通りの結果となったことが語られています。

道ばたに落ちた種は鳥に食べられてしまい、土の薄い石地に落ちた種はすぐに芽を出しても根がないために枯れてしまい、いばらの中に落ちた種はいばらによってふさがれて育ちませんでした。それに対して良い地に落ちた種は、30倍、60倍、100倍の実をもたらしたというものです。30倍、60倍、100倍もの収穫とは、当時の日常世界の農業の現実からはかけ離れた多大な実りです。ここに神の支配が到来した時に期待される大いなる恵みが示されています。種がまかれ、道ばたや石地やいばらの中に落ち無駄になったと思われることが多いと感じられても、実際にはこの種まきの営みは素晴らしい収穫に至ったというたとえ話を通して、「神の支配の到来」というイエスと共に始まったよきおとずれがここでは告げられているのです。

3) 善いサマリア人のたとえ（ルカ福音書10章25—37節）

「善いサマリア人のたとえ」は、イエスに対して「わたしの隣人とはだれですか」と尋ねる律法学者に対するイエスの応答として語られています。律法学者は、自分が隣人愛を行なう対象としての隣人とは誰かとイエスに聞いていますが、「イエスを試そうとして言った」（25節）とありますように、実は律法学者はこの答えを知っていました。「自分自身を愛するように隣人を愛しなさい」というレビ記19章18節で言われていた隣人とは、「ユダヤの同胞である」と、当時の敬虔なユダヤ人は考えていたのです。しかしイエスの答えは、律法学者が考える答えとは異なっていました。

「善いサマリア人のたとえ話」で語られている内容は、強盗に襲われて瀕死の状態で倒れている旅人に対して、祭司とレビ人が見て見ぬ振りをして通り過ぎてしまったのに対して、サマリア人は近寄って介抱し、費用を払って宿屋に泊まらせて、旅人を助けたというものです。このたとえ話の最後にイエスは律法学者に対して「この三人の中で、だれが追いはぎに襲われた人の隣人になったと思うか」と問うと、律法学者はサマリア人が隣人となったことを認めます。ユダヤ人は、サマリア人の宗教はユダヤ教の堕落したものだと考えており、サマリア人と交渉を持つことを拒んでいました。ユダヤ人はサマリア人を軽蔑していました。したがってユダヤ人の常識によれば、神殿に仕えている祭司やレビ人（下級祭司）が隣り人であるはずでした。

イエスはこのたとえ話を語った後に、「この三人の中で、だれが追いはぎに襲われた人の隣人となったと思うか」と、律法学者の問いを逆転させるような問い返しをしています。律法学者は、隣人となったのは「その人を助けた人です」と答えます。イエスは、隣人とは隣人愛の対象としてではなく、逆に隣人愛を行なう主体として捉えています。ここでイエスはたとえ話を用いて、隣人愛の対象をユダヤ人に限定してかかろうとする律法学者のとらわれた発想そのものに修正を迫っているのです。同胞でないサマリア人が、ユダヤ人であると思われるこの襲われた旅人の隣人となったということを律法学者も認めざるをえなかったのです。このたとえ話を聞く前にレビ記の律法から理解していた隣人に対する愛とはまったく違う隣人愛の理解が、このたとえ話をとおして浮かび上がってきます。サマリア人がユダヤ人の隣り人となるという、常識をくつがえすような驚くべき逆転を聞いたユダヤの民は、衝撃を受けたでありましょう。「善いサマリア人のたとえ話」は、この律法学者に対して、そして私たちに常識にとらわれない、開かれた理解の可能性を示しています。イエス・キリストの福音に根ざす愛の行為は、民族や人種の境界のない自由なものであるのです。

4）見失った一匹の羊のたとえ（ルカ福音書 15 章 4 ― 7 節）

ルカ福音書 15 章には、「見失った羊のたとえ」（4 節以下）、「無くした銀貨のたとえ」（8 節以下）、「放蕩息子のたとえ」（11 節以下）と、三つのたとえ話がまとめられています。この三つのたとえ話は、どれも失われたものが見つかることの喜びについて伝えています。「見失った羊のたとえ」は、100 匹の羊を持っていた羊飼いが、そのうちの 1 匹がいなくなった時に、残りの 99 匹の羊を残しておいて見失った 1 匹の羊をどこまでも探し求め、見いだした時に異常なまでに喜ぶという羊飼いの姿が描かれています。

このたとえ話では、神様が羊飼いにたとえられ、私たち人間が羊にたとえられています。羊飼いが途方もない愛をこの 1 匹の羊に注いでいることを描くことによって、神様が私たち一人ひとりをかけがえのない大切な存在として愛しておられることが示されているのです。見失った羊の中に自分自身の姿を見いだした者は、この福音を聞いて喜びの気持ちで満たされたことでしょう。

5）私たちに語りかけるたとえ

イエスはここで検討したたとえ話以外にも多くのたとえ話を語っています。たとえで用いられた題材はさまざまですが、ほとんどのたとえ話は神の国や神の愛を指し示す点で一致しています。イエスのたとえ話は、福音書に登場する律法学者や弟子たちや民衆などに対してのみ向けられているのではありません。ここで具体的に検討したたとえ話の中で問題となっている民族的な偏見（善いサマリア人のたとえ話）や、一人ひとりの価値を見失いがちであること（見失った羊のたとえ話）などは、現代人にもあてはまることです。イエスのたとえ話を読む読者は、物語の中の状況を自分に適用することを迫られるのです。イエスのたとえ話は、私たちがかたくなさと偏見から自由になり、神の義と愛の支配の中に自分が置かれていることを悟り、私たちの本来のあるべき姿へと立ち返ることを、私たちに迫っているものであると言うことができるでしょう。

3 イエスの働き ― 神の国のしるし

1 ― 弟子の召命

1）イエスと神の国

イエス・キリストは、「時は満ち、神の国は近づいた。悔い改めて福音を信じなさい」と語り、その公の活動（「公生涯」）を始めました。「神の国」とは、この世における神の支配、神の統治を語るものですが、イエスはその時がまさに今、到来したと語り出したのです。もちろん、イエスに先立つ時代（旧約聖書の時代）においても、神の働きはありました。しかし、イスラエルの国が滅亡する中で預言者たちの活躍の時期が過ぎ、さらに捕囚の地から帰還してユダヤ教が成立してからは、その活動が律法を中心としたものへと変わり、次第に「霊（神の力）」の枯渇した時代になっていきました。そして、そうした状況が、イエスが出現するまで長い間続いたのです。ですから、イエスが「神の国は近づいた」と大胆に語った時、それは当時の心ある人々には大変新鮮に響くことになりました。後の教会は、このイエスの出現と共に神の国が到来したことを信じていますが、この「神の国」こそが、イエスの教えと活動の中心であったのです。

2）弟子の召命

イエス・キリストは「神の国」の到来を宣言することによって、その公生涯を始めましたが、それはまた「神の国」の実現のために生涯を捧げることでもありました。そして、そのためにまず行なったことは、弟子たちを集める（召命）ということでした。

マルコによる福音書には、シモンとアンデレという二人の兄弟が、最初の弟子として召されたことが記されています。そのとき、イエスは次のように呼びかけました。「わたしについて来なさい。人間をとる漁師にしよう」(マルコ福音書 1 章 17 節)。シモンもアンデレも、ガリラヤ湖で漁をしていた漁師でした。その彼らに向かってイエスは、「わたしについて来なさい。人間をとる漁師にしよう」と招いたのです。この招きには、それに先立つ要因は何も記されていません。イエスの教えに感動したからとか、イエスの運動に共感したからといった話は、一切記されていません。彼らは、いわばいきなり、「わたしについて来なさい」と呼びかけられたのです。そして、その呼びかけに従ったのです。しかも、直ちに、一切を捨てて、従ったのです。聖書には、「二人はすぐに網を捨てて従った」と記されています。シモンもアンデレも、生業としての漁師の生活を捨て、家族も捨て、一切を捨てて、直ちにイエスに従ったのです。そして、それが「従う」ということなのです。

それでは、なぜ彼らはイエスに従ったのでしょうか。聖書には、その説明はありません。しかし、福音書全体をとおして言えることは、それはイエスに権威があったからだということです。そもそも、「わたしについて来なさい」という言葉自体が、権威に満ちた言葉です。それは、真実に権威のある者によってしか語り得ない言葉です。そうした権威がイエスにはあったのです。もしかすると、それ以外の要因もあったかもしれません。この召命を受ける以前から、彼らはイエスを知っており、その教えに共感を覚えていたのかもしれません。しかし、たとえそうであったとしても、それだけではイエスの弟子になることはできなかったでしょう。なぜなら、弟子となるということには、それに先立つ招きの言葉、権威ある言葉が不可欠だからです。「わたしについて来なさい」という権威ある言葉なくして、それまでの旧い生活から引き出されるということは起こり得ないのです。しかし、そうした権威ある招きの言葉がいったん発せられると、人はそれまでの生き方を一変させることができるのです。むしろ、一変せざるを得ないのです。そして、直ちに、一切を捨てて、その権威ある方に従うという生き方へと向かわしめられるのです。しかし、それは、いわゆる狂信的な生き方というのとは、まったく異なります。

3）信仰と服従

イエス・キリストは、この「従う」ということに関して、次のような言葉を語っています。それは、「わたしの後に従いたい者は、自分を捨て、自分の十字架を背負って、わたしに従いなさい。自分の命を救いたいと思う者は、それを失うが、わたしのため、また福音のために命を失う者は、それを救うのである」（マルコ福音書8章34—35節）という言葉です。これは、イエス・キリストが語った言葉の中でも、最も厳しい言葉の一つではないかと思います。それは、簡単に言えば、イエス・キリストとその働きのために、命を捨てなさいということです。しかしそれは、たとえば、以前アメリカで起こった同時多発テロ事件でテロリストたちが行なったような自爆行為といったものとは、まったく異なるものです。イエスが語った、自分の命を捨てなさいという教えは、テロリストたちのように自分の命を殺害し、他人の命をも殺害するといったこととは違います。むしろ、それは、自分の命をも、他者の命をも、本当の意味で生かすことを語った言葉なのです。イエスは、この言葉に続けて、「人は、たとえ全世界を手に入れても、自分の命を失ったら、何の得があろうか。自分の命を買い戻すのに、どんな代価を支払えようか」と語っています。命を捨てるのは、本当の命を得るためなのです。しかも、今生きている、人生のこのただ中においてです。

それでは、その本当の命とは何でしょうか。イエスは、「わたしの後に従いたい者は」と語ります。それは、イエスと共にいること、さらに言えばイエスと共に神の国に生きることを意味しています。そして、そのことが、何よりも、本当の命に与ることなのです。聖書は、人間は神によって造られた存在であるにもかかわらず、神を忘れ、身勝手に生きているということを、絶えず問題としています。本来のあるべき生き方をしていないというのです。そうした身勝手な生き方をしている自分を捨てなさい、そして本来のあるべき生き方へと立ち返りなさいと、イエスは語ります。そして、それは、このイエスを受け入れること（＝信仰）の中ではじめて実現する新しい生き方なのです。なぜなら、このイエスこそ、神と一つである存在だからです。イエス自身、「わたしは道であり、真理であり、命である」（ヨハネ福音書14章6節）と言っています。イエス自身が神へと至る道そのものなのです。

4）十字架を負って

このイエスと共にあるとき、私たちは本来のあるべき生き方へと立ち返ることができるのです。そして、その具体的姿が、この聖書のところでは、「自分の十字架を背負って」と語られているのです。なぜなら、十字架を負う歩みにおいてこそ、イエスは神と一つであったからです。それでは、「自分の十字架を背負う」とはどういうことなのでしょうか。それは、ただ単に人生の重荷を負うということとは違います。十字架とは、イエスが人々の罪を代わりに負い、釘付けにされたところです。ですから、それは人々の負債を代わって担う生き方を表しています。それが、十字架を負うということです。ですから、自分の十字架を負うということは、一人ひとりがそうした人々の負債や重荷を代わりに担い、人々の贖いとなるということなのです。

イエスが鞭打たれた後、重い十字架を背負って処刑場に向かうとき、キレネ人のシモンという男が無理矢理その十字架を代わって担わされました。ちょうどそのように、十字架を負うということは、人々の重荷を代わって担い、人々の贖いとなることなのです。そして、それこそが、神と一つである愛のわざなのです。なぜならば、神こそが、そのひとり子であるイエス・キリストにおいてわたしたちの負債を負い、わたしたちを赦しへと招いてくださった愛そのものであるからです。そして、その愛なる神ご自身へと、私たち一人ひとりも招かれているのです。すなわち、イエスを受け入れる信仰は、そうした愛のわざを生み出していきます。そして、そのとき、私たちは、自分自身の命をも、また人の命をも、本当の意味で生かす者とされていくのです。

5）十二弟子

このような仕方で、はじめに12人の弟子たちがイエスによって召されました。その12人とは、シモン（イエスによってペトロ［「岩」の意］という名を与えられる）とその兄弟アンデレ、ゼベダイの子ヤコブとその兄弟ヨハネ（彼らはイエスによってボアネルゲス［「雷の子ら」の意］という名を与えられる）、フィリポ、バルトロマイ、マタイ、トマス、アルファイの子ヤコブ、タダイ、熱心党のシモン、そしてイエスを裏切ることになったイスカリオテのユダです。イエスは、彼らを、「派遣して宣教させ、悪霊を追い出す権能を持たせるため」（マルコ福音書3章14―15節）、弟子として立てたのです。しかし、それ以外にも、多くの弟子たちがいました。一説によると、それ以外に72人の弟子がいたと聖書には記されています。しかし、この十二弟子がその中心をなし、イエスの神の国運動を支えることになったのです。そして、この十二という数字は、イスラエル十二部族を連想させるもので、イエスがこの十二人の弟子を招いたということは、その運動において「新しいイスラエル」が目指されていたということでもあったのです。

【職業としての召命】

召命とはイエス・キリストの弟子となることですが、キリスト教の歴史においては、長い間特に聖職者となることを意味していました。しかし、プロテスタント教会を始めることになった宗教改革者のマルティン・ルターは、この召命を職業に結び付けて考えました。すなわち、職業こそ、一人ひとりがそこで神に仕えるべく召し出されたところの召命であると考えたのです。そのため、英語のコーリング（calling）という言葉やドイツ語のベルーフ（Beruf）という言葉には、召命という意味と同時に職業という意味があります。

2――罪人のゆるし

1）新しい救い

「神の国は近づいた」というイエスの言葉は、それまでの救済観を一変させるような革命的響きを持っていました。というのも、それまでの旧約聖書の教えは、人間が律法をとおして神の許へと立ち返ろうとした歩みであったからです。

旧約聖書も新約聖書も、人間が罪人であるという点においては、同じ理解に立っています。創世記3章に神話的に示された堕罪の出来事が、人間の本性を形づくっていると考えています。それは、人間は、人間を創造した神から離反しているという考えです。聖書はそのことを「罪」という言葉で呼んでいます。この「罪」という言葉は、ギリシア語では「ハマルティア」という言葉ですが、その原意は「的を外す」という意味です。すなわち、言ってみれば、人間は本来神という的の中心にしっかりと突き刺さり、そこに留まっているべきであるのに、その的の中心を外れ、どこか別のところに、本来あるべきところではないところにいることを語ったものです。ですから、この創世記3章の物語は、しばしば「失楽園」と呼ばれたりしていますが、神の目から見れば、本当のところ、失われたのは楽園ではなく人間なのです。人間こそが神と一つである楽園から「失われた存在」なのです。そして、そのことが罪の実態なのです。

この「失われた存在」としての人間の姿は、新約聖書にも繰り返し語り出されています。特にルカによる福音書には、多くの記述が見られます。たとえば、放蕩息子の話とか、見失った一匹の羊の話とか、あるいはザアカイの話など、多くの記述があります。そして、そのすべてにおいて、本来あるべきところから迷い出てしまい、身勝手に生きている人間の姿が描かれています。しかし、それは同時に、そうした失われた存在である人間が、まったく新しい仕方で救済されたことを語る話でもあるのです。すなわち、それは、そうした失われた存在である人間が何とかして（律法を実現することによって）神の許に立ち返るというのではなく、神ご自身が、その独り子であるイエス・キリストをとおして、この失われた存在のところに来られ、その存在を再びご自身の懐へと回復されることを語っているのです。イエス・キリスト自身、「人の子［イエス・キリスト］は、失われたものを捜して救うために来たのである」（ルカ福音書19章10節）と語っています。私たちは、そこに、旧約聖書の世界とは180度異なる、まったく新しい救いの世界を見ることができるのです。

2）罪人たちの救い

聖書は、すべての人は罪の下にいることを語っています。パウロは、「正しい者はいない。一人もいない」という旧約聖書の言葉を引用し、このことを強調しています（ローマ3章10節）。しかし、イエスが生きていた時代には、人々から特に「罪人」とみなされ、蔑まれていた人たちがいました。そして、その代表格とも言えるのが遊女と徴税人でした。遊女は、淫らな者として人々から蔑まれ、徴税人はローマに収める税金を不正に取り立て、私腹を肥やしているとして人々から嫌われていました。しかし、イエス・キリストによって、真っ先に救い出されたのは、実はこうした人々から「罪人」と蔑まれていた人たちであったのです。

たとえば、先ほど触れたザアカイは徴税人の頭でした。聖書には、「この人は徴税人の頭で、金持ちであった」（ルカ福音書19章2節）と記されています。おそらく、徴税人の頭として、人々から一層憎まれ、嫌われ、蔑まれていたのではないかと思います。そして、おそらく本人もそのことを肌で感じながら、むしろ開き直って私腹を肥やすような悪徳に走っていたのではないかと思われます。しかし、あるとき、このザアカイの住んでいる町にイエスがやって来ました。そして、こともあろうに、イエスはこのザアカイの家に泊まることにしたのです。それを見ていた人々は、大変驚きました。そして、それ以上に怪しみました。そして、「あの人は罪深い男のところに行って宿をとった」とささやきあったのです。罪人の家に入り、その客となるということは、自分自身を罪人と同じ者と自他ともに認め、その友となるということです。それは、人々が最も嫌い、そして恐れていたことでした。人々は、自分と罪人の間に明確な一線を引き、容易には乗り越えることのできない隔ての中垣を築いていました。しかし、そうした人々の中にあって、イエスは大胆にもそれを乗り越えたのです。そして、ザアカイの家に入り、その客となりました。このことは、ザアカイにとっても大きな驚きであり、またそれ以上に大きな喜びであったに違いありません。ザアカイは、このことによって孤独でかたくなになっていた心が深く慰められ、癒されることになったのです。このとき、ザアカイは次のようにイエスに語っています。「主よ、わたしは財産の半分を貧しい人々に施します。また、だれかから何かだまし取っていたら、それを四倍にして返します」。この言葉に対して、イエスは、「今日、救いがこの家を訪れた。この人もアブラハムの子なのだから。人の子は、失われたものを捜して救うために来たのである」と語っています。

イエスは、自ら隔ての中垣を越え、罪人の中に立ち、その友となることにおいて、人々の癒しとなり救いとなったのです。しかし、こうした恵みは、自分こそ義人だと自負する人たちにはまったく理解のできないことでした。むしろ、人々から罪人と蔑まれ、自らもそうした罪の痛みを感じていた人たちこそ、イエスの愛を心から受け入れ、その救いに与っていったのです。

3――奇跡

1）奇跡の種類

イエスの救いは、しばしば奇跡という形をとって実現されました。それは大まかに見て、大体三つに分類することができます。一つは病気が癒される奇跡で、これが一番多い奇跡です。この中には悪霊に憑かれた人の癒しも含まれています。次に自然に関係する奇跡があります。たとえば、イエスが風雨を鎮めたとか、あるいは水をぶどう酒に変えたといった奇跡です。そして、こうした奇跡の話は、新約聖書だけではなく旧約聖書にも見られます。しかし、こうした奇跡に加え、もう一つ特異な奇跡があります。それは、イエスの復活という奇跡です。新約聖書には、イエスの復活以外にも、死んだ者が再び息を吹き返したという話がいくつか記されていますが、基本的には、これらはいわゆる「蘇生」であって、復活とは区別されるべきものです。イエスの復活は、霊の体をもってよみがえったことを語るもので、それは再び同じ肉体をもって息を吹き返すこととは区別されます。この復活についての記述は、旧約聖書エゼキエル書37章にそれを先取りするような記述はありますが、復活そのものの話はありません。また新約聖書では、この復活が終末において、キリストに属するすべての者に起こることが約束されています。

このように、聖書には多くの奇跡の記述がありますが、ひとつ注意しなければならないことは、そういった奇跡はすべて、基本的には救いを語るものであるということです。新約聖書に記されているイエスが行なった奇跡も、決して自分の存在や力を誇示するために行なったものではなく、それはすべてそれぞれの必要に応じて行なわれた救いのわざであったのです。

2）二つの誤った解釈

聖書に記されたさまざまな奇跡の話に遭遇して、私たちはこれをどのように理解したらよいのでしょうか。

まず、こうした奇跡の話は古代人特有の考え方であって、現代人にはそぐわないものだと、簡単に退けてしまうことはできません。というのも、当時の人たちも、こうした奇跡の話をすべて当然のこととして受け入れていたわけではないからです。たとえば、最大の奇跡とも言えるイエスの復活に関して、弟子のトマスはその話を聞いても信じようとはしませんでした。また使徒パウロがアテネでイエスの復活について語ったときも、ある者たちはあざ笑い、またある者たちは「それについては、いずれまた聞かせてもらうことにしよう」（使徒言行録17章32節）と言って、相手にさえしませんでした。ですから、奇跡は単純に古代人の考え方であるとは言えないのです。そのことはまた、現代においてもしばしば奇跡が話題とされる（たとえば、ルルドの奇跡）ことによっても反証されるのではないでしょうか。

それでは、どのような理解が可能なのでしょうか。教会の歴史を振り返ってみると、そこには奇跡（聖書）の理解をめぐって二つの極端な見方があることが分かります。一つは、一般にファンダメンタリズム（fundamentalism）という立場に立つ人たちが主張するもので、それは聖書は一字一句神の霊感によって書かれたものである（「逐語霊感説」）から、そこにはいかなる過ち（誤謬）もないとする考え方です。そのため、この立場によりますと、聖書に対する人々の唯一のふさわしい対応は「同意」だけであり、同意しない者は不信仰者であるということになります。これは、神の絶対性に対する敬虔さを明確にすることでは優れていると言えますが、反面人間の理性を犠牲にする点で問題があります。というのも、聖書は神の霊に導かれて書かれたとはいえ、ファンダメンタリズムの人たちが主張するように人間は機械的にそれを書きとめたのではなく、それぞれの著者の個性を反映しながら書いたもので、そこには当然矛盾や誤謬があるからです。

それに対して、もう一つの極端な立場は、聖書をすべて合理的に解釈しようとする考え方です。聖書を科学の視点から合理的に解釈し、たとえ現時点では不可能であるとしても、将来すべて解明できるとする立場です。これは、人間の知性や経験に合致するという利点はありますが、反面聖書が最も大切にしている人間を超えた神の支配・超越性という点を犠牲にすることになり、これも致命的な問題を残すことになります。そこで大切になってくるのは、もっと聖書そのものに即して聖書を読むということではないかと思います。

3)「しるし」としての奇跡

以上のような極端な聖書の読み方を振り返りながら、一つ疑問として湧き上がってくることは、そもそも聖書の中に見られる特異な現象をすべて「奇跡」という言葉で語ることは、果たして適当なのかどうかということです。私たちが普段使っている奇跡という言葉には、自然法則に反する現象といった意味があるように思います。しかし、聖書で扱っている奇跡の話は、そういった現象が伴っているとはいえ、そのことを真っ先に語ろうとしているのではありません。こんな不思議なことが起こったんだということを、第一義的に語ろうとしているのではないのです。そうではなく、それは何よりもそうした出来事を生み出した神の力、神の救いのわざを語るものなのです。それは、イエスの行なった奇跡についても同じです。そこで語られていることは、イエスをとおして起こった神の救いのわざなのです。もっと端的に言えば、それはイエスと共に始まった神の国の到来を語るものなのです。ですから、聖書に記されている奇跡の話を読んで、そこに自然法則に反する特異な現象を見るだけでは、その話を読んだことにはなりません。むしろ、そうした出来事をとおして、その背後にある神の国の到来を知ることが大切なのです。それこそが、不思議な現象にまさって重要なことなのです。

聖書では、この出来事をしばしば「しるし」という言葉で表現しています。それは、現象そのものよりも、その背後にあるものを意識した言葉です。そうした現象を生み出す神の存在、神の国を意識し、それを指し示すものという意味で使われている言葉です。ですから、聖書の本来の目的からしますと、「奇跡」という言葉よりも「しるし」という言葉のほうがふさわしいと言えます。しかし、聖書の中にも、「奇跡」（英語では「ミラクル」）と訳されている言葉（ギリシア語では「デュナミス」）がありますので、「奇跡」という言葉を避けることはできません。ただ、聖書のさまざまな奇跡の話を読むとき、それは何よりも神の国の「しるし」として語られているということを念頭に置いておくことは、大切なことであると言えます。

そうしますと、こうした不思議な現象である奇跡を、科学的に、あるいは歴史学的に論証しようとする試みは、その立場にだけ固執することになれば無意味なことになります。というのも、そういった奇跡は、そもそもそういった学問の対象ではないからです。確かに、キリスト教の歴史の中でも聖書を歴史学的に研究し、歴史上のイエス（「史的イエス」）に肉薄しようとした時期がありました。確かにそれはさまざまな学問的成果をもたらしましたが、反面そうした歴史研究は蓋然性を高めることはできても、史的イエスそのものには到達できないことが分かりました。それは、聖書自体がそもそもそういった歴史学の対象となるような歴史書ではなく、言ってみれば歴史を踏まえた信仰告白であるからです。すなわち、聖書は、神の国の到来を真摯に受け止める信仰がなければ、正しく読むことはできないのです。しかし、一度その信仰の目をもって読むとき、奇跡という特異な出来事も、神の国のしるしとして受け止めることができるのです。それが、信仰を媒介として成立する聖書の世界なのです。

ですから、この奇跡（しるし）をめぐって最後に語られなければならないことは、奇跡は信仰に結び付くということです。すなわち、奇跡に対するふさわしい応答は、その救いの出来事をもたらした神の国を受け入れる信仰に至ることなのです。したがって、そういった信仰に至るという出来事を起こすのが、奇跡であるとも言えます。その意味で、信仰は奇跡の実であり、また信仰こそ奇跡そのものでもあると言えるのです。

4 メシアの十字架の死

1――十字架への道：受難予告

イエスには12人の弟子がありました。彼らは皆、自分の仕事を捨ててイエスに従ったのです（マタイ福音書4章18―22節、マルコ福音書1章16―

20節、ルカ福音書5章2—11節、ヨハネ福音書1章40—42節)。この中の4人はガリラヤの漁師でありました。その他の弟子たちがどういう仕事をしていた人たちであったかは分かりません。また、彼らがどういう目的でイエスの弟子になったのかについても、聖書は直接的には何も記しておりません。ただ、いくつかの記述から推定される限りでは、イエスはやがてイスラエルの独立と繁栄をもたらす指導者メシア(=キリスト、救い主)になるべき人物だと彼らは期待したようです。

当時イスラエルはローマ帝国の植民地とされさまざまな屈辱を経験しておりました。イスラエルは神の民であることを自負する民族でありました。しかし彼らは神を知らないローマ皇帝の支配に服しなければならなかったのです。そうした精神的な屈辱に加え、ローマ皇帝への服従の具体的な現れとして税金を納入しなければなりませんでした。それだけではなくエルサレムで神を礼拝する大きな祭りの時などにはローマ兵たちが監視しておりました。それは暴動を抑えるための監視でありました。もしローマに反抗する動きが起こるような場合には直ちにローマ兵が出動し鎮圧にあたったのです。不幸にして家族の大事な働き手が検挙されたり殺害されるということもあったに違いありません。若い女性たちがローマ兵の暴行の犠牲となり不本意にも子どもを孕ませられるということもあったのです。

このような暗黒の時代にあって、イスラエルの人々は神の約束に望みをかけたのです。旧約聖書には次のような約束が記されています。「その日には／わたしはダビデの倒れた仮庵を復興し／その破れを修復し、廃虚を復興して／昔の日のように建て直す」(アモス書9章11節)。ここに記されているダビデはイスラエル王制2代目の王(紀元前1000—961)でありました。この王によってイスラエルは一つのまとまった国家として統一されたのです。ダビデは信仰深い王であり宮殿が完成したとき、自分が神よりも立派な家に住むことになったことで心を痛めました。当時、神を礼拝する場所は仮庵もしくは幕屋(テント)だったのです。彼は神殿を建立しようとしました。しかし神はその必要がないと言われたのです。反対に神はダビデに対して次のように約束されたのです。「あなたが生涯を終え、先祖と共に眠るとき、あなたの身から出る子孫に跡を継がせ、その王国を揺るぎないものとする」（サムエル記下 7 章 12 節）。

ダビデに対するこの神の約束が、その後のイスラエル民族の歴史における希望の原点になったのです。特に、ダビデ、ソロモンと続いた王朝は紀元前 922 年には北はイスラエル、南はユダと分裂し、721 年にはイスラエルはアッシリア帝国によって滅ぼされてしまいました。そして、南のユダ王国は 587 年にバビロニア帝国によって滅亡してしまいました。この時、ユダヤ人たちの有力な人々がバビロンに連行され、彼らは捕虜としての生活を余儀なくされたのです。もはや解放されてユダを再興する望みはまったくありませんでした。預言者たちはこうした絶望的な状況の中で神による解放の希望を語ったのですが、彼らの希望の根拠はまさにダビデに対する神の約束に基づくものだったのです（イザヤ書 9 章 2—7 節、同 11 章 1—9 節、エレミヤ書 23 章 5—6 節、同 30 章 9 節、同 33 章 17—22 節、エゼキエル書 34 章 23—24 節、同 37 章 24 節、ホセア書 3 章 5 節）。しかも 50 年後の 537 年に彼らは解放され、エルサレムは再興されました。このようなわけでイスラエル民族にとってダビデに対する神の約束は、その後の歴史において、常に希望の根拠となったのです。

イスラエル民族のこうした信仰的伝統の中で、弟子たちはイエスこそが約束されたダビデの子孫であり、民族を再興する指導者メシア（=キリスト、救い主）に約束された人だと期待したのです。それにしても、イエスは確かにダビデの家系に育てられたとは言え、ガリラヤのナザレという田舎の大工であり、指導者となるための学問も武芸も身につけてはいませんでした。このようなイエスを弟子たちがどうしてイスラエルを再興するメシアと見るに至ったのでしょうか。聖書はこれについて何も記してはおりません。しかし彼らはイエスの言葉と働きをとおして神の恵みの現実に招き入れられる経験をしたに違いありません。マルコによる福音書は、イエスが宣教を開始した頃、ある安息日にカファルナウムの会堂で教えを宣べ伝えた様子を記しております。それによりますと、この時、会衆は、「これは、いったいどういうことなのだ。権威ある新しい教えだ。この人が汚れた霊に命じると、その言うことを聴く」（マルコ福音書1章27節）と驚いています。会衆の中に「汚れた霊に取りつかれた男」がおりました。悪しき霊によって心がふさがれ、神との交わりを失い、神にある恵みと平安を見いだせず、不安、焦り、苛立ちの中で叫んでいたに違いありません。ところが、イエスの語る言葉を聞く中で彼の心は変えられたのです。

イエスの語る言葉はこのようにその当時の律法学者たちの言葉とは異なり権威があったのです。その権威というのは、人々をもう一度神に立ち返えらせ神の恵みの現実へと引き入れる力のことであります。まさに、「目の見えない人は見え、足の不自由な人は歩き、重い皮膚病を患っている人は清くなり、耳の聞こえない人は聞こえ、死者は生き返り、貧しい人は福音を告げ知らされている」（マタイ福音書11章5節、イザヤ書29章18節、同35章5―6節、同42章7節）という出来事が、イエスの教えと働きをとおして起こったのです。人は神の恵みの言葉を聞くことができず、罪と悪霊に支配され神の恵みが分からなくなっていたのです。それ故に信頼すべき神を見失い、その魂は弱まり、生きる力や希望もなく手も足も萎えて何もできなくなってしまっている。しかしイエスの人格に触れてその言葉を聞いた者たちは、その病が癒され、これまでの虚しく無意味な人生から解放され、新たなる命に生きる力を与えられたのです。このようなわけですから、イエスのところには実に大勢の人々が恵みの言葉や癒しを求めて集まって来たのです。弟子たちはおそらくイエスのこうした働きの中に、「時は満ち、神の国は近づいた」（マルコ福音書1章15節）という現実を見たのであり、それ故にこのイエスこそ約束された指導者メシア（=キリスト、救い主）であると確信したのだと思います。

イエスと弟子たちとはある時フィリポ・カイサリヤという地方に行きました。そこでイエスは、人々は自分のことをどのように見ているかと弟子たちに質問をした後で、「それでは、あなたがたはわたしを何者だと言うのか」（同 8 章 29 節）と尋ねました。ペトロは、他の弟子たちを代表して、「あなたは、メシアです」（同上）と答えたのです。するとイエスは、「御自分がメシアであることをだれにも話さないように」（マタイ福音書 16 章 20 節、マルコ福音書 8 章 30 節、ルカ福音書 9 章 21 節）と言うのです。これまでもこうした沈黙命令がありました（マルコ福音書 1 章 44 節、同 3 章 12 節、同 5 章 43 節、同 7 章 36 節）。弟子たちは、イエスが最後にエルサレムにおいて指導者としての地位に就く時までイエスがキリストであることをはしゃいで語ってはならないと命じられたと考えたに違いありません。

ところが、この後、イエスは弟子たちに言うのです。「人の子は必ず多くの苦しみを受け、長老、祭司長、律法学者たちから排斥されて殺され、三日の後に復活することになっている」（マルコ福音書 8 章 31 節、マタイ福音書 16 章 21 節、ルカ福音書 9 章 22 節）。イエスが自分の運命について「はっきりと」（マルコ福音書 8 章 32 節）語るのはこれがはじめてでありました。弟子たちをはじめ群衆の中にはイスラエルを再興するメシアとしての期待が高まっていたことをイエスはすでに知っていたのです（ルカ福音書 3 章 15 節）。しかしイエスは彼らが期待するような意味でのメシアではありませんでした。民族再興のために立つメシアではなく、神との関係を失っている者たちを回復するために命をかけようとするメシアなのです。イエスはメシアとしての自分に隠されている秘密を明らかにするためにこの静かなフィリポ・カイサリヤをあえて選んだのです。普段大勢の人々が群がる中では、自分についての本当のことを語ることはできなかったからです。

驚いたのは弟子たちであります。彼らはイエスがメシアとしてイスラエルを再興する人と期待したからこそ自分の仕事を捨ててまで従ってきました。それなのに自分たちの期待に反して、イエスは苦しめられ捨てられ殺されると言うのです。弟子たちの耳には、「三日の後に復活することになっている」という言葉は残らなかったに違いありません。たとえその言葉が耳に残ったとしても、イエスが殺されるならもうすべては終わりなのです。その後に何が起ころうとも、弟子たちが期待したイスラエル民族再興の夢は露と消えてしまうのです。

それでペトロは「イエスをわきへお連れして、いさめ始め」ました（マルコ福音書8章32節)。「いさめる」というのは、厳しくとがめることであり、またあることを妨げるために警告をすることです。断じてイエスの弱気を阻止しなければならない。これがペトロやその他の弟子たちの思いだったに違いありません。イエスの死は、すべてを捨てて従ってきた自分たちの名誉にも関わることであり、それ以上にイエスの死はイスラエル民族の希望の消失でもあります。それだけに、イエスの弱気を何としてでも打破したかったのです。

ところが、予想もしない厳しい言葉がペトロに向けて告げられたのです。「サタン、引き下がれ。あなたは神のことを思わず、人間のことを思っている」(同8章33節)。イエスは神によって定められていた行くべき道を示したのに、ペトロはこれをイエスの弱気の問題と誤解していたのです。また神による救済が何であるかを思わず、自分たちの念願にこだわっていたからでありました。しかし、このような厳しい叱責を受けながら、このペトロも他の弟子たちも最後までイエスの思いを理解することはできなかったのです。受難予告はこの後も二度三度と繰り返されます（同9章31節、同10章33—34節)。しかし彼らは理解できませんでした。彼らは質問することを恐れるだけで（同9章32節)、イエスの思いを真実に理解しようともしなかったのです。それもやむを得ないことだったかもしれません。受難を覚悟でエルサレムへと向かうイエスの姿から、弟子たちは不思議な緊張感を感じさせられていたからです（同10章32節)。あるいは、かえって弟子たちはこうした姿から、イエスはいよいよエルサレムでの今度の過越祭において何か事を起こす覚悟でいるのだろうと予感をしたのです（同10章37節)。そのために予想もできない苦難に直面させられるかもしれない。しかしその後に期待していた時が来る。イエスが受難予告を繰り返す度に、弟子たちはイエスがエルサレムで民族再興の指導者として立つ時が近づいていると勘違いをしたのです。その様子はゼベダイの子ヤコブとヨハネという二人の兄弟がイエスの耳元で、「栄光をお受けになるとき、わたしどもの一人をあなたの右に、もう一人を左に座らせてください」（同上）と囁いた出来事に現れております。こうした期待がこの二人に限ったことではなかったことは、このことを伝え聞いた他の弟子たちの間で論争が生じたということからも分かります。

2――ユダの裏切り

イエスの使命はユダヤ教を批判することではありませんでした。「イスラエルの家の失われた羊」（マタイ福音書10章6節、同18章12節）を探し出すことであり、「罪人を招く」（マルコ福音書2章17節）ことでありました。それは神との関係を結ぶことができず、律法の生活から逸脱して罪の生活に陥っていた人々、病気や貧困によって生きる力も希望も断たれてしまった人々、そういう人々を助け導いて神の恵みの現実へと立ち返らせることでありました。しかしイエスの教えと行動は、指導者たちには、ユダヤ教の伝統を破るものと映ったのです。

カファルナウムの町のある家で教えていた時のことです。数名の者たちが中風の人を運んで来ました。ところが、大勢の人々がいたために玄関から中に入ることができないので、彼らはその家の屋根に上がり穴を開けてそこから病人をイエスの前に釣り下ろして病気の癒しを願ったのでした。友人たちのこれほど熱心な信仰を見たイエスは、「あなたの罪は赦される」（同2章5節）と中風の男性に向かって宣告しました。ところが、律法学者たちは、口には出さないまでも、「神を冒瀆している。神おひとりのほかに、いったいだれが、罪を赦すことができるだろうか」（同2章7節）、と心の中で論じたのです。また、ある徴税人の家での食事会に招かれた時のことです。そこには徴税人や遊女たちがたくさん集まっていました。これを見ていた律法学者たちは、「どうして彼は徴税人や罪人と一緒に食事をするのか」（同2章16節）と疑問を投げかけました。徴税人や遊女は汚れた人であり、ユダヤ人たちは自分が汚れるのを恐れ交わりを避けていたのです。

ある安息日に片手の不自由な人がカファルナウムの会堂に来ていました。イエスは彼を会堂の真ん中に呼び、「安息日に律法で許されているのは、善を行うことか、悪を行うことか。命を救うことか、殺すことか」（マルコ福音書3章4節）と会衆に問いかけました。会衆は何も答えませんでした。安息日に治療を施すことは安息日規定に反することがはっきりしていたからであります。この時、イエスは、本当の意味で神を礼拝し神のために働くことを忘れて規則にだけ縛られている人々への怒りと嘆きを覚えつつ、彼らの見ている目の前で、その人の不自由な手を癒したのです。ところが、これを見たファリサイ派やヘロデ派の者たちは一緒になってイエスを殺す相談を始めたのです　（同3章6節）。彼らにとっては一人の人が癒されることよりも規則を守ることが第一だったのです。安息日は人々が神を礼拝することによって新たに生かされる時であるのに、そのことよりも安息日規定の厳守が重視されていたのです（同2章27節）。

このようにイエスに対する殺害の危機は宣教のはじめから存在しておりました。この危機がさらに緊迫性を帯びてくるのは、フィリポ・カイサリヤからエルサレムに上った時のことでありました。到着の翌日、過越祭の数日前、イエスは「宮潔め」とも呼ばれている激しい行動に出ました。神殿の庭で売り買いしていた人々を追い出し、両替人の台やはとを売る者の腰掛けをひっくり返し、また神殿の庭を通路として利用するのを禁じたのです。そして言いました。「こう書いてあるではないか。『わたしの家は、すべての国の人の／祈りの家と呼ばれるべきである。』ところが、あなたたちは／それを強盗の巣にしてしまった」（マルコ福音書11章17節）。このことがにわかに神殿指導者たちのイエス殺害の意気を高めることになったのです　（同11章18節）。

しかし彼らはイエスのこのような重大な行動にもかかわらず、すぐには手を出すことができませんでした。過越祭のために各地から大勢の人々が集まって来ておりました。もしイエスを逮捕することによって支持者たちが暴動を起こすことにでもなれば、それを口実にローマ帝国の締めつけはさらに厳しいものになることが明らかでした。それ故に彼らは直接には手を打つことができなかったのです（同11章18節、同14章1―2節）。

そこに彼らにとっては願ってもみなかったチャンスが訪れました。弟子の一人のユダがイエスを引き渡そうと相談に来たからです（同14章10節）。ユダがどうしてこのような行動に出たのか、これについてはいくつかのことが考えられています。その一つは、ユダは貪欲な男で、お金に目がくらんでイエスを売ったというものです。マタイは、ユダがイエスを引き渡したのはお金が目当てであったことを感じさせる表現をしています（マタイ福音書26章15節）。また、ヨハネによる福音書ではユダが財布を預かっていてお金をごまかしていたと伝えております（ヨハネ福音書12章6節）。ヨハネによる福音書は、特に、ユダが最初から悪魔であったことを強調しています（同6章70節）。

しかしユダを最初から悪者と決めつけることはここでの大事な問題を見失うことになります。「裏切り」と訳されているギリシア語は「引き渡す」という言葉が用いられています。聖書は、裏切りという道徳性よりもイエスを神殿側に引き渡す行為に注目しているように思います。確かに、先に述べたような状況でイエスを神殿側に引き渡すという行為は裏切りとしか言いようがないかもしれません。しかしユダの立場から考えた時に、イエスに敵対する意味において彼がこの引き渡しを計画したとは思えないのです。

最後の晩餐の席上、「あなたがたのうちの一人で、わたしと一緒に食事をしている者が、わたしを裏切ろうとしている」（マルコ福音書14章18節）と言われた時ユダも同席していたのです。その時、弟子たちは一人ひとり、「まさかわたしのことでは」（同14章19節）と答えています。裏切りの計画を心に秘めながらこのように答えることもできたでしょう。けれども、ユダは自分の企てがイエスのためであってそれが悪い結果を招くとは思ってはいなかったと見ることも不可能ではないのです。もし彼が偽っていたのであれば彼の自殺は説明し難くなります。マタイによる福音書によれば、ユダは、議会でイエスの死刑が確定された翌朝、「イエスに有罪の判決が下ったのを知って後悔し、銀貨三十枚を祭司長たちや長老たちに返そう」（マタイ福音書27章3節）としました。しかし時はすでに遅く、イエスについての決定を破棄することはもはやできなかったのです。かくしてユダは、後悔と自責の念から「首をつって死んだ」（同27章5節）のです。

ユダの名前についている「イスカリオテ」は名前ではなく彼を他のユダから区別するためのものです。一説によると、これはユダがシカリ集団に属するものであったことを示していると言われます。それは短刀を持った刺客者（シカリオス）の集団であり、狂信的なユダヤ民族主義者を意味すると言われております。彼らは、「イスラエルは神によって世界を支配するように意図されているのだ。しかし、イスラエルの人々が自分の力で立とうとしない限り、神はイスラエルを助けることはない」と信じていたのです。ですから彼らはローマ人に対して殺人・攻撃・暗殺・変死を企てる誓いを立て、上着の下に短刀を忍ばせ、ローマ人なら誰であっても殺せるように準備していたと言われております。

ユダがそういう背景を持った人物であったとするなら、彼はイエスが立ち上がる機会を用意しようとしたとも考えられます。イエスを引き渡す相談（マルコ福音書14章10—11節）は、ベタニアの重い皮膚病の人シモンの家におけるナルドの壺の出来事（同14章1—9節）の後でなされています。ユダの決断はこのベタニアでの出来事と関係があったかもしれません。一人の女性が食事の時に突然に入って来て、持っていた高価なナルドの香油の壺を壊しイエスの頭に注いだのです。それは無駄使いも甚だしいことでありました。そこで、弟子の幾人かが、「この香油は三百デナリオン以上に売って、貧しい人々に施すことができたのに」と咎めました（同14章5節）。ところが、イエスは、「この人はできるかぎりのことをした。つまり、前もってわたしの体に香油を注ぎ、埋葬の準備をしてくれた」と言ってこの女のするままにさせたのです（同14章8節）。ここで、ユダは、立ち上がろうともしないで最初から死ぬつもりでいるイエスを見たのかもしれません。

スコットランドの新約学者バークレーによれば、ユダは、イエスを「話術に長じた、奇跡的な力を持っている、ユダヤ人が待ち望んでいたような人として、またその人をパレスチナの忠義者たちの先頭に立てて、彼らの土地からローマ人を一掃し、世界を支配し、世界的な強国になる行動を始めるために、天からつかわされた指導者」と見ていました。「ユダは、イエスを彼の熱狂的な仲間たちの待ち受けていた指導者とみたのであろう。彼がそう思っていたにもかかわらず、イエスがその目的を達するのを躊躇し始めたと見た。それゆえ、彼はイエスを敵の権力の中にわたしたのだが、それはイエスの死をはかったのではなく、イエスが自己防衛のために行動に移ることを余儀なくされ、ついには人々が長年待ち望んでいた行動を始めなければならないところに、彼を追いこもうとしたのである」。だからゲツセマネの園での「先生」という接吻の挨拶も、「さあ、行動を起こされる機会が来ました、あなたの力で彼らを滅ぼして下さい」という意味だったとバークレーは書いています。（『イエスの生涯　II』p. 45、新教出版社）

ところで、興味深いことに、ルカによる福音書は、ユダが祭司長たちのところに行き、引き渡しについての相談を始めたことを、「十二の中の一人で、イスカリオテと呼ばれるユダの中に、サタンが入った」（ルカ福音書22章3節）と説明しております。ユダがここで何を意図して祭司長たちとの取り引きをしたにしても、それはサタンの策略によるものであったとルカは見ています。ルカはユダを弁護しようとしてあえてこのような書き方をしているのではありません。そうではなく人間が自分の意識では抗しきれないサタンの誘惑の下に置かれているものであることを見ているのです。ユダは、はじめからイエスに背くような悪人ではなかったし、また祭司長たちとの取り引きも悪意から出たものではなかったと見るべきです。ユダは、おそらく、イエスのことを考えて行動したのです。ですから彼の行動は彼の意図においては善意だったのです。そのようにユダは、まさか自分がイエスに背くはずはないという意識を持ちつつ、サタンの思う壺にはめられていったのです。ヨハネによる福音書もルカとは別の文脈において同様のことを見ております（ヨハネ福音書13章2節、同27節）。

ユダの裏切りは私たちに大事な問題を投げかけております。一般には、為された行為の意図を重視することが多いように思います。意図において正しく純粋であったのであれば、少々の過ちも是認されるということもないわけではありません。しかし、ユダの裏切りの事件は、意図において正しく、それ故に自分では正しいと確信しつつ行なうことが、その意図とは反対の結果をもたらすことがあることを物語っています。善と思われる私たちの行為が思いもよらない歴史の歯車に巻き込まれ、意図とは異なる結果を引き起こしてしまうのです。

ユダの行為はその意図が正しかったと言うことをもってその責任を免れることができるものではありません。イエスは最後の晩餐の席上において次のように述べています。「人の子は、聖書に書いてあるとおりに、去って行く。だが、人の子を裏切る［引き渡す］その者は不幸だ。生まれなかった方が、その者のためによかった」（マルコ福音書14章21節）。イエスは、また、「誘惑に陥らぬよう、目を覚まして祈っていなさい」（同14章38節）と教えています。自分の心の正しさを過大視しないことが大事なことです。ユダをはじめ、イエスの弟子たちの失敗は自己過信にあったのです。バークレーは、次のように記しています。「ちょうど神が、その働きをなさるために働き手を探しておられるように、悪魔もまたそれを探しているのであり、そして悪魔はユダを彼の手段としてみつけたのである。しかし実際には、人は自分が同意しなければ他の人に使われることはない。ユダは悪魔に、また悪魔の力によって使われることに同意した人である」。

3――イエスの捕縛と弟子たちの離散

ユダの裏切りと共に忘れてはならないもう一つのことがあります。それは、ユダ以外の弟子たちのことです。イエスと弟子たちはエルサレムの街のある家において過越の食事をしました。これはイエスと弟子たちとの地上における最後の食事会となったことから「最後の晩餐」と呼ばれております。この食事が終わり、イエスと弟子たちとは彼らの宿のあるオリーブ山に戻りました。その時、弟子たちは、最後の晩餐で裏切り者について予告されて驚いたのに続いて、再び思いもよらないことを聞かされるのです。「あなたがたは皆わたしにつまずく」（マルコ福音書 14 章 27 節）とイエスは言います。弟子たちがイエスを捨てて去って行くであろうという予告です。

イエスは、弟子たちの弱さを非難するために言ったのではありません。自分に降りかかる運命の重さを知って、弟子たちの誰であれそれに耐えられる者はいないことを予め教えられたのです。それは、彼らがつまずいたことを口実にイエスから離れてしまうことにならないための配慮だったのです。ですから、ルカによる福音書は次のようなイエスの言葉を挿入してこの意味を確かめています。「シモン、シモン、サタンはあなたがたを、小麦のようにふるいにかけることを神に願って聞き入れられた。しかし、わたしはあなたのために、信仰が無くならないように祈った。だから、あなたは立ち直ったら、兄弟たちを力づけてやりなさい」（ルカ福音書 22 章 31―32 節）。

しかしペトロは答えます。「たとえ、みんながつまずいても、わたしはつまずきません」（マルコ福音書 14 章 29 節、マタイ福音書 26 章 33 節）。彼はまだイエスのことで自分たちが直面させられようとしている悲劇が何であるかをまったく理解していないのです。フィリポ・カイサリヤでイエスの受難予告を諌めたことで「サタン、引き下がれ」（マルコ福音書 8 章 33 節、マタイ福音書 16 章 23 節）と叱られたにもかかわらず、イエスに迫ってこようとしている暗闇が見えていないのです。これまでも度々受難予告が繰り返されたにもかかわらず、その意味を悟れなかったのです（マルコ福音書9章32節、ルカ福音書9章45節、同18章34節）。

ナルドの壺の出来事においても、あの女性の行為が「埋葬の準備」（マルコ福音書14章8節）であると言及されていて、イエスの死が暗示されておりました。しかしペトロはイエスの死には思いが及ばなかったのです。ペトロをはじめ弟子たちにとって大切なことはイエスの死ではなかったのです。イエスが、エルサレムにおける激しい戦いの後に民族の指導者として立つ。その戦いが、間もなく、この祭の期間のエルサレム滞在において起こるかもしれない。そのためならどんな危険に遭遇しようともイエスと共に戦いたい。ペトロはそういう気持ちでいたのです。

それにしても、「たとえ、みんながつまずいても」という言い方に注目しなければなりません。彼は、これによって、「皆はだめかもしれません。しかし私は大丈夫です」と言っているのです。ペトロは真剣でありました。ですからここで他の弟子たちを出し抜いて自分だけが良い人間でいようとしていたのではないのです。しかし、無意識のうちに、自分は人よりも優れた者だという傲慢や思い上がりを現してしまいました。先に見たユダがイエスを引き渡す役割を果たすことになったのも、そもそもはこの傲慢と思い上がりから来るものだったのです。イエスの判断よりも自分の判断を絶対とする傲慢と思い上がりです。聞く耳を持っていさえすれば、彼は最後の晩餐でのイエスの警告から自分が今手がけようとしていることの意味を悟ったかもしれません。しかし傲慢と思い上がりが彼の耳をふさいだのです。同じことはこのペトロについても言えます。

イエスはペトロに語り続けます。「はっきり言っておくが、あなたは、今日、今夜、鶏が二度鳴く前に、三度わたしのことを知らないと言うだろう」（マルコ福音書14章30節、マタイ福音書26章34節）。これによってイエスは、ペトロを呼び覚まし、大丈夫だと豪語するような自己自身が問題であることを悟らせようとしているのです。「本当の自分の姿を知らず、傲慢さに心を奪われているそういうあなたの態度がまさに問題なのだ」と。しかしペトロも、あのユダと同様、聞く耳を持たなかったのです。それどころか、自分の弱さをかき消すかのように「力を込めて」反論をします。「たとえ、御一緒に死なねばならなくなっても、あなたのことを知らないなどとは決して申しません」(マルコ福音書14章31節、マタイ福音書26章35節)。彼はイエスと共に死なねばならなくなるような事態が起こるとは夢想だにしていませんでした。だからこのような強がりを言ってのけることができたのです。もちろんそれも彼の真実の気持ちから出た言葉であったことでしょう。しかし彼はイエスと共に死なねばならない状況がどのような仕方で来るか想像さえもしなかったのです。

このように、弟子たちはこれからのことについて何も知りませんでした。それでいてどんなことにも万全の備えができていると過信し豪語していたのです。しかしこうした弟子たちとは対照的に、イエスは自分に降りかかる運命の故に恐れかつ悩むのです。彼は祈るために一人になろうとするのですが、その前にペトロ、ヤコブ、ヨハネの三人だけを連れて皆から離れ、「わたしは死ぬばかりに悲しい。ここを離れず、目を覚ましていなさい」(マルコ福音書14章34節)とその胸の内をあらわにしたのです。

イエスは自分がどのような使命を与えられているか、したがってどんな運命が自分を待っているかをすでに十分に知っており、またこのことを確認し覚悟しながら歩んできたのです。フィリポ・カイサリヤでの最初の受難予告の際には、ペトロが「主よ、とんでもないことです。そんなことがあってはなりません」(マタイ福音書16章22節)と諫めたのに対して、「サタン、引き下がれ。あなたはわたしの邪魔をする者。神のことを思わず、人間のことを思っている」(同16章23節)と厳しく叱りつけたイエスでありました。エルサレムに着いてからは、神殿において人々が驚くような行動を取り、同時に指導者たちが黙っては聞き逃すことのできない大胆な言葉を語りました。それに続く論争においても、敵対する意地悪な質問者たちの無知を暴露するような答弁をして彼らを驚かせたのです。ところがゲツセマネにおけるイエスにはこれまでの果敢さが見られないのです。

この時のイエスの恐れおののきと苦悩がどんなものであったか、それは誰にも説明し尽くすことはできないことです。しかし考えてみるなら、弟子の一人によって敵対する者に引き渡され、弟子たちのすべてが自分を捨てて去って行く。自分は不正な裁判によって死刑を宣告され、惨めさと痛みに苦しみつつ、敵対する者たちの嘲笑を受けながら、親しい者の誰にも見取られることのない死にさらされる。まさにそういう時が目前に迫っているのに、誰が平然としていられるでしょうか。

イエスは、弟子たちから離れたところで、地にひれ伏して祈ります。「アッバ、父よ、あなたは何でもおできになります。この杯をわたしから取りのけてください。しかし、わたしが願うことではなく、御心に適うことが行われますように」（マルコ福音書14章36節）。神から託された使命を担うということは、誰にとっても分かり切ったことではないのです。分かっていたつもりでも分からなくなることがあります。そして何よりも、分かっていてもそれを担う勇気や気力が萎えてしまうこともあります。だから神のご委託に答えるにしてももっと別の賢いやり方があるのではないのか、そういう戸惑いに心が揺れることもあります。イエスの場合には、もはや後に退く余裕はない事態にまで来ているのです。しかし恐れおののきと悩みの故に前に向かって進めない。そういうジレンマの中で、イエスは、「アッバ、父よ、あなたは何でもおできになります」と訴えるのです。事態はここまで進んで来た。しかしこの辱めと苦しみをさけて進む道はないのだろうか。これがイエスの心の中に起こった問いであり、ここでの祈りでもあったと思います。ルカはこの時のイエスの祈りの姿を次のように記しています。「イエスは苦しみもだえ、いよいよ切に祈られた。汗が血の滴るように地面に落ちた」（ルカ福音書22章44節）。

イエスがこれほどの恐れと苦悩の中にあった時、「ここを離れず、目を覚ましていなさい」と言われた三人の弟子たちは目を覚ましていることができませんでした。もとより三人を連れて行ったのは、共に祈りを捧げてもらいたかったからではないと思います。自分がどんなに孤独で苦しいかを少しでも理解して支えてもらいたかったからでもないと思います。それは、彼ら自身の本当の姿を見つめさせ悟らせるためではなかったでしょうか。イエスが取り去られるという事態が起こった後で、彼ら自身がどういう者であったかを痛みをもって知ることになるはずだからであります。自己過信に陥っている者にはそういう経験が不可欠なのです。

イエスはこの深く激しい神への祈りの後に、幾度かの警告にもかかわらず眠ってしまっていた弟子たちに向かって言います。「時が来た。人の子は罪人たちの手に引き渡される。立て、行こう。見よ、わたしを裏切る者が来た」(マルコ福音書14章41—42節)。このようにしている間に、ユダと彼に率いられた神殿警察隊がこのゲツセマネの園に近づいて来ました。ユダは接吻の挨拶をもって引き渡すべきイエスはこの人であることを神殿警察隊に示唆しました。弟子の一人が剣を抜いて切りかかり抵抗を示しましたが、その抵抗の虚しさを知り、「弟子たちは皆、イエスを見捨てて逃げてしまった」のです(同14章50節)。

4――ペトロのつまずきと涙

イエスは捕らえられ、その夜すぐに大祭司の館に連れて行かれました。そこには長老、律法学者たちがすでに集まっておりました。暴動が起こることを恐れ可及的速やかに処置するため、真夜中の最高法院が招集されていたのです。この議会は最高法院(サンヘドリン)の規則に照らして見ると、いくつかの点で違法性を含んでいるものでありました。重要な裁判は祭の日あるいはその前日に開かれてはならないし、夜に開かれてはならなかったのです。それにもかかわらず、最高法院は祭の前日の夜に招集されたのです。おそらく、彼らは、この規則に準じるため正式には翌朝に最高法院を招集し(マルコ福音書15章1節)、夜の最高法院はあくまでも暫定的なものという体裁を整えたようであります。

会議の内容についても最高法院規則の精神からはほど遠いものでありました。裁判の場合には、被告側の言い分を聞くことから始めなければならないし、また有罪判決は裁判が始まったその日に下してはなりませんでした。しかし最高法院はイエスを死刑にするための証拠探しから始めたのです。そのために多くの偽証が立てられました。しかしどれも二人以上の証人が得られず、死刑に処すための証言は成立しなかったのです。

そこではじめて大祭司は言い分を聞こうとします。と言ってもそれはイエスの権利を守るためではないのです。自分たちに有利な言葉尻を捉えるためでありました。イエスは何も答えませんでした。黙秘権を行使して生き延びる道を模索しようとしたのではありません。もはやここではどんな弁明も意味をなさないことを見抜いていたからであります。人間の法廷はイエスを裁く力量も資格もないことをイエスは知っていたのです。聖書は、このイエスについて、「(彼は) 正しくお裁きになる方にお任せになりました」(一ペトロ 2 章 23 節) と記しております。

そこで、大祭司は、イエスがどうしても答えざるを得ないであろう問いを突きつけました。「お前はほむべき方の子、メシアなのか」(マルコ福音書 14 章 61 節)。弟子たちにはこれまで自分がキリストであることを人には言うなと沈黙を命じてきたイエスでありました。しかし、ここで、彼は「そうです」と答えただけでなく、やがて「全能の神の右に座り、天の雲に囲まれて来る」ことを宣言しました。自分が神の子であることを明らかに大胆にイエスは宣言したのです。そして、この宣言をめぐって何ら審議がなされることもなく、「一同は、死刑にすべきだと決議した」(同 14 章 64 節) のです。

その後、議員たちはつばきをかけたり小突いたりしてイエスに侮辱を加え、イエスを引き取った下役も議員たちにならって平手打ちを加えるなどの乱暴を働きました。被告に侮辱を加えることは正式の最高法院においては許されないことでありました。しかしイエスは人間としての最低限の権利を守られることもなく、不正な裁きによって死刑に追いやられることになったのです。

さて、ペトロは、イエスが捕らえられてこの大祭司の館に連れて来られた後を遠くからついて行きました（同14章54節、マタイ福音書26章58節、ルカ福音書22章54節）。そして中庭に入り込み、その下役たちと一緒になって火にあたりながらこの裁判の様子を見ていたのです。ところがその顔が火に照らし出され、大祭司の女中に「あなたも、あのナザレのイエスと一緒にいた」と指摘されることになりました。ペトロは答えます。「あなたが何のことを言っているのか、わたしには分からないし、見当もつかない」と。ペトロは庭先の方に出て行きましたが、それでもこの問いは二度、三度と繰り返されました。しかしその度に彼は「あなたがたの言っているそんな人は知らない」と繰り返したのです。マルコはペトロの三度目の答え方について「呪いの言葉さえ口にしながら」（マルコ福音書14章71節）と記しています。「あんな男と俺とがどんな関係があると言うのだ」というような激しい言葉でペトロはイエスとの関係を否定したのだろうと思います。

イエスを呪うような感情をあらわにしながら三度も「知らない」と言い続けたのは単に恐怖の故だったでしょうか。むしろペトロはもっと深刻な試練の中に立たされていたのではなかったでしょうか。引き渡す働きをしてしまったユダが憎む気持ちからではなく、イエスが指導者として立ち上がらざるを得ない状況を造り出したいと願っていたのだとするなら、ユダのほうがまだ罪は軽かったかもしれません。もしかしますとペトロの陥った試練はそれ以上のものだったかもしれないのです。「知らない」と「呪いの言葉」との背後には恐怖心だけでなくイエスへの失望があったと思われます。ユダがそうであったように、ペトロもイエスが最高法院において立派に弁明し、指導者（キリスト）として立つ道を切り開いてくれることを願ったのではないでしょうか。ところが、これまでのことからは予想できないイエスの姿をペトロは見てしまったのです。イエスは何も答えないだけではなく、惨めにも侮辱を受けながら何もしないで黙っている。ペトロの心の中にはイエスはこんな男だったのか、こんな男との関係はこれ以上続けたくはない。「知らない」というのはそういう思いから出てきた言葉であったのではないでしょうか。そういう意味ではペトロも、つばきをかけたり、小突いたりしてイエスを侮辱した議員たちと心の深いところでは共通していたのだと思います。

　ところが、こうした試練からペトロを立ち上がらせたのは鶏の鳴き声とイエスの預言の言葉でありました。ルカ福音書だけが、「主は振り向いてペトロを見つめられた」（ルカ福音書22章61節）という説明を付け加えて、イエスのまなざしがペトロをその試練から救うことになったことを示唆しています。「たとえ、みんながつまずいても、わたしはつまずきません」、「たとえ、御一緒に死なねばならなくなっても、あなたのことを知らないなどとは決して申しません」。ペトロは他の弟子たちが聞いているところでこのように断言して見せたのです。それほどにイエスに信頼と期待を寄せている自分であることを彼は疑わなかったのです。しかし、今、彼はこれほどに惨めなイエスの姿を見るまでは気づくことのなかった自己の内面を見たのです。確かに、ペトロは「たとえ、御一緒に死なねばならなくなっても」と言わないではいられないほどに、これまでイエスから恩恵を受けて来たし、それ故にイエスに信頼し期待を寄せてきました。ところがそのイエスが頼りない惨めな姿で目の前にいて、そんなイエスのために自分までもが巻き添えにされるという危険に立たされ、こんな男とはこれ以上関わりたくないと思ったのです。ペトロはイエスの惨めな姿に接してはじめて自分の心の中に根を下ろしている罪の深淵を見たのです。そして、ペトロは「イエスが言われた言葉を思い出して、いきなり泣きだした」（マルコ福音書14章72節）のです。イエスの苦難がなければ、決してペトロの新しい出発はありませんでした。

5——ユダヤ人の訴えとローマ人の裁判

　一夜が明けて正式な最高法院が開かれました。不思議なことに、最高法院は昨夜衆議一決イエスを死に当たるものと断定したはずでありました（マルコ福音書14章64節）。ところが、朝になって正式なものとして開かれた最高法院は、「最高法院全体で相談した後」（同15章1節）イエスをローマ総督ピラトに渡すことにしたのです。イエスに十分な罪状を確定することができなかったということもあったようです。しかし最高法院はそのことの故にイエスを殺すことを留保しようとしたのではありません。マタイはこの点を明確にする意味で、マルコが「最高法院全体で相談した後」とだけ記しているところを、「イエスを殺そうと相談した」（マタイ福音書27章1節）と書き直しています。これによってマタイは一夜開けた朝にも、最高法院は決して冷静になったのではないということをはっきりさせています。最高法院は、イエスを処刑するのは本当に正しいことなのかと慎重に審議したのではなかったのです。民衆の騒ぎを最小限度にとどめるためにはイエスをどのような手だてで殺すのがよいかということを協議したのです。神の前に何が正しいかをめぐってではなく、民衆の過度の反応を避けるために協議をしたのです。

それにしてもイエスをピラトのところに引き出すということは、イエスをローマ帝国に対して謀叛を犯した者としてピラトの手で処刑させるという策略でありました。これは最高法院の立場から見るなら実によく練られた名案であったのです。この方法で殺せばイエスを支持する群衆の怒りをピラトに向けることができます。しかもこのようにしてピラトの評判が悪くなることはユダヤ側にとって有利でありました。というのは総督ピラトにとって群衆の暴動を避けることが一番の関心事だったからです。群衆の暴動は直接に彼の地位の永続性と関係していたからです。

しかしながら、果たしてピラトがイエスをローマに対する謀叛者として認定するだろうかという問題がありました。この問題を克服するために最高法院が練り上げた策が、群衆を煽動することでした。群衆が騒げばピラトはそれに従わざるを得なくなる。しかもそのように群衆の声に押され、ピラトがローマ帝国の法を犯してもいない者を処刑するような不正な裁判をせざるを得なくなるということは、ユダヤ人たちのピラトに対する復讐心を満たすためにも都合の良いものであったのです。というのもピラトは第5代総督（紀元後26—36年）として就任して以来、ユダヤ人の反感を買うようなことをあえてしてきたからです。

ピラトは、反乱をさけるためにユダヤ人たちの機嫌を損ねないような施策を取るという歴代の総督たちの伝統にもかかわらず、あえて挑戦的なことを試みました。着任後カイサリアから軍隊をエルサレムに向け、ローマ皇帝の像が描かれた軍旗を夜の間にエルサレムの市内に持ち込ませたのです。しかしこれはユダヤ人たちの命をかけた激しい反対に合い、この軍旗をエルサレムから運び出さざる得ない結果になりました。もう一つは、ユダヤ教の大きな祭のための大勢の人出に備え水を確保するために水道工事を始めたのですが、その費用を神殿の献金でまかなわせようとしました。そして、ピラトは工事中止の要求をしたユダヤ人たちを一般市民に扮した兵士たちに棍棒で殴らせ死傷させました。こうしてピラトはユダヤ人の反感を買うことになったのです。ユダヤ人著述家のフィロンによれば、アグリッパ1世はローマのカリグラ帝に「（ピラトは）頑固な、残忍冷酷な人間であり、収賄、冒瀆、強奪、虐待限りなく、人民の不平のもと、正当な裁判をせず、勝手気ままに刑を執行し、絶えず残忍な行為をし……」という内容の手紙を記していたようです。

ところで、ピラトは平時はカイサリアにいてユダヤの祭の間だけエルサレムの総督官邸（神殿の西北端に位置）に来ておりました。イエスは大祭司カイアファの館からこの総督官邸へと引き渡されたのです。ルカによる福音書によれば大祭司たちは次のようにピラトに訴えました。「この男はわが民族を惑わし、皇帝に税を納めるのを禁じ、また、自分が王たるメシアだと言っていることが分かりました」（ルカ福音書23章2節）。もちろん、イエスはローマに税金を納めることを禁じる教えをしたこともなく、またユダヤ人の王でありキリストであるとは一言も吹聴したことがありませんでした。大祭司たちは事実無根の偽りを並べ立てることで、イエスをローマに対する謀叛者であるということを印象づけようとしたのです。

これを受けてピラトはイエスに「お前がユダヤ人の王なのか」と尋ねます。そしてイエスは「それは、あなたが言っていることです」と答えるのです。もちろんイエスはヨハネによる福音書（18章36節）が説明しておりますように、この世的な意味で「ユダヤ人の王」なのではありません。神と共に、見えない仕方においてこの世界や歴史を導き支配しているという意味において、イエスは神の民であるユダヤ人の王なのです。ピラトはこのことの真意を理解することはできなかったと思います。しかし、おそらく、少なくともイエスはローマに謀叛を犯すような意味での「ユダヤ人の王」ではないことだけは理解したのです。また、彼は、祭司長たちがイエスを引き渡したのはねたみのためであったこともすでに察知していました（マルコ福音書15章10節）。

さらに、ピラトがイエスには罪がないと確信することになったのは、大祭司たちがイエスに不利な訴えをしているにもかかわらず、論駁することもなく黙っているイエスの姿でありました。ピラトは言います、「何も答えないのか。彼らがあのようにお前を訴えているのに」（同15章4節）。ピラトはイエスを正しく理解することはできないまでも、イエスの姿から彼が罪人ではあり得ないことを確信したのです。

祭司長たちは、もちろん、ピラトの立場からは無罪放免ということになるだろうということは読んでいたと思います。そこで彼らが次に仕掛けておいた策は、群衆を煽動して総督官邸に呼び集め、祭の時の慣例になっていた恩赦を要求させることでした。彼らが群衆をどのように煽動したのかは分かりません。バラバはユダヤ民族の解放のために戦った男であります。それに対して、イエスは「敵を愛し、自分を迫害する者のために祈りなさい」（マタイ福音書5章44節）と教えたり、あるいはローマの兵隊の百人隊長が自分の部下の病気の癒しを願って来たとき、彼の語る言葉を聞いて感心し「イスラエルの中でさえ、わたしはこれほどの信仰を見たことがない」と褒め、その反対にイスラエルの人々の不信仰を批判したことがありました（マタイ福音書8章5—13節、ルカ福音書7章1—10節）。ですから、煽動者たちはバラバに比べイエスがローマびいきであることを誇張したかもしれません。とにかく彼らは群衆を煽動することに成功したのです。

バラバの釈放を要求する群衆に向かってピラトは尋ねます。「それでは、ユダヤ人の王とお前たちが言っているあの者は、どうしてほしいのか」(マルコ福音書15章12節)。煽動されて集まって来た群衆のすべてがかつてイエスを信じていたという者たちではなかっただろうと思います。しかし、煽動された群衆の中にはそれまではイエスを信じていた者たちもあったかもしれません。そうだとしますと、彼らも、弟子たちがそうであったように、イエスにつまずいた者たち（同14章27節）であります。ローマと戦って逮捕されたのであればともかく、最高法院を説得も指導もできず死刑の宣告を受けることになったイエスへの失望は深かったと思います。そこに最高法院の側からありもしないような情報を聞かされ、彼らの失望は憎しみへと変えられたのです。ですから、群衆はピラトの問いに対して答えます。「十字架につけろ」（同15章13節）と。しかしピラトは再度問いかけます。「いったいどんな悪事を働いたというのか」(同15章14節)。これはピラトの良心の声であったに違いありません。しかしながらその声も「十字架につけろ」と叫ぶ群衆の憎しみと怒りの声に勝つことはできなかったのです。マルコは次のように記しております。「ピラトは群衆を満足させようと思って、バラバを釈放した。そして、イエスを鞭打ってから、十字架につけるために引き渡した」(同15章15節)。

ピラトはなぜ自分の良心の声に従って裁きを行なうことができなかったのでしょうか。それはイエスに対する群衆の憎悪の激しさによるものでした。この群衆を無視して結論を下すなら自分に不利益をもたらすかもしれないと恐れたのです。バラバではなくイエスを釈放したなら群衆が騒ぎ出すかもしれない。そうなれば、祭司長たちは、これを口実にピラトがいかに無能力な総督であるかをローマに報告するかもしれない。それによって自分は総督の地位を失うことになる。しかしそれほどの犠牲を背負ってまでイエスを守る理由はないではないか。ピラトは、おそらく、そのように考えたのではないでしょうか。

ヨハネによる福音書によれば、ピラトは何も答えようとしないイエスに向かって、「お前を釈放する権限も、十字架につける権限も、このわたしにあることを知らないのか」（ヨハネ福音書 19 章 10 節）と威厳を見せております。しかしイエスは答えます。「神から与えられていなければ、わたしに対して何の権限もないはずだ。だから、わたしをあなたに引き渡した者の罪はもっと重い」（同 19 章 11 節）。これを聞いてピラトはイエスを釈放しようと努力したのです。しかし、「もし、この男を釈放するなら、あなたは皇帝の友ではない。王と自称する者は皆、皇帝に背いています」（同 19 章 12 節）と叫ぶユダヤ人の声を聞き、それ以上には何もできませんでした。このように、ピラトは、口では威限を振りかざしてみても、ローマ総督としての権限を正しく行使することはできなかったのです。こうしてイエスはユダヤ人でありながら、ローマの極悪人のための刑である十字架へと引き渡されることになったのです。

6——十字架の上で

祭司長たちはついに願いどおりにイエスを処刑へと追いやることに成功しました。それも自分たちの手を汚さず異邦人ピラトによって殺させたのです。祭司長たちにとってピラトは軽蔑と憎しみの対象でありました。そのピラトにその意図に反してイエスを殺させたのです。これによって、たとえイエスの十字架の死を嘆く群衆が騒いだとしても、彼らの恨みはピラトに向けられることになります。このような意味で、彼らは二重の勝利を味わうことになったのです。しかしそれは表面的な事柄であって、深い意味ではイエスの十字架は神に敵対する祭司長たちの罪の象徴であり、同時に群衆を恐れて指導者としての責任を全うできなかった彼らの破れの象徴でもありました。ですから、彼らの勝利は極めて自己満足的で表面的なものでしかなく、それは神の激しい怒りの下にある偽りの勝利でしかなかったのです。本当なら、自己の罪と破れの故に心から悔いて神に赦しの憐れみを求めなければならないのです。しかし彼らはそのようにしなければならない自己の罪と破れに目が塞がれていました。指導者たちのこうした傲慢と自己に対する無知が、やがてこの民族を決定的な破局に追いやることになったことは歴史（70年のユダヤ戦争における敗北）が証明していることなのです。

敵する者たちがこうした勝利に浸っている中、イエスはどんなに耐え難い苦しみへと追いやられたことでしょうか。その苦しみは偶然によるものではありません。真理を求めるのではなく自己保存のためにその場を繕って生きようとする優柔不断な人間によってもたらされる苦しみでありました。バラバが釈放された後、ピラトは無罪であることを十分に確信しながら、イエスを公衆の面前で鞭打たせます。それは、聖書によれば、「群衆を満足させる」ため（マルコ福音書15章15節）であったと言うのです。さらにイエスは総督官邸の中に連れて行かれ、ローマの兵士たちから嘲笑をあびせられます。兵士たちは高貴な人々の着る紫の衣をイエスに着せ、いばらで編んだ冠を頭にかぶせ、「ユダヤ人の王、万歳」とからかいます。さらには葦の棒で頭をたたき、つばきをかけます（同15章16—21節）。これは死刑宣告を受けた囚人に対してなされる慣例であったにしても、せめて官邸内においては罪なき囚人として取り扱うことを命じることもできたはずなのです。しかしピラトはそういう配慮を一切しませんでした。人間としての尊厳は無視され、重罪を犯した囚人同様に扱われることになったのです。

イエスは、こうした嘲笑をあびせられた後に官邸から引き出され、十字架を背負わせられ、ゴルゴタの丘（「されこうべ」の意、同15章22節）へと向かうのです。大工で鍛えた体であります。ですから本来なら背負えないことはなかったことでしょう。しかし昨夜の恐れおののきと悩み、それに続く捕縛、夜中の裁判、一夜明けてすぐのピラトの面前での審問、そして兵士たちによる鞭打ちの刑、こうした緊張と苦しみにより力尽き身も心も弱り果て、十字架を背負うことはできませんでした。兵士たちは何度も鞭打ってイエスを歩くように促したことでしょう。しかしもはや十字架を背負っては歩くことができなかったのです。

そこで兵士たちは、たまたま道端でこの様子を見ていたキレネ人シモンにイエスの十字架を背負わせたのです。聖書は、この「キレネ人シモン」のことを「アレクサンドロとルフォスとの父」と記していますから、シモンとその子どもたちは初代教会において何らかの影響力を持っていた働き人であったことが考えられます。シモン自身は十字架を背負っては倒れる憐れなイエスの姿を興味本位に見ていました。しかしイエスに代わってその十字架を担いでゴルゴタの丘に伴い行くことをとおして、より一層深く十字架のイエスに触れることになったと考えられます。この意味で、キレネ人シモンは、初代教会においてイエスの弟子の典型的な姿と見られていたと思います（マタイ福音書 16 章 24—25 節）。

やがてイエスはゴルゴタの丘に到着しました。まず磔《はりつけ》の痛みを和らげるために没薬をまぜたぶどう酒が差し出されたのですが、イエスはこれを受け取りませんでした。十字架の痛みと苦しみ、死の不安と恐怖をありのままに受け止めるためです。それは死の恐怖におびえる者たちの救いのため（ヘブライ 2 章 15 節）でありました。イエスの手足には容赦なく釘が打ち込まれ、その体は十字架にはりつけられました。イエスと一緒に二人の強盗も十字架につけられ、2 本の十字架はイエスの両脇に立てられました。イエスは強盗を犯した犯罪人と同じように扱われたのです。それは朝の 9 時頃でありました。

磔の痛みと苦しみがどんなものであったか、それは筆舌に尽くし難いものであったに違いありません。イエスにとっての苦しみはこれだけではありません。イエスは肉体の痛みと苦しみに喘ぎながら、通行人、祭司長たち、律法学者たちの嘲りの言葉をあびせられたのです。「他人は救ったのに、自分は救えない。メシア、イスラエルの王、今すぐ十字架から降りるがいい。それを見たら、信じてやろう」(マルコ福音書15章31—32節)。マルコによれば、一緒に十字架につけられた二人の強盗までもが同じようにイエスを罵ったと書いてあります。そばにはイエスの同情者は一人もありません。イエスに従った幾人かの婦人たちはこの様子を遠くから見てはおりましたが(マルコ福音書15章40節)、そばに近寄ることはできませんでした。こうしてイエスは、痛みと苦しみ、罵りの中で、慰めの言葉もかけられることのない深い孤独に耐えなければならなかったのです。

午後3時に至った時でした。イエスは、「エロイ、エロイ、レマ、サバクタニ」(同15章34節) と叫びました。これは、「わが神、わが神、なぜわたしをお見捨てになったのですか」という意味です。マルコによる福音書の説明によれば、これはイエスがこの地上において残した最後の言葉でありました。イエスは、祭司長、律法学者たち、群衆から捨てられ、身近にいた弟子たちからも捨てられたのです。それでも、このような最後を遂げることは父なる神の御心であったのです。それならどうして神は十字架の上で痛み苦しむイエスと共にいてくださらなかったのでしょうか。イエスが十字架の上で痛み苦しみ、最後にこのように嘆きの叫び声を上げて息を引き取るまでの間、誰の目にも何も起こりませんでした。そしてイエス自身においても神が共にいて助け導いてくださるという実感はなく、痛み、苦しみ、惨めさ、孤独の中で深淵なる死へと飲み込まれていく不安とおののきだけがあったのです。

こうしたイエスの死を見て祭司長や律法学者たちは何と思ったでしょうか。聖書は何も語ってはおりません。ただイエスを殺した彼らといえども、生前のイエスの不思議な力を見ていたのですから、「何かが起こらなければよいが……」という思いも心の片隅にはあったに違いありません。ですから、イエスがこのような叫び声を上げて息を引き取った以外には何も起こらなかったという安堵感を持って胸をなで下ろしたのではないでしょうか。

ところが、マルコは次のように記しています。「すると、神殿の垂れ幕が上から下まで真っ二つに裂けた」(同15章38節)。「すると」というのは、「イエスは大声を出して息を引き取られた」(同37節)ときのことです。敵対者たちには貧しい男の惨めな最後の叫びとしか見えなかったと思います。しかし、マルコは、イエスが神に向かって叫びながら息を引き取った出来事に隠された大切な意味について語っているのです。それが神殿の垂れ幕が裂けたということなのです。神殿の垂れ幕というのは、礼拝堂の会衆席とその奥にある聖なる空間(「至聖所」)とを隔てていた幕のことです。幕の奥には神がそこにおられる象徴としての契約の箱(出エジプト記25章10―22節)が置いてあります。大祭司は年に一度の犠牲の血を携えてそこに入り、自分自身と民の赦しを祈り求めることになっていました。マルコは、仕切りの幕が「真っ二つに裂けた」ということによって、これまで繰り返されてきた大祭司による罪の赦しを祈る儀式は無意味なものになったということを告げているのです。ちょうど太陽が昇ることによって月の明かりが消えていくように、これまで動物の犠牲の血を携えた大祭司により幕の奥でなされていた儀式には終わりが来たということなのです。それは、イエス自身が私たちの罪のために自分の血を流し、神と私たちの間に立ってくださったからです。

ヘブライ人への手紙はこのことを次のように記しています。「[キリストは]御自身の血によって、ただ一度聖所に入って永遠の贖いを成し遂げられたのです」(ヘブライ9章12節)。年に一度の贖罪祭においてどんなに厳かに罪を懺悔する儀式が執り行なわれたとしても、それによって私たちの良心が呼び覚まされて心から罪を悔い改めて清められるということはありません(同9章9節)。しかしイエスの十字架の血は真実に十字架のイエスと向かい合う人々の良心を呼び覚ますのです。それは「わたしたちの良心を死んだ業から清めて、生ける神を礼拝するようにさせ」(同9章14節)るのです。

マルコは、もう一つの具体的な出来事に注目します。それは「本当に、この人は神の子だった」(マルコ福音書15章39節)と、ローマ兵の百人隊長が告白したことであります。百人隊長が、大祭司や律法学者たちが見たのとは異なるイエスの姿に出会ったということではありません。彼にとっても、イエスが高く叫んで息を引き取る様子しか見えなかったのです。しかし彼は、イエスのこの姿を見て「本当に、この人は神の子だった」と告白をしました。この百人隊長は、神から捨てられたとしか思えないような暗黒の中にあってもなお神を呼び求めて止まないイエスの姿において、「神の子」としての本当の姿を見たのです。今は神不在としか思えない状況に置かれている。たとえ神が存在しているとしても、もはやその救いの手がここまで伸びるとは思えない。そういう絶体絶命の状況においてイエスは神を求め神に問うのです。それは神不在としか思えない状況の中で祈りを喪失している者たちのための祈りでもありました。百人隊長はイエスのこの姿の中に彼がまことに神の子であることを認めたのです。

罪人たちのためにするイエスの執り成しの祈りは、あの大祭司が年に一度犠牲をたずさえて神殿の幕の中に入ってする祈りとは異なります。大祭司たちの多くは神不在の状況を深刻に受け止めて祈るということはなかったのではないでしょうか。彼らの祈りは儀式化されていた仕事の一つにすぎませんでした。これに対して、イエスは神不在という深刻な状況の中に自ら立たれたのです。それは神不在の中に生きる者たちを神へと執り成すためでありました（ヨハネ福音書14章2節、ローマ8章34節）。イエスが十字架の道をあえて選び取ったのはこのためだったのです。

バークレーは次のように述べております。「イエスは周囲の力によって十字架に駆り立てられたのではない。十字架は、最初の希望や計画や意図が失敗した時の、あとの思案ではなかった。最初からイエスはすすんで、自主的に十字架の見地から考えておられた。このためにイエスは、敢えて、十字架の道を選び取ったのです」（『イエスの生涯』II、p. 117）。

5 復活と昇天

1──空虚な墓

福音書を読む時に誰もが直面するいくつかの疑問があります。まず、結婚もしていないマリアが聖霊によって身重になったという出来事（マタイ福音書1章18節以下、ルカ福音書1章26節以下）、皮膚の病気の人（マルコ福音書1章40節以下）、中風の人（同2章1節以下）、医者でさえも癒すことのできなかった重い病気の人（同5章25節以下）が直ちに癒されたり、嵐を鎮めたり（同4章35節以下）、わずかのパンと魚で何千人もの人々の空腹を満たしたり（同6章34節以下）といったイエスの奇跡のことであります。こうしたことに加え、さらに一層不思議に思うことは、十字架に磔にされて死んで葬られたイエスが3日目によみがえったという出来事です。また、このよみがえりと関係して、イエスの死体が葬られたはずの墓が3日目には空になっていたという出来事（マタイ福音書28章1―15節、マルコ福音書16章1―8節、ルカ福音書24章1―12節、ヨハネ福音書20章1―18節）も不思議かつ納得し難い話であります。

墓が空であったということを最初に知ったのはガリラヤからエルサレムまでイエスに従って来た女性たちでありました（マタイ福音書27章55節、マルコ福音書15章41節、ルカ福音書23章49節）。ペトロをはじめとする12人の弟子たちは皆逃げてしまいました。しかしこれらの女性たちは、イエスが十字架に磔にされ苦しみつつ息を引き取っていく様子、それからユダヤの議員アリマタヤのヨセフがイエスの死体を引き下ろして岩穴の墓に葬る様子を遠くから見ていたのです。アリマタヤのヨセフはイエスを尊敬していた議員の一人であったと思われますが、彼女たちはそれを知りませんから墓に近づくことはできませんでした。人々がいなくなってから行くということも考えられたのですが、時はもう夕方でありました。ですから、女性たちが出歩くには適当でなかっただけではなく、その日は金曜日で夕方6時からは安息日となり、ユダヤ教のしきたりでは、翌日土曜日の夕方6時まで礼拝の他には出歩いてはならないということになっていたのです。したがって、彼女たちは、3日目の日曜日の朝を待たなければなりませんでした。

日曜日になり、夜が明ける頃に、彼女たちはすでに用意してあった香料を携えて墓に向かいました。墓の入り口は大きな石で塞がれていたことをすっかり忘れておりました。ところが、墓に到着して見ますと、その石が転がっており、中に入ってみましたが、驚いたことにイエスの死体はなくなっていたのです。さらに驚いたのは、墓の中には真白な長い衣を着た若者が座っていたことです。彼は言いました。「驚くことはない。あなたがたは十字架につけられたナザレのイエスを捜しているが、あの方は復活なさって、ここにはおられない」（マルコ福音書16章6節）。

イエスの死体が葬られたのにその墓が空になっていたということは、誰にとっても信じ難いことではないでしょうか。ですからこの出来事についてはいろいろ否定的な議論があります。その一つによれば、イエスは、十字架の上で死んだのではなく気絶しただけで、墓（岩をくり抜いた洞穴）の冷たさで目醒め脱出するのに成功して、やがて彼と弟子たちは、彼が死からよみがえったのだと主張したのではないかと言うのです。第二は、ユダヤ人たちは、イエスが殉教者として祭り上げられることのないように死体を取り去ったのだと言うのです。さらに、第三は、弟子たち自身が死体を移してイエスは死からよみがえったと主張した、あるいは第四に、アリマタヤのヨセフはやむを得ず一時的に墓を貸しただけであって、安息日が終わってそれを取りのけ、知られない場所に埋めたのだと言うのです。また第五に、婦人たちは混乱しており間違った墓に行ったのではないかという議論もあります。

確かに、墓が空であったということは信じ難いことであります。しかし、イエスの死人からのよみがえりが、こうした否定的な議論が指摘するように、人間的な作為、誤解、狂信に基づいているものであったとしますと、キリスト教は成立直後の激しい迫害によってすでに死滅していたはずであり、長い歴史を貫いて多くの人々の心を捕らえることはなかったはずであります。しかし、また、墓が空になっていたということは私たちの人間的な常識や経験に反することでもあります。果たして人間の常識や経験に逆らってまでイエスの死人からのよみがえりを信じなければならないものなのでしょうか。

実は、イエス・キリストの復活については、もう少し冷静に聖書を読まなければならないのです。確かに四つの福音書は空の墓について語っており、その語り方もそれぞれに異なってはいるのですが、いずれの書も、墓が空であったことを見たので弟子たちはイエスが復活したのだと信じた、とは記していないのです。マルコによる福音書は次のように記しております。「婦人たちは墓を出て逃げ去った。震え上がり、正気を失っていた。そして、だれにも何も言わなかった」(マルコ福音書 16 章 8 節)。婦人たちは、天使の言葉を聞きながら、ただ恐怖心だけを覚えたのです。ルカによる福音書の場合には、こうしたマルコの書き方とは異なり、婦人たちは天使の語る言葉からかつてのイエスの言葉を思い出したとあります(ルカ福音書 24 章 8 節)。それで彼女たちは自分たちが見たことや聞いたことの一切を弟子たちに報告しました。ところが、彼らは、「この話がたわ言のように思われたので、婦人たちを信じなかった」(同 24 章 11 節)。マタイによる福音書は、「婦人たちは、恐れながらも大いに喜び、急いで墓を立ち去り、弟子たちに知らせるために走って行った」(マタイ福音書 28 章 8 節)と、ルカによる福音書よりもさらに婦人たちの積極的な姿を記しております。さらには、婦人たちから聞いたことに基づいて行動する弟子たちの素直な姿(同 28 章 16 節)や、他方においては墓が空であったことを番人から知らされたユダヤ教の指導者たちの焦りの姿(同 28 章 13 節)にも言及しており、墓が空だったという出来事の反響を積極的に記しています。しかし、そのマタイでさえ、復活の信仰を空の墓には置いていないのです。

このことは二人の福音書記者がペトロについて記述している記事から明確になります。ルカによれば、ペトロは婦人たちから聞かされたことについて確認するために墓に走って行きます。しかし、「この出来事に驚」いた（ルカ福音書 24 章 12 節）だけでイエスの復活を確信するには至っていません。ヨハネによる福音書も同様のことをさらに詳しく記しています（ヨハネ福音書 20 章 1—10 節）。また、ヨハネは、他の福音書とは異なり、墓の中に死体が見当たらず、誰かがイエスの死体を取り去ったと思い、悲しみに泣くマリアの姿を記しています（同 20 章 11 節）。

このようなことですから、弟子たちは、墓が空であったということを理由にイエス・キリストの復活を信じたのではなかったのです。実際、聖書学的な観点から見ても、墓が空であったということに言及するのは福音書の特徴であって、福音書よりも初期の文書ではこのことには触れていないのです。こうしたことから、墓が空だったというのは復活信仰の根拠ではなく、反対に復活を信じる信仰から生み出されたキリスト者たちの信仰告白だったのではないかという解釈もあります。ちなみに、旧約聖書の詩編 16 編 10—11 節には次のように記されています。「あなたはわたしの魂を陰府に渡すことなく／あなたの慈しみに生きる者に墓穴を見させず／命の道を教えてくださいます」。福音書の記者たちは、こうした聖書の約束の言葉に基づきながら、イエスはよみがえったから墓は空だったということを信仰の告白として語ったということだったかもしれません。伝道者パウロは次のように記しております。「さて、あなたがたは、キリストと共に復活させられたのですから、上にあるものを求めなさい。そこでは、キリストが神の右の座に着いておられます。上にあるものに心を留め、地上のものに心を引かれないようにしなさい」（コロサイ 3 章 1—2 節）。空の墓の物語での「あなたがたは十字架につけられたナザレのイエスを捜しているが、あの方は復活なさって、ここにはおられない」（マルコ福音書 16 章 6 節）という天使の言葉も、私たちの心を神の右に座しておられるキリストへと目を向けさせようとしているように思います。

2――顕　現

さて、それでは、イエス・キリストの復活とはどういうものだったのでしょうか。私たちは普通には死んだ人がもう一度生き返ったことを思い浮かべるかもしれません。福音書を一読する限りそういう印象を与えられなくはありません。よみがえったイエスが弟子たちに語りかけ食事を共にする様子が記されているからです。しかし、注意深く読みますと、聖書が語ろうとしているイエス・キリストの復活は、死んだ人がもう一度生き返る蘇生のことではありません。死んだはずのイエスが蘇生して再び現れたというのであれば、イエスは再度死を迎えたはずなのですが、聖書はよみがえったイエスがもう一度死んだことについては語っていないのです。ですから、イエス・キリストのよみがえりは蘇生ではなかったのです。それは、もっと奥深く神秘的な事柄でありました。

イエス・キリストの復活は弟子たちの主観的な思い込みや幻でもなかったはずであります。復活がもしもそういうものであれば、キリスト教はその後に起こった厳しい迫害に耐え抜くことはできず滅亡していたと思われます。また、復活が弟子たちの勝手な思い込みであり、あるいは幻にすぎなかったとしますと、最初の教会は一致した信仰に生きることはできなかったに違いありません。そうである限りキリスト教はバラバラに解体してこの歴史から消滅したに違いありません。

イエス・キリストの復活をめぐる聖書の記事で注目をしたいのは、ルカによる福音書です。24章には墓が空であったという話の後に、二人の弟子たちがイエス・キリストの死を嘆きつつ、また婦人たちから聞かされた話を不思議に思いながら、エルサレムからエマオの村に帰って行く話が記されています。そこに、二人の後から一人の人が近寄って来て、彼らがイエスの死を嘆いているのをたしなめ、「メシアはこういう苦しみを受けて、栄光に入るはずだったのではないか」（ルカ福音書24章26節）と聖書に基づいて語り出したのです。エマオに向かっていた二人の弟子たちはこの人の聖書の説き明かしを聞きながら旅を続けました。夕暮れになり宿をとることになりました。二人の弟子たちは聖書を説き明かしてくれた旅人を誘い、宿での夕食を共にすることになりました。その夕食の席においてこの旅人がパンを裂いている姿を見て、二人の弟子たちの目が開かれ、話をしながら共に歩んでくれた人はイエス・キリストであることに気づいたのです。ところが不思議なことに、その直後にこの人の姿は見えなくなってしまったのです。

ここに記されているイエスの姿は生前の姿そのままではありません。弟子たちはその姿を見ておりながら、目が遮られていて認めることができないのです。同じことはヨハネによる福音書が記しているマリアの場合もそうでありました。彼女の場合には、「婦人よ、なぜ泣いているのか。だれを捜しているのか」と声をかけてくださったイエスを園丁と思ったのです（ヨハネ福音書20章15節）。このように、弟子たちはよみがえりのイエスと出会い、その教えを聞いておりながら、その姿を認めることができなかったのです。しかも不思議なことに、その人がイエスであることが分かったと思うと、その姿は見えなくなったというのです（ルカ福音書24章31節）。反対に、イエスは、また、思いもよらないところで突然に現れました。たとえばヨハネによる福音書は、家の戸をみな閉ざしていたのに、「イエスが来て真ん中に立ち、『あなたがたに平和があるように』と言われた」（ヨハネ福音書20章26節）と記しております。ルカによる福音書も次のように記しております。「こういうことを話していると、イエス御自身が彼らの真ん中に立ち」（ルカ福音書24章36節）。

よみがえりのイエスはまるで変幻自在の霊的な存在のようにも見えます。ですから、弟子たちは、「恐れおののき、亡霊を見ているのだと思った」（同24章37節）とあります。しかしながら、さらに不思議なことに、ルカによる福音書の記すところによれば、よみがえりのイエスは次のように言います。「なぜ、うろたえているのか。どうして心に疑いを起こすのか。わたしの手や足を見なさい。まさしくわたしだ。触ってよく見なさい。亡霊には肉も骨もないが、あなたがたに見えるとおり、わたしにはそれがある」（同24章38―39節）。そしてイエスはみんなの前で食事をします（同24章43節）。よみがえりのイエスは一方では霊的な存在に見えるのですが、他方においては具体的な体を持った存在であることが強調されているのです。

復活したイエスの姿についての福音書の記述が歴史的にはどういうことであったのか、正確に把握することは困難であります。しかしはっきりしていることは、よみがえりのイエスは弟子たちのそれぞれの状況においてご自分を顕現してくださったということです。それによって弟子たちはイエスのよみがえりの信仰へと導かれたのです。興味深いのは、ヨハネによる福音書に記されているトマスのことであります。彼は他の弟子たちがよみがえりのイエスに出会ったと語っているところで、「あの方の手に釘の跡を見、この指を釘跡に入れてみなければ、また、この手をそのわき腹に入れてみなければ、わたしは決して信じない」（ヨハネ福音書20章25節）と復活を否定していたのです。ところが、それから8日の後、トマスが他の弟子たちと一緒にいた時、イエスは十字架で傷ついたご自身の体を示して言われました。「あなたの指をここに当てて、わたしの手を見なさい。また、あなたの手を伸ばし、わたしのわき腹に入れなさい。信じない者ではなく、信じる者になりなさい」（同20章27節）。

イエスの復活についての福音書の記事が明らかにしていることは、教会の復活信仰は弟子たちが勝手に捏造したものではなく、顕現されたイエスとの出会いによるものであったということであります。このことは福音書よりも先に記されたパウロの書簡が明らかにしている初代教会の信仰と一致している点です。パウロは次のように記しております。「最も大切なこととしてわたしがあなたがたに伝えたのは、わたしも受けたものです。すなわち、キリストが、聖書に書いてあるとおりわたしたちの罪のために死んだこと、葬られたこと、また、聖書に書いてあるとおり三日目に復活したこと、ケファに現れ、その後十二人に現れたことです。次いで、五百人以上もの兄弟たちに同時に現れました。そのうちの何人かは既に眠りについたにしろ、大部分は今なお生き残っています。次いで、ヤコブに現れ、その後すべての使徒に現れ、そして最後に、月足らずで生まれたようなわたしにも現れました」(一コリント 15 章 3—4 節)。ここでは、繰り返しよみがえりのイエスの「現れ」について語られております。

パウロ自身ユダヤ教の指導者となるべくエリートの教育を受けた若者でありましたから、キリスト教に反対しキリスト者たちを迫害する立場にあった人でありました。ところが、そのパウロ自身もキリスト者殺害の使命に息を弾ませていたただ中において、「サウル、サウル、なぜ、わたしを迫害するのか」(使徒言行録 9 章 4 節) とのイエスの呼びかけに触れて、やがてキリスト教信者に回心することになるのです。パウロは、こういう自分を卑下して、「月足らずに生まれたようなわたし」(一コリント 15 章 8 節) と述べています。

このように見てきますと、イエスの復活を信ずる聖書の信仰は、ただ単に過去の出来事についての聖書の記述の信憑性を問うだけでは正しくは理解できない内容を持っていることが分かるのではないでしょうか。十字架に磔にされ、死んで葬られたが 3 日目にはその墓が空であったということが、仮に客観的に証明されたとしても、その事実は私たちにいかなる信仰ももたらさないのです。それは、福音書に記されている弟子たちの姿からも示されています。彼らは、空の墓を見て、イエスの復活を信じたのではなかったのです。そうではなく、よみがえりのイエスとの出会いそのものが彼らに復活を悟らせたのです。

3——派　遣

ところで、聖書の復活の記事において注目すべきことは、よみがえりのイエスとの出会いが何をもたらしたかということです。たとえば、キリスト者に対する脅迫と殺害の息を弾ませながら、ダマスコへの道を急いでいたパウロに対して、よみがえりのイエスは次のように語りました。「起きて町に入れ。そうすれば、あなたのなすべきことが知らされる」(使徒言行録9章6節)。事実、彼は大回心を遂げ、異邦人への使徒としてキリスト教の世界に欠くことのできない大きな影響を与える働きをすることになります。このように、よみがえりのイエスは出会いをとおして、人々を新しい使命へと引き上げてくださるのです。しかもキリストは、出会いをとおして人々に使命を与えてそれぞれのところに派遣するだけではありません。その使命を果たすために必要な知恵や力をも与えるのです。したがって、先にも言及したように、イエス・キリストの復活を信じる信仰というのは、ただ単に死んだイエスがよみがえったという過去の出来事を確信することではないのです。そうではなく、イエスとの出会いをとおして、私たち自身が新しい命に生かされるという出来事全体をも含んだ事柄なのです。あるいは、このように新しい使命に生かされるということなしには、イエスの復活の出来事は正しくは理解されないのです。

復活のイエスは次のように命じ、弟子たちを世界の伝道へと派遣されました。「全世界に行って、すべての造られたものに福音を宣べ伝えなさい」(マルコ福音書16章15節)。しかし、この場合に弟子たちは自分たちの実力によってこの命じられた使命を全うするのではありません。また、実際、自分たちの力でこの使命を全うできるはずもないのです。弟子たちを伝道へと派遣するイエスの命令には次の約束が付与されています。「彼らはわたしの名によって悪霊を追い出し、新しい言葉を語る。手で蛇をつかみ、また、毒を飲んでも決して害を受けず、病人に手を置けば治る」(同16章17—18節)。

復活の記事がこのように派遣と関係しているということは、復活の本質的な意味を示唆しております。つまり、よみがえりのイエスが派遣の権限を持ち、かつそれに必要な力をも派遣される人々に付与するということは、よみがえりによってイエスは自分にふさわしい権能を与えられたということでもあるのです。こうしたことを初代教会は次のように語っています。「このため、神はキリストを高く上げ、あらゆる名にまさる名をお与えになりました。こうして、天上のもの、地上のもの、地下のものがすべて、イエスの御名にひざまずき、すべての舌が、『イエス・キリストは主である』と公に宣べて、父である神をたたえるのです」（フィリピ 2 章 9—11 節）。ルカの場合には、聖霊による導きと力の約束を強調しております（ルカ福音書 24 章 48 節、使徒言行録 1 章 7 節）。

4——昇天と来臨の約束

ルカは使徒言行録 1 章 3 節において次のように記しております。「イエスは苦難を受けた後、御自分が生きていることを、数多くの証拠をもって使徒たちに示し、四十日にわたって彼らに現れ、神の国について話された」と。さらに、ルカは、イエスが 40 日にわたって弟子たちを教え導いた後に、「彼らが見ているうちに天に上げられたが、雲に覆われて彼らの目から見えなくなった」（使徒言行録 1 章 9 節）と書いています。つまりイエスの昇天について語っています。これは初代教会の信仰の内容が物語化されたものと見ることができるのではないかと思います。よみがえりのイエスに出会い、彼から派遣され、大きな権能を委ねられた初代教会の人々にとって、イエスのよみがえりは死に対する勝利であり（一コリント 15 章 57 節）、のみならずイエス自身が神によってよみせられ栄光の座に就かれたことを意味するものでありました。詩編 110 編 1 節に次のように記されています。「わたしの右の座に就くがよい。わたしはあなたの敵をあなたの足台としよう」。旧約聖書のこうした約束に基づき、イエスは復活をとおして神の右に座するに至ったということが、イエスの復活を信じる初代教会の大事な確信の一つとなりました。

初代教会のこうした信仰の内容を伝える信仰告白が、パウロのフィリピの教会の人々に書いた手紙の中に引用されています。

「キリストは、神の身分でありながら、神と等しい者であることに固執しようとは思わず、かえって自分を無にして、僕の身分になり、人間と同じ者になられました。人間の姿で現れ、へりくだって、死に至るまで、それも十字架の死に至るまで従順でした。このため、神はキリストを高く上げ、あらゆる名にまさる名をお与えになりました。こうして、天上のもの、地上のもの、地下のものがすべて、イエスの御名にひざまずき、すべての舌が、『イエス・キリストは主である』と公に宣べて、父である神をたたえるのです。」(フィリピ 2 章 6―11 節)

この引用文の「神はキリストを高く上げ、あらゆる名にまさる名をお与えになりました」という箇所は、まさに、先ほどの詩編の言葉が示唆している「神の右に座する」ということを指しています。

その弱さの故に十字架に磔にされて死んだイエスが神によってよみがえらされ、神の右に座するに至ったということは、キリスト者たちにとっては、さらに大きな慰めであり力でありました。パウロはそれについて次のように記しております。

「わたしたちすべてのために、その御子をさえ惜しまず死に渡された方は、御子と一緒にすべてのものをわたしたちに賜らないはずがありましょうか。だれが神に選ばれた者たちを訴えるでしょう。人を義としてくださるのは神なのです。だれがわたしたちを罪に定めることができましょう。死んだ方、否、むしろ、復活させられた方であるキリスト・イエスが、神の右に座っていて、わたしたちのために執り成してくださるのです。だれが、キリストの愛からわたしたちを引き離すことができましょう。艱難か。苦しみか。迫害か。飢えか。裸か。危険か。剣か。」(ローマ 8 章 32―35 節)

イエスが死人の中からよみがえられたという確信は、キリスト者たちに神と共に歩む者たちに対する神の約束と祝福を確信させることになりました。それだけではありません。よみがえったキリストが神の右に座してキリストのために働く者たちのために執り成していてくださるという確信をも与えることになったのです。パウロ自身このことを確信して上記のように記しているのですが、加えてパウロは次のようにも確信しております。

「人の心を見抜く方は、“霊”の思いが何であるかを知っておられます。“霊”は、神の御心に従って、聖なる者たちのために執り成してくださるからです。神を愛する者たち、つまり、御計画に従って召された者たちには、万事が益となるように共に働くということを、わたしたちは知っています。」（ローマ 8 章 27—28 節）

こうして初代教会はイエス・キリストの復活を信じる信仰からこのように大きな力を与えられ、さまざまな迫害、苦悩、患難に耐え抜いたのです。そして、イエス・キリストのよみがえりを信じる信仰のもう一つの確信は、神の右に座するに至った権能を持ったイエスが、この世の不正を裁くために、もう一度来臨されるというものでありました。それは、「マラナ・タ」（われらの主よ、きたりませ）というアラム語で祈りの言葉として定型化されました。パウロも次のように記しております。「しかし、わたしたちの本国は天にあります。そこから主イエス・キリストが救い主として来られるのを、わたしたちは待っています。キリストは、万物を支配下に置くことさえできる力によって、わたしたちの卑しい体を、御自分の栄光ある体と同じ形に変えてくださるのです」（フィリピ 3 章 20—21 節）。

V

神の民としての教会

1 ペンテコステ——聖霊の注ぎ

1——「教会」以前の聖霊

旧約聖書を読んでみますと、神は「聖霊」の働き・示しという形でもユダヤの民に臨んでいることに気づかされます。ユダヤの民が「神の民」と言われるのは、他民族と比べて唯一この「聖霊」によって導かれている民ということによります。それ故に次の「2. ペンテコステ」で述べますように、キリスト教会も「新しい神の民」として聖霊によって導かれたのです。旧約で聖霊が出てくる箇所はたくさんあるのでとてもその全部は紹介しきれません。3箇所だけを見てみたいと思います。

> 「サムエルは油の入った角を取り出し、兄弟たちの中で彼に油を注いだ。その日以来、主の霊が激しくダビデに降るようになった。サムエルは立ってラマに帰った。」(サムエル記上16章13節)

イスラエル最大の王ダビデは「主の霊」を受けてから本格的に王としての道を歩み始めたのです。

「エッサイの株からひとつの芽が萌えいで／その根からひとつの若枝が育ち／その上に主の霊がとどまる。知恵と識別の霊／思慮と勇気の霊／主を知り、畏れ敬う霊。」（イザヤ書 11 章 1―2 節）

これはキリストの誕生を預言している箇所です。救い主は主の霊を豊かに受けたものとして登場するのです。

「主はわたしに言われた。『霊に預言せよ。人の子よ、預言して霊に言いなさい。主なる神はこう言われる。霊よ、四方から吹き来れ。霊よ、これらの殺されたものの上に吹きつけよ。そうすれば彼らは生き返る。』わたしは命じられたように預言した。すると、霊が彼らの中に入り、彼らは生き返って自分の足で立った。彼らは非常に大きな集団となった。」（エゼキエル書 37 章 9―10 節）

この箇所はペンテコステの原型となっている箇所で、力を失っていた群衆が聖霊によって強められて大いなる群衆となっていったことを幻として描いています。

以上のように、聖霊・神の霊は一貫してユダヤ人とその民を強め、導いてきたのです。

2――ペンテコステ

ペンテコステとはギリシア語で「50 日目」という意味です。何から 50 日目かと言いますと、十字架に磔《はりつけ》にされて死なれたイエス・キリストが復活された日（イースター）から数えて 50 日目ということなのです。この日が教会にとって特別大事な意味を持っているのは、それが教会の誕生日だからなのです。天からキリストの弟子たちの上に聖霊が下って、弟子たちが口々にいろいろな地方の言葉で神様の大きな働きを語り出した、そのことによって「教会」ができ、伝道活動が始まったのです。

1）キリストの予告

ペンテコステはその時は突然の出来事に思われましたが、後になって考えてみるとキリストがすでに何度か予告されていたことでした。そのことがヨハネ福音書に4箇所記されています。それを全部引用いたします。

「わたしは父にお願いしよう。父は別の弁護者を遣わして、永遠にあなたがたと一緒にいるようにしてくださる。この方は、真理の霊である。世は、この霊を見ようとも知ろうともしないので、受け入れることができない。しかし、あなたがたはこの霊を知っている。この霊があなたがたと共におり、これからも、あなたがたの内にいるからである。」（14章16—17節）

「わたしは、あなたがたといたときに、これらのことを話した。しかし、弁護者、すなわち、父がわたしの名によってお遣わしになる聖霊が、あなたがたにすべてのことを教え、わたしが話したことをことごとく思い起こさせてくださる。」（14章25—26節）

「わたしが父のもとからあなたがたに遣わそうとしている弁護者、すなわち、父のもとから出る真理の霊が来るとき、その方がわたしについて証しをなさるはずである。」（15章26節）

「言っておきたいことは、まだたくさんあるが、今、あなたがたには理解できない。しかし、その方、すなわち、真理の霊が来ると、あなたがたを導いて真理をことごとく悟らせる。（中略）その方はわたしに栄光を与える。わたしのものを受けて、あなたがたに告げるからである。（中略）だから、わたしは、『その方がわたしのものを受けて、あなたがたに告げる』と言ったのである。」（16章12—15節）

これらのキリストの予告どおり、天から弟子たちの上に聖霊が下ってペンテコステが起きたのです。キリストはこれらを予告された時は、十字架の死、復活、そして昇天をされて弟子たちの前から目に見える姿ではいなくなることを意識しておられたのです。これらの予告を聞かされた時、弟子たちはその意味をよく理解できないままなんとなく不安を感じていました。しかし現実にペンテコステの出来事が起きた時、弟子たちの不安は一挙に消えてなくなりました。主イエスは目に見えなくても聖霊という形で確かに自分たちと共にいてくださり、導いてくださることを実感したのです。

もう1箇所聖霊の降臨を予告している箇所があります。次の聖句です。

「あなたがたの上に聖霊が降ると、あなたがたは力を受ける。そして、エルサレムばかりでなく、ユダヤとサマリアの全土で、また、地の果てに至るまで、わたしの証人となる。」(使徒言行録1章8節)

ペンテコステはこの予告をされてからほどなく起きて、弟子たちは本当にイスラエル全土・地中海世界へと派遣されることになるのです。

2) ペンテコステ（聖霊降臨、五旬祭）の出来事

ペンテコステの出来事の様子は使徒言行録2章に詳細に叙述されています。

2章1節の冒頭に「五旬祭の日が来て」とあります。旬とは10日間のことですから確かに「五十日目が来て」ということなのですが、なぜ50日なのかという議論が昔からあって、それはユダヤ民族が古くから守っている「七週祭」(出エジプト記34章22節)、また「刈り入れの祭り」(同23章16節) の影響を受けているとされています。この祭りは過越祭の安息日の翌日から満7週を数えたその翌日、すなわち50日目に行なわれるのです。いずれにしても主イエスの復活日からちょうど50日目に集まって祈っている弟子たちの上に聖霊が下ったのです。その様子を聖書は次のように記しています。

「突然、激しい風が吹いて来るような音が天から聞こえ、彼らが座っていた家中に響いた。そして、炎のような舌が分かれ分かれに現れ、

一人一人の上にとどまった。すると、一同は聖霊に満たされ、“霊”が語らせるままに、ほかの国々の言葉で話しだした。」（使徒行伝2章2—4節）

この描写は「新しい人間集団（＝教会）」が誕生したことを意味しています。そもそも人間自体が「その鼻に命の息（＝聖霊）を吹き入れられて造られたもの」（創世記2章7節）ですし、主イエスも「聖霊によって宿った」（マタイ福音書1章20節）存在です。それにならってやはり聖霊の力によって新しい共同体が誕生したのです。それがキリスト教会です。ですから教会は単なる人間の集まりではありません。神の愛とキリストの恵みと、そして特に聖霊の導きによって成立しているキリスト教信者の群れなのです。新しい民、新しいイスラエルが誕生したのです。

聖霊降臨の後、弟子たちは口々にいろいろな地方の言葉で「神の大きな働き」を語り始めます。つづいて弟子の筆頭格であるペトロが説教をいたします。その内容は、ユダヤ人たちが十字架につけて殺した主イエスを神は御力をもって死からよみがえらせられたというものです。これを聞いて強く心を刺されたユダヤ人たちに対して、ペトロは罪の悔い改めとバプテスマ（洗礼）を受けることを勧めます。その結果次のような光景が生じました。

「ペトロの言葉を受け入れた人々は洗礼を受け、その日に三千人ほどが仲間に加わった。彼らは、使徒の教え、相互の交わり、パンを裂くこと、祈ることに熱心であった。（中略）信者たちは皆一つになって、すべての物を共有にし、財産や持ち物を売り、おのおのの必要に応じて、皆がそれを分け合った。」（使徒言行録2章41—45節）

この光景が「教会」の原初的姿であり、また以後の教会の模範となったのです。ここから教えられる教会の本質を五つにまとめて学ぶことができます。第一は、バプテスマ（洗礼）を受けた者たちの集団であるということです。教会はイエス・キリストを救い主と信じて生涯従っていく決意を公に表明して洗礼を受けた者たちによって構成されるのです。そこに聖霊によって導かれたという事実が示されます。第二は、使徒たちの教えをきちんと受け継いで守っていくということ、すなわち聖書と教会の伝統を重んじるということです。第三は、信徒同士の交わりを重んじるということです。キリスト教信仰は決して個人的なものではなく、他者との愛にまで深められてゆくものなのです。第四は、礼拝を共に守る群れということです。「パンを裂き、祈る」という行為は聖餐式を中心とした礼拝のルーツを示しています。そして第五が、伝道をするということです。聖霊を受けた弟子たち、彼らはみなキリストの福音を世に宣べ伝えるようになったのです。一人でも多くの人が神の救いを得るために伝道する、これが教会のなすべき重要な働きなのです。

2 使徒たちの宣教開始

前項で学びましたように、教会は誕生して直ちに伝道活動を展開していきました。この項ではそのことについて学んでいきたいと思います。

1——キリストからの委託と命令

教会はなぜ伝道をするか。それは前項で学びましたように、直接的にはまず聖霊を受けたからであります。パウロという伝道者は「わたしが福音を告げ知らせても、それはわたしの誇りにはなりません。そうせずにはいられないことだからです」(一コリント9章16節) と述べていますが、確かに聖霊を受けた者はそのようになるのです。しかし教会が伝道するのは、もう一つ大事な理由があります。それは弟子たちに対してイエス・キリストからの委託と命令がなされているということです。

伝道または宣教とは、キリストの福音を言葉で述べる、語り告げるということです。ですから伝道活動の前提には神の言葉への絶対的信頼があります。マタイによる福音書4章4節の「イエスはお答えになった。「『人はパンだけで生きるものではない。神の口から出る一つ一つの言葉で生きる』と書いてある」とか、マルコによる福音書 13 章 31 節の「天地は滅びるが、わたしの言葉は決して滅びない」などにそれがよく表れています。

この上で、復活されたキリストが弟子たちに何度も宣教の命令を発しておられるのです。次のとおりです。

「だから、あなたがたは行って、すべての民をわたしの弟子にしなさい。彼らに父と子と聖霊の名によって洗礼を授け、あなたがたに命じておいたことをすべて守るように教えなさい。」（マタイ福音書 28 章 19— 20 節）

「それから、イエスは言われた。『全世界に行って、すべての造られたものに福音を宣べ伝えなさい。信じて洗礼を受ける者は救われる……』」（マルコ福音書 16 章 15—16 節）

「そしてイエスは、聖書を悟らせるために彼らの心の目を開いて、言われた。「次のように書いてある。『メシアは苦しみを受け、三日目に死者の中から復活する。また、罪の赦しを得させる悔い改めが、その名によってあらゆる国の人々に宣べ伝えられる』と。エルサレムから始めて、あなたがたはこれらのことの証人となる。」（ルカ福音書 24 章 45—48 節）

このように伝道・宣教活動は主イエスから弟子たち、そして信者たちへ与えられた使命であり、期待の表れであります。教会やキリスト教信者は宣教活動の実践においてイエス・キリストと深くつながっていくのです。

2――使徒たちの宣教活動

四つの福音書から使徒言行録やローマの信徒への手紙、その他の手紙へと読み進んでいきますと、使徒言行録からユダの手紙までは全部「教会」に関わることが書かれているのに気づかされます。ですから使徒たちの宣教についてはこれらの手紙全部から学ぶことができるのですが、この項では「宣教開始」ということに焦点を絞って使徒言行録から学んでいきたいと思います。

1）使徒言行録 1 章 8 節

前項でもこの箇所は触れましたが、この聖句は「宣教」の観点からも重要な箇所です。キリストは次のように言われました。「あなたがたの上に聖霊が降ると、あなたがたは力を受ける。そして、エルサレムばかりでなく、ユダヤとサマリアの全土で、また、地の果てに至るまで、わたしの証人となる」。ここには三つのことが示されています。まず第一は、使徒たちの宣教は自分たちの思いや考えを勝手に宣べるのではなくて、それはみな「聖霊」によって示されたことのみを宣べるのだということです。以後、教会とその伝道者は「神の霊感を受けて書かれた書物」である「聖書」の告げることのみを宣べ伝えることになったのです。第二は、福音宣教は地域を限定しない、人種・民族・国家の区別を越えて全地球的（グローバル）な規模においてなされるものだということです。第三は、伝道者はみな「キリストの証人」として生きる者だということです。コリントの信徒への手紙二 4 章 5 節に「わたしたちは、自分自身を宣べ伝えるのではなく、主であるイエス・キリストを宣べ伝えています」とあります。これに徹したのが使徒たちの宣教でありました。さらにペトロは「神はこのイエスを復活させられたのです。わたしたちは皆、そのことの証人です」（使徒言行録 2 章 32 節）と言ってキリスト者は「キリストの復活の証人」として福音を宣べ伝えることを明らかにしたのです。

2）使徒言行録 4 章 1―22 節

この聖句は 3 章でペトロが生まれながら足の不自由な男の足を治したことに対する、役人・長老・律法学者たちからの尋問を受けている箇所です。彼らの尋問に対してペトロはこのように答えます。「この人が良くなって、皆さんの前に立っているのは、あなたがたが十字架につけて殺しし、神が死者の中から復活させられたあのナザレの人、イエス・キリストの名によるものです。……ほかのだれによっても、救いは得られません」。この確信が使徒たちの困難な宣教活動を支えました。

ペトロたちのこの確信は、その態度にも現れました。「議員や他の者たちは、ペトロとヨハネの大胆な態度を見、しかも二人が無学な普通の人であることを知って驚き、また、イエスと一緒にいた者であるということも分かった」。「無学な普通の人」であるペトロとヨハネ。確かに彼らはガリラヤ湖で魚を捕っていた無学の普通の漁師でした。けれども主イエスによって弟子となるようにと召しを受け、そして聖霊を受けて使徒となったのです。宣教の確信はこのように、キリストとの出会いによります。まさしく「キリストの証人」であります。またこのことはキリストの十字架と復活という、神のなされた大きな出来事を目撃したことの確信でもあります。次の言葉がそれを示しています。「神に従わないであなたがたに従うことが、神の前に正しいかどうか、考えてください。わたしたちは、見たことや聞いたことを話さないではいられないのです」（4章19—20節）。

3）使徒言行録6—7章

この二つの章ではステファノという人物について書かれています。初代教会は信者が増えるについていろいろな人々が集まるようになり、問題も生じてきました。ギリシア語を使うユダヤ人とヘブル語を使うユダヤ人たちとで、日々の配給のことで苦情が出てくるようになったのです。このことをきっかけとして、使徒たちは教会の運営と組織について自分たちの意に従いながら、そういう雑事について責任を持つ人7人を選び出すことにしたのです。その中の一人にステファノがいたのです。使徒たちのこの措置によって教会のごたごたはおさまりました。「こうして、神の言葉はますます広まり、弟子の数はエルサレムで非常に増えていき、祭司も大勢この信仰に入った」（6章7節）のです。

「ステファノは恵みと力に満ち、すばらしい不思議な業としるしを民衆の間で行っていた」（6章8節）人物です。ユダヤ人たちは彼を目の敵にして次から次へと議論を吹っかけてきましたが、「彼が知恵と“霊”とによって語るので、歯が立たなかった」（6章10節）のです。ある時、ついに彼らは無理矢理ステファノを捕らえて最高法院に立たせて追及を始めました。その時の実に見事な弁明（説教）が7章1—54節に記されています。ところがユダヤ人たちは「人々はこれを聞いて激しく怒り、ステファノに向かって歯ぎしり」（7章54節）をして彼に石を投げつけて殺害するに至ります。しかしステファノは彼らをのろうことなく「主よ、この罪を彼らに負わせないでください」と祈って死の眠りに入っていったのです。初代教会初の殉教者となりました。

ステファノに向かって憎しみを持って石を投げつける群衆の中に「サウロという若者」がおりました。のちにサウロはキリストに召されてキリスト教の使徒パウロとなっていくのですが、この時のステファノの高貴な死が大きな影響を与えたと思われます。

こうして初代教会は多くの困難に遭遇しながら、それらを乗り越えて力強く宣教活動を展開していったのです。

3 パウロの回心と異邦人伝道

初代教会が宣教を開始してすぐ、ユダヤ教徒たちからすさまじい迫害に見舞われました。その激しく迫害するユダヤ教徒たちの中に若きサウロ（後のパウロ）がおりました。サウロはステファノを石で撃ち殺す時もその真ん中にいてみんなを指導したのでした。使徒言行録8章1—3節にはその後の様子が書かれています。「サウロは、ステファノの殺害に賛成していた。その日、エルサレムの教会に対して大迫害が起こり、使徒たちのほかは皆、ユダヤとサマリアの地方に散って行った。しかし、信仰深い人々がステファノを葬り、彼のことを思って大変悲しんだ。一方、サウロは家から家へと押し入って教会を荒らし、男女を問わず引き出して牢に送っていた。」

ところがこのサウロに、ある時いきなりキリストが現れたのです。それはやはりキリスト教徒を迫害しているさ中でした。

「さて、サウロはなおも主の弟子たちを脅迫し、殺そうと意気込んで、大祭司のところへ行き、ダマスコの諸会堂あての手紙を求めた。それは、この道に従う者を見つけ出したら、男女を問わず縛り上げ、エルサレムに連行するためであった。ところが、サウロが旅をしてダマスコに近づいたとき、突然、天からの光が彼の周りを照らした。サウロは地に倒れ、「サウル、サウル、なぜ、わたしを迫害するのか」と呼びかける声を聞いた。「主よ、あなたはどなたですか」と言うと、答えがあった。「わたしは、あなたが迫害しているイエスである。起きて町に入れ。そうすれば、あなたのなすべきことが知らされる。」」
（使徒言行録 9 章 1—6 節）

まことに劇的なシーンです。サウロ（パウロ）が自ら求めたわけでもないのに、キリストのほうから突然現れて彼をキリストの弟子、そして異邦人への使徒としたのです。この箇所の少しあとで次のようなキリストの言葉が記されています。「あの者は、異邦人や王たち、またイスラエルの子らにわたしの名を伝えるために、わたしが選んだ器である。わたしの名のためにどんなに苦しまなくてはならないかを、わたしは彼に示そう」（同 9 章 15—16 節）。サウロはこのキリストの導きに従い、今までと 180 度転回して熱心なキリスト教の伝道者となったのです。この体験はパウロにとって決定的かつ強烈な体験であって、パウロ自身がこれについて何度も語っています。次の箇所です。

- 使徒言行録 22 章 1—21 節
- 使徒言行録 26 章 2—23 節
- コリントの信徒への手紙一 15 章 3—11 節

● ガラテヤの信徒への手紙 1 章 11―24 節

ヨハネによる福音書 15 章 16 節にキリストが弟子たちに向かって「あなたがたがわたしを選んだのではない。わたしがあなたがたを選んだ」と言っておられますが、それはパウロに対して最もよく適合します。パウロはたしかにキリスト（教）を選ぶつもりはまったくなかったのです。でもキリストが彼を選んで異邦人伝道の中心人物として立て、それが見事に成功したのです。

パウロはキリスト教徒を迫害する側から、今や迫害される側へと立場を変えることになりました。その大きな変化は周りの人を驚かせます。クリスチャンたちは容易に彼の変化を信じることができず、仲間に入れるのを躊躇したようです。また、ユダヤ教徒側も彼の変化を裏切りとしてとらえ、直ちに彼の殺害を企てることになります。その両方の困惑ぶりと、それと対照的なパウロの大胆な伝道ぶりが使徒言行録 9 章 19―30 節に生き生きと描かれています。ガラテヤの信徒への手紙 1 章 23 節にはパウロ自身の言葉で「彼ら［イスラエルにいるクリスチャン］は、『かつて我々を迫害した者が、あの当時滅ぼそうとしていた信仰を、今は福音として告げ知らせている』と聞いて、わたしのことで神をほめたたえておりました」と語られています。パウロ自身がその変化を感謝を持って振り返っています。

以後パウロは死ぬまでその生涯すべてを異邦人伝道に捧げました。その伝道範囲はとても広く地中海世界すべてと言ってよいでしょう。トルコ、ギリシア、ローマ、地中海の島々など、行けるところはすべて行ったと言ってよいでしょう。その三度の伝道旅行が次の箇所に書かれています。第 1 回 12 章 25 節―16 章 5 節、第 2 回 16 章 6 節―19 章 20 節、第 3 回 19 章 21 節―28 章 31 節、です。

これらの伝道旅行は本当に苦労の連続でした。いろいろな勢力からの迫害を受けたうえに、ユダヤ人はもちろん、異邦人の神々を信じているギリシア人、ローマ人も素直に聞いてくれる人はそう多くはありませんでした。馬鹿にされたり、あざ笑われたりの連続でした。その苦労ぶりが使徒言行録やパウロの手紙に書かれていますが、コリントの信徒への手紙二11章23―30節はその代表でしょう。

しかしパウロはそれらの苦労を喜んで引き受けました。パウロの信仰の特徴は、苦しみを特別なことではなく信仰の一部分として捉えている点にあります。

> 「あなたがたには、キリストを信じることだけでなく、キリストのために苦しむことも、恵みとして与えられているのです。」(フィリピ1章29節)
>
> 「今やわたしは、あなたがたのために苦しむことを喜びとし、キリストの体である教会のために、キリストの苦しみの欠けたところを身をもって満たしています。」(コロサイ1章24節)

またパウロの信仰のもう一つの特徴は、自分の人生・生と死をキリストとまったく一体化しているところです。彼は、このように告白します。「生きているのは、もはやわたしではありません。キリストがわたしの内に生きておられるのです」(ガラテヤ2章20節)。以下の言葉も同様です。

> 「もし、わたしたちがキリストと一体になってその死の姿にあやかるならば、その復活の姿にもあやかれるでしょう。わたしたちの古い自分がキリストと共に十字架につけられたのは、罪に支配された体が滅ぼされ、もはや罪の奴隷にならないためであると知っています。死んだ者は、罪から解放されています。わたしたちは、キリストと共に死んだのなら、キリストと共に生きることにもなると信じます。そして、死者の中から復活させられたキリストはもはや死ぬことがない、と知っています。死は、もはやキリストを支配しません。キリストが死なれたのは、ただ一度罪に対して死なれたのであり、生きておられるのは、神に対して生きておられるのです。このように、あなたがた

も自分は罪に対して死んでいるが、キリスト・イエスに結ばれて、神に対して生きているのだと考えなさい。」(ローマ 6 章 5—12 節)

「わたしたちは、生きるとすれば主のために生き、死ぬとすれば主のために死ぬのです。従って、生きるにしても、死ぬにしても、わたしたちは主のものです。」(ローマ 14 章 8 節)

「わたしたちは、いつもイエスの死を体にまとっています、イエスの命がこの体に現れるために。」(二コリント 4 章 10 節)

最後に「異邦人の使徒」としての自覚を示している箇所を見てみましょう。「すなわち、異邦人が福音によってキリスト・イエスにおいて、約束されたものをわたしたちと一緒に受け継ぐ者、同じ体に属する者、同じ約束にあずかる者となるということです。神は、その力を働かせてわたしに恵みを賜り、この福音に仕える者としてくださいました」(エフェソ 3 章 6—7 節)。こうしてキリストの福音は世界中に広まっていったのです。パウロはローマから、さらにイスパニヤ（スペイン）まで伝道をするつもりでした。彼はローマで殉教いたしましたが、千数百年後、そのスペインからフランシスコ・ザビエルが日本までキリスト教伝道にやってきたのです。日本人キリスト者にとって不思議な神の導きを感じさせられます(245 頁参照)。

4 キリストからキリストのからだへ —— 迫害の中の教会

キリスト教は愛の宗教です。しかしそれは一人が他の一人を愛するという個人的な愛ではなく、社会全体が愛の交わりへと深められ、高められていくという広い交わりを形成する愛なのです。ですからキリスト教は必然的に「教会」という信仰共同体を形成することになるのです。そして聖書はこの教会のことを「キリストのからだ」と呼んでいるのです。キリストからキリストのからだへ、この筋道が分かってはじめてキリスト教が深く理解されるのです。

1――キリストからの愛

1）ヨハネによる福音書（① 13 章 34―35 節、② 17 章 20―21 節）

まず①をご覧下さい。

「あなたがたに新しい掟を与える。互いに愛し合いなさい。わたしがあなたがたを愛したように、あなたがたも互いに愛し合いなさい。互いに愛し合うならば、それによってあなたがたがわたしの弟子であることを、皆が知るようになる。」（ヨハネ福音書 13 章 34―35 節）

ここではキリストによる新しい戒めが示されていますが、それはキリストが弟子たちを愛されたように、弟子たちも互に愛し合いなさいということです。その愛し合う姿こそがキリストの弟子の姿なのであり、世の人々もその愛し合う姿を見てキリストの弟子（クリスチャン）であると認めるだろうと言っておられます。

次に②を見てみましょう。

「彼らのためだけでなく、彼らの言葉によってわたしを信じる人々のためにも、お願いします。父よ、あなたがわたしの内におられ、わたしがあなたの内にいるように、すべての人を一つにしてください。彼らもわたしたちの内にいるようにしてください。そうすれば、世は、あなたがわたしをお遣わしになったことを、信じるようになります。」（ヨハネ福音書 17 章 20―21 節）

これはキリストの祈りの一部なのですが、キリストがこの地上に来られたのは弟子たちが一つとなるためだということです。愛し合って分裂せず一心同体と言えるような交わりを形成すること、これがキリストの切なる願いであるのです。「教会」の中心理念です。

2）ヨハネの手紙一（① 3 章 13—24 節、② 4 章 7—21 節）

「だから兄弟たち、世があなたがたを憎んでも、驚くことはありません。わたしたちは、自分が死から命へと移ったことを知っています。兄弟を愛しているからです。愛することのない者は、死にとどまったままです。兄弟を憎む者は皆、人殺しです。あなたがたの知っているとおり、すべて人殺しには永遠の命がとどまっていません。イエスは、わたしたちのために、命を捨ててくださいました。そのことによって、わたしたちは愛を知りました。だから、わたしたちも兄弟のために命を捨てるべきです。世の富を持ちながら、兄弟が必要な物に事欠くのを見て同情しない者があれば、どうして神の愛がそのような者の内にとどまるでしょう。子たちよ、言葉や口先だけではなく、行いをもって誠実に愛し合おう。

これによって、わたしたちは自分が真理に属していることを知り、神の御前で安心できます、心に責められることがあろうとも。神は、わたしたちの心よりも大きく、すべてをご存じだからです。愛する者たち、わたしたちは心に責められることがなければ、神の御前で確信を持つことができ、神に願うことは何でもかなえられます。わたしたちが神の掟を守り、御心に適うことを行っているからです。その掟とは、神の子イエス・キリストの名を信じ、この方がわたしたちに命じられたように、互いに愛し合うことです。神の掟を守る人は、神の内にいつもとどまり、神もその人の内にとどまってくださいます。神がわたしたちの内にとどまってくださることは、神が与えてくださった“霊”によって分かります。」（一ヨハネ 3 章 13—24 節）

「愛する者たち、互いに愛し合いましょう。愛は神から出るもので、愛する者は皆、神から生まれ、神を知っているからです。愛することのない者は神を知りません。神は愛だからです。神は、独り子を世にお遣わしになりました。その方によって、わたしたちが生きるようになるためです。ここに、神の愛がわたしたちの内に示されました。わたしたちが神を愛したのではなく、神がわたしたちを愛して、わたしたちの罪を償ういけにえとして、御子をお遣わしになりました。ここに愛があります。愛する者たち、神がこのようにわたしたちを愛されたのですから、わたしたちも互いに愛し合うべきです。いまだかつて神を見た者はいません。わたしたちが互いに愛し合うならば、神はわたしたちの内にとどまってくださり、神の愛がわたしたちの内で全うされているのです。

神はわたしたちに、御自分の霊を分け与えてくださいました。このことから、わたしたちが神の内にとどまり、神もわたしたちの内にとどまってくださることが分かります。わたしたちはまた、御父が御子を世の救い主として遣わされたことを見、またそのことを証ししています。イエスが神の子であることを公に言い表す人はだれでも、神がその人の内にとどまってくださり、その人も神の内にとどまります。わたしたちは、わたしたちに対する神の愛を知り、また信じています。

神は愛です。愛にとどまる人は、神の内にとどまり、神もその人の内にとどまってくださいます。こうして、愛がわたしたちの内に全うされているので、裁きの日に確信を持つことができます。この世でわたしたちも、イエスのようであるからです。愛には恐れがない。完全な愛は恐れを締め出します。なぜなら、恐れは罰を伴い、恐れる者には愛が全うされていないからです。わたしたちが愛するのは、神がまずわたしたちを愛してくださったからです。「神を愛している」と言いながら兄弟を憎む者がいれば、それは偽り者です。目に見える兄弟を愛さない者は、目に見えない神を愛することができません。神を愛する人は、兄弟をも愛すべきです。これが、神から受けた掟です。」（一ヨハネ 4 章 7—21 節）

①も②も基本的に同じことが言われています。主イエスの十字架の死によって神の愛を知ったクリスチャンたちは、互に「兄弟姉妹」として愛し合うべきだ、というのです。いくらキリストや神を信じていても、教会の人々と愛し合わない者は「偽り者」と②では言われています。また①でも「兄弟を憎む者は皆、人殺しです」とされています。②の中の有名な聖句を引用しておきましょう。「いまだかつて神を見た者はいません。わたしたちが互いに愛し合うならば、神はわたしたちの内にとどまってくださり、神の愛がわたしたちの内で全うされているのです」（12節）教会内でけんかや争いごとが絶えないとすれば、それはもう教会とは言えないのです。

2──キリストのからだへの愛

教会を「キリストのからだ」と表現したのは使徒パウロです。新約聖書全27巻の内13巻がパウロが書いた手紙なのです。ですからこの項ではすべてパウロ書簡から学ぶことになります。「キリストのからだ」と言われている箇所を列挙してみます。

①ローマ12章4―5節、②一コリント6章15―20節、③一コリント10章16―17節、④一コリント11章23―29節、⑤一コリント12章12―27節、⑥エフェソ1章23節、⑦エフェソ3章6節、⑧エフェソ4章11―16節、⑨エフェソ5章22―33節、⑩コロサイ1章18節、⑪コロサイ1章24節、⑫コロサイ2章18―19節。

まず⑤の聖句を見てください。

> 「体は一つでも、多くの部分から成り、体のすべての部分の数は多くても、体は一つであるように、キリストの場合も同様である。つまり、一つの霊によって、わたしたちは、ユダヤ人であろうとギリシア人であろうと、奴隷であろうと自由な身分の者であろうと、皆一つの体となるために洗礼を受け、皆一つの霊をのませてもらったのです。

体は、一つの部分ではなく、多くの部分から成っています。足が、「わたしは手ではないから、体の一部ではない」と言ったところで、体の一部でなくなるでしょうか。耳が、「わたしは目ではないから、体の一部ではない」と言ったところで、体の一部でなくなるでしょうか。もし体全体が目だったら、どこで聞きますか。もし全体が耳だったら、どこでにおいをかぎますか。そこで神は、御自分の望みのままに、体に一つ一つの部分を置かれたのです。すべてが一つの部分になってしまったら、どこに体というものがあるでしょう。だから、多くの部分があっても、一つの体なのです。目が手に向かって「お前は要らない」とは言えず、また、頭が足に向かって「お前たちは要らない」とも言えません。それどころか、体の中でほかよりも弱く見える部分が、かえって必要なのです。わたしたちは、体の中でほかよりも恰好が悪いと思われる部分を覆って、もっと恰好よくしようとし、見苦しい部分をもっと見栄えよくしようとします。見栄えのよい部分には、そうする必要はありません。神は、見劣りのする部分をいっそう引き立たせて、体を組み立てられました。それで、体に分裂が起こらず、各部分が互いに配慮し合っています。一つの部分が苦しめば、すべての部分が共に苦しみ、一つの部分が尊ばれれば、すべての部分が共に喜ぶのです。

あなたがたはキリストの体であり、また、一人一人はその部分です。」

13節に「皆一つの体となるために洗礼を受け」とあります。一人の人が洗礼を受けてクリスチャンになるということは、その人だけの人生が変化するということではなく、教会の中にも新しい生命が加わるということであり、その人は新しく教会の一肢となっていくということなのです。これは⑦の箇所でも言われていることです。罪が赦されてキリストのからだの一肢とされる、すなわち神の民の一員となるということが「救われた者」ということの内容なのです。これはもちろん愛の共同体の一員となるということを意味しています。全体の中の一部分となる、自分が共同体の中で確かな位置を持つということが「救い」とつながる。このことを「キリストのからだ」は示しています。

さらに⑤にはそれぞれの部分がみな必要な存在であって、愛し合い協力し合うべきことも記されています。「一つの部分が苦しめば、すべての部分が共に苦しみ、一つの部分が尊ばれれば、すべての部分が共に喜ぶのです」(26節)、ここに教会の本質があります。教会では一人ひとりの個性が尊重されると同時に、それらがまた一つの体として協力し合い、助け合う。みんなが神のため、人のためという一つの目的を持って働きます。これを「全体の益となるため」(一コリント12章7節)と聖書は告げています。野球やサッカー、バスケットなどのチームスポーツとよく似ています。

「わたしたちが神を賛美する賛美の杯は、キリストの血にあずかることではないか。わたしたちが裂くパンは、キリストの体にあずかることではないか。パンは一つだから、わたしたちは大勢でも一つの体です。皆が一つのパンを分けて食べるからです。」(一コリント10章16—17節)

「わたしがあなたがたに伝えたことは、わたし自身、主から受けたものです。すなわち、主イエスは、引き渡される夜、パンを取り、感謝の祈りをささげてそれを裂き、『これは、あなたがたのためのわたしの体である。わたしの記念としてこのように行いなさい』と言われました。また、食事の後で、杯も同じようにして、『この杯は、わたしの血によって立てられる新しい契約である。飲む度に、わたしの記念としてこのように行いなさい』と言われました。だから、あなたがたは、このパンを食べこの杯を飲むごとに、主が来られるときまで、主の死を告げ知らせるのです。

従って、ふさわしくないままで主のパンを食べたり、その杯を飲んだりする者は、主の体と血に対して罪を犯すことになります。だれでも、自分をよく確かめたうえで、そのパンを食べ、その杯から飲むべきです。主の体のことをわきまえずに飲み食いする者は、自分自身に対する裁きを飲み食いしているのです。」（一コリント 11 章 23―29 節）

③と④は、教会の礼拝で行なわれる聖餐式の意味が語られている箇所ですが、教会がキリストのからだであることが、たとえだけでなく現実的に確認される礼典がこれです。洗礼を受けたクリスチャンはキリストの肉（パン）と血（ぶどう酒・果汁）をいただいて、文字どおりキリストのからだの一肢となるのです。

「妻たちよ、主に仕えるように、自分の夫に仕えなさい。キリストが教会の頭であり、自らその体の救い主であるように、夫は妻の頭だからです。また、教会がキリストに仕えるように、妻もすべての面で夫に仕えるべきです。夫たちよ、キリストが教会を愛し、教会のために御自分をお与えになったように、妻を愛しなさい。キリストがそうなさったのは、言葉を伴う水の洗いによって、教会を清めて聖なるものとし、しみやしわやそのたぐいのものは何一つない、聖なる、汚れのない、栄光に輝く教会を御自分の前に立たせるためでした。そのように夫も、自分の体のように妻を愛さなくてはなりません。妻を愛する人は、自分自身を愛しているのです。わが身を憎んだ者は一人もおらず、かえって、キリストが教会になさったように、わが身を養い、いたわるものです。わたしたちは、キリストの体の一部なのです。『それゆえ、人は父と母を離れてその妻と結ばれ、二人は一体となる。』この神秘は偉大です。わたしは、キリストと教会について述べているのです。いずれにせよ、あなたがたも、それぞれ、妻を自分のように愛しなさい。妻は夫を敬いなさい。」（エフェソ 5 章 22―33 節）

⑨は結婚・夫婦に関する教えですが、クリスチャンホームの土台が教会にあることが示されています。夫と妻の正しい在り方がキリスト教と教会との関係から教えられています。「キリストのからだとしての教会」がよく理解され、その中に身を置くこと、それが幸せな結婚生活を導くのです。

「あなたがたは、自分の体がキリストの体の一部だとは知らないのか。キリストの体の一部を娼婦の体の一部としてもよいのか。決してそうではない。娼婦と交わる者はその女と一つの体となる、ということを知らないのですか。『二人は一体となる』と言われています。しかし、主に結び付く者は主と一つの霊となるのです。みだらな行いを避けなさい。人が犯す罪はすべて体の外にあります。しかし、みだらな行いをする者は、自分の体に対して罪を犯しているのです。知らないのですか。あなたがたの体は、神からいただいた聖霊が宿ってくださる神殿であり、あなたがたはもはや自分自身のものではないのです。あなたがたは、代価を払って買い取られたのです。だから、自分の体で神の栄光を現しなさい。」(一コリント 6 章 15—20 節)

②と③は、自分がキリストのからだの一肢とされていることによって、世俗的な不信仰の生き方から訣別していくべきことを教えています。この世の諸々の罪と汚れから訣別した生き方は、キリストのからだに与ることによって可能となるのであって、本人の努力や修行では乗り越えられないのです。キリストのからだの一肢とされている自覚が新しい生き方を導くのです。

以上、キリストからの愛とキリストのからだへの愛を聖書によって見てきました。ここで分かりますように、キリスト教は「教会」の宗教です。一人ひとりが完全な人間になることを目指すというのではなく、今のまま、ありのままの自分を教会の愛のために捧げる宗教なのです。キリストのからだなる教会、実はここにこそ神の国があるのです。神の国は人間の死後にある世界というだけではありません。この地上でも体験できる世界なのです。教会こそはこの神の国を証しするところです。礼拝・奉仕・伝道、その他教会のすべての活動は神の国を証しする営みです。

初代教会はそのはじめから厳しい迫害にさらされてきました。まずはユダヤ教から、そして次にはローマ帝国から言葉では言い表されないほどの恐ろしい弾圧を受けたのです。その一端を次に紹介いたします。

> 「他の人たちはあざけられ、鞭打たれ、鎖につながれ、投獄されるという目に遭いました。彼らは石で打ち殺され、のこぎりで引かれ、剣で切り殺され、羊の皮や山羊の皮を着て放浪し、暮らしに事欠き、苦しめられ、虐待され、荒れ野、山、岩穴、地の割れ目をさまよい歩きました。世は彼らにふさわしくなかったのです。」（ヘブライ11章36―38節）

しかし彼らはこの大変な危機を、キリストからの愛、キリストのからだへの愛によって乗り越えていったのです。彼らのキリストを中心とした一つの交わり、決して揺らぐことのない愛、この「教会にあふれる愛」が迫害を乗り越え現在に至る二千年の歴史を継続してきた根源的な力です。

VI
教会の歴史と現代

1 古代教会

1——原始キリスト教の根本問題としての終末論

原始キリスト教から古代教会への移行を特徴づけているのはラディカルな終末論の後退と、神の国を目指し旅する共同体としての教会の成立という出来事でありましょう。この移行についての社会学的、経済学的な分析も可能ですし、有効な視点を提示してくれますが、その根本問題はやはり、終末論をめぐっての神学的な問題と見るべきでありましょう。このことは19世紀末から20世紀の初頭にかけて宗教史学派と呼ばれる人々によって注目されました。

イエス・キリストの「福音」は「神の国」の福音であり、その教説は「急接近している終末」という意識によって特徴づけられていました。明日この世が終わるかもしれない、そして神の国が来るかもしれないという意識は「この世」の成功や繁栄による富の蓄積よりも、神の国において評価を受けるような信仰の富へとキリスト者の目を向けさせたのでした（一テモテ6章3—10節）。それはイエス・キリストの福音の性格を理解する場合にも重要な視点でありましょう。イエスの教えは「到来しつつある神の支配の優位性によって特徴づけられており、原始キリスト教の見方は、他のあらゆる財や善に対する究極的な最高善（つまり神の支配）の優位に特徴づけられて」（ヨハネス・ヴァイス）いたのでした。

2――終末論の衰退と古代教会の成立

このようなラディカルな終末論が、終末の遅延という事態によって再解釈を求められたのでした。新約聖書にもその様子が記されています。すなわち終末が、使徒たちが教えたようにはすぐに到来しないことへの批判が原始キリスト教の中で既になされていたことについて次のように記されています。「主が来るという約束は、いったいどうなったのだ。父たちが死んでこのかた、世の中のことは、天地創造の初めから何一つ変わらないではないか」（二ペトロ 3 章 4 節）。それに対してキリスト教はこの事実を認め、しかし終末は約束を反故にするような仕方で遅延しているのではないと説明するようになったのです。すなわち次のように述べられています。「愛する人たち、このことだけは忘れないでほしい。主のもとでは、一日は千年のようで、千年は一日のようです。ある人たちは、遅いと考えているようですが、主は約束の実現を遅らせておられるのではありません。そうではなく、一人も滅びないで皆が悔い改めるようにと、あなたがたのために忍耐しておられるのです。主の日は盗人のようにやって来ます。……わたしたちは、義の宿る新しい天と新しい地とを、神の約束に従って待ち望んでいるのです」（二ペトロ 3 章 8―13 節）。

ここにキリスト教の歴史にとっての最初の大きな転換点を見ることができるでありましょう。この事態を説明してアルフレッド・ロアジーは「イエスは神の国を伝えたが、やがてやってきたのは教会であった」と批判的に述べています。しかしこの転換は次のように理解すべきでしょう。終わりとしての将来へと引き伸ばされた終末の到来の故に、キリスト者は「終わりは『既に』始まっている」という終末論的な意識を保持するとともに、「終わりは『なお』来ていないので」、「終わりまでの『中間時』をこの世において生きて行く」という現世での課題を与えられることになったのです。そしてキリスト者は聖書が教えるように神の国を目指しているのですから、現世にあっては「寄留の民」（Resident Aliens）であるわけですが、同時にこの世の「市民」（Citizens）でもあるという意識が生じたのでした。教会についての意識も変わります。神の国の急接近という意識のもとでは、教会はこの世の「組織」や「制度」である必要はなく、信仰の目に見えない交わりであればよかったのですが、終末の遅延という状況の中では、教会はこの世を旅するキリスト者にとって必要な「共同体」であると考えられるようになり、また、神の国の先取りとしての「組織」や「制度」が整えられるようになったのでした。

またキリスト者の倫理意識も変化します。ラディカルな終末意識のもとでは、キリスト教の意識はこの世での諸問題よりも、神の支配する国での祝福に重点が置かれていましたが、終末の遅延によりこの世の問題とキリスト教信仰の視点から取り組む必要に迫られたのでした。そのために「神の支配（あるいは神の国）という最高善とこの世の生から作り出され、その目的設定においてキリスト教に依存せず成立また発展し、それぞれの分野においては自己目的として受け入れられている倫理的な文化的財との間に緊張」（エルンスト・トレルチ）が生じたのでした。しかしそれこそがキリスト教の倫理の根本的な性格なのであり、「宗教的目的設定と世界内的目的という二つの主要類型の両極性こそが」（マックス・ヴェーバー）キリスト者の生の豊かさを生み出しているのです。

3――古典文化とキリスト教

既に述べたキリスト教の大きな変化を示す象徴的な出来事は、キリスト教神学の誕生でありましょう。キリスト教は「主よ、来りませ」と祈ると同時に、この世の終わりまで現世に存続するのですから、この世に対してキリスト教の信仰を説明する必要に迫られたのでした。その時神学が誕生したのでした。最も典型的なことは、いわゆる古典古代の文化、あるいはヘレニズム文化とキリスト教との出会いであったと言えるでありましょう。キリスト教はローマ帝国の中に広まっていくわけですが、その際、その当時の思想や言語を用いて自らの信仰を人々に弁証し、伝道する必要があったわけです。

一般的にヨーロッパ文化を形成したものとしてギリシア・ローマ的なもの、ユダヤ・キリスト教的なもの、そしてゲルマン文化を挙げることになっていますが、ここでの問題としては、ギリシア・ローマ的なものとユダヤ・キリスト教的なものとの関係について考えてみたいと思います。

ギリシア文化の遺産はローマに流入し、それをキリスト教社会が受け継ぐことになります。しかしこのプロセスをどのように評価するかについては啓蒙主義的な歴史家であるギボンと古典学者コックレンとではまったく異なった見方をしています。ギボンの見方は有名な『ローマ帝国衰亡史』によく出ていますが、彼は皇帝アウグストゥスの時代を頂点と見て、そのような歴史観に基づくローマ史を書いてみせたわけですが、その際ローマのキリスト教化はローマの衰退を促進するものであったと考えたのでした。古代教会においてギボンのような歴史の見方を批判し、教会を守るために戦ったのがキリスト教古代の最大の思想家アウグスティヌスです。彼の『神の国』は、既に当時存在していたギボンと同じような歴史の見方をする人々への弁証であったのです。

さてこのようなギボンの見方に反対したのがコックレンです。彼は有名な『キリスト教と古典文化』の中でギリシア文化とキリスト教との出会いについて三つの形態を見ています。一つはローマがキリスト教とは関係なく、自らの文化の土台であるギリシア文化を復興しようとした形態であり、それは皇帝アウグストゥスの時代の試みだと申します。第二の形態は皇帝コンスタンティヌスの試みのようなものであり、他の優れた文化原理としてのキリスト教によってローマの文化の修築を行なったというものです。第三の形態はローマが根底からキリスト教化するようなもので、それはアウグスティヌスなどによってなされた文化の改造であるというわけです。いずれにしてもキリスト教はギリシア・ローマの遺産を受け継ぎ、それを改造し、ヨーロッパの古代社会を形成するようになったのでした。

クリストファー・ドーソンはこの事態を次のように述べています。「トラヤヌス皇帝の時代には、『長寿、健康、物質的繁栄、人口の増加、日々の平和の静安があったが、しかし世界は、それ自体として栄えていた間に、その心情は既に枯渇していた』――、『その心情は枯渇していた』、これこそ、古代文明没落の最奥の秘密であった。古代文明は、人間の魂のうちにその根基を既に失っていて、ますます空虚で不毛なものになりつつあった。将来の生命の中心は、もはや都市国家（ポリス）にではなく、キリスト教の教会（エクレシア）にこそ見出されるべきであった」。ドーソンはギリシア・ローマ文化とキリスト教との出会いと、それに伴うギリシア・ローマ文化の改造と、キリスト教的ヨーロッパの形成とが必然的なことであったと見ているわけです。次に両者の結合の二つの具体的な例を見てみることにしましょう。それは「教会と国家との関係」という問題と「自然法の受容」という問題です。

4――教会と国家

既に述べましたが、原始キリスト教はラディカルな終末論の故に現世否定的、あるいは少なくとも現世への無関心という態度によって特徴づけられていました。それは国家への態度にも現れ出ていました。しかし、古代教会の成立によって生じたラディカルな終末論の衰退というキリスト教宗教の大転換は、現世と神の国との間に緊張関係を生み出すようになります。この世に生きて行く以上国家との関係を避けて通ることはできなくなったのです。つまりキリスト教信仰の立場から国家を位置づけ、また政治の問題の中にキリスト教を取り込もうとしたのでした。それは具体的には313年のコンスタンティヌス帝によるキリスト教の公認という出来事と関係しています。この事態を最初に解釈した古代の神学者がカイザリアのエウセビオスです。それがいわゆるエウセビオスの「帝国神学」と呼ばれるものです。

エリック・ペーターソンが『政治的問題としての一神教』の中で説明しているように、エウセビオスは唯一の神と地上の唯一の支配者との類比を指摘して、皇帝アウグストゥスによる世界統一によって唯一の神はイエスを誕生させたのだという彼独自の歴史神学的政治神学を展開したのでした。その意図は、教会と国家との関係の構築と同時に、皇帝によるローマの支配を神学的に正当化しようとするところにありました。

しかしこれは単なる神学思想の問題に終わるものではなく、キリスト教が現実にローマ帝国の宗教になる、すなわちキリスト教が終末の急接近を主張する単なる宗教セクトであった段階から、国の宗教となることを意味しています。つまりそこで言われていることは、それまでローマの支配と敵対し、抑圧されてきたキリスト教が、逆にローマ帝国の支配を基礎づけ、それに正当性を与える宗教になったということです。キリスト教は現世に対する神の国の優位性を主張する宗教から、現世のあらゆる事柄に意味を与える宗教になったわけです。ペーターソンはその事態について次のように述べています。「エウセビオスによって宗教的な終末は政治的なユートピアとなってしまった。それは将来において待望されるものではなく、皇帝アウグストゥスの支配によって既に成就したものと考えられている。そのことは終末論へのエウセビオスの嫌悪と関連しており、政治家としてのエウセビオスは伝統的なキリスト教の終末論ではなく政治的なユートピアニズムへと傾斜していったのである」。

聖書以後の最初の歴史を書いたといわれる有名なエウセビオスの『教会史』の構成とコンスタンティヌスがリキリウスを破り帝国の統一を果たしたこととは深く関連しているのです。それはいわばこの古代におけるキリスト教と国家との関係の転換を彼独自の視点から解釈した結果だと言いうるでありましょう。彼の思想はその後のヨーロッパ世界を規定することになるコンスタンティヌス体制を基礎づける最初のものとなったわけです。

5――自然法の受容

教会と国家との関係と並んで古代教会が受容し、独自な意味づけを与えたものにストア的な自然法の受容とそのキリスト教的な改造という問題があります。

この点に注目してキリスト教の社会教説の歴史を書いたのがドイツの歴史と文化の神学者エルンスト・トレルチでした。彼はキリスト教がストアから受け継いだ自然法が、キリスト教の社会哲学の中で重要な役割を果たしてきたことに注目しています。そのようにして成立したキリスト教の社会哲学がヨーロッパの道徳のみならず、社会や経済といったあらゆる側面を規定することになったことは、今日ではトレルチのみならず、多くの研究者たちの共通した認識でありましょう。しかしトレルチがこの問題で注目したのは、このキリスト教社会哲学が、キリスト教内部から生じたものではなく、ストア的な自然法の受容によって生じたものだという点でした。ですからトレルチはしばしば、「キリスト教は独自の社会哲学をはじめから持っていたわけではない」と述べていたのです。

繰り返し述べてきましたが、キリスト教の教説は「徹底的に終末論的に考え抜かれていたのであり」、その目標は「神の国」にあったのですから、現世の問題よりは神の国に関心を持っていたわけです。そのキリスト教が古代において既に述べた変化を経て、社会哲学を形成する際によりどころとしたのが、一方でキリスト教が聖書から受け継いだ「セオクラシー」の理念であり、他方でストアから受け継いだ「自然法」だったわけです。しかしキリスト教はまったく異質なものを受け入れたということではなく、キリスト教的な倫理観、すなわち宗教的な基盤に基づいた現世理解とそれらとを結び付け、それによって自らの社会哲学を構築できるように努力したのですが、その過程で、古代後期の社会哲学であるストアの自然法思想を受け入れ、それを修正したのであり、それによって「キリスト教的自然法が教会の社会哲学となった」（トレルチ）のでした。そしてそれ以後もそれぞれの時代において必要な修正が試みられてきたのでした。

6——アウグスティヌスにおけるキリスト教文化とギリシア・ローマ文化の総合

このようなキリスト教的古代を完成させた偉大なる思想家といえばアウグスティヌスでありましょう。アウグスティヌスの思想と生涯とについてここで簡単にまとめることは難しいことですが、古代におけるキリスト教文化とギリシア・ローマ文化の総合という視点から彼の立場について見ておくことにしましょう。

古代教会史において最も重大な出来事が、キリスト教とギリシア・ローマ文化との出会いということであるならば、アウグスティヌスはその出来事を最も象徴的に表している思想家ということになるでしょう。

当時の思想状況をもし一語で表すとすればそれは懐疑主義ということではないでしょうか。パウル・ティリッヒが言うように、「それはひとつの真理体系に幻滅したあとにしばしば認められる精神状態であり」、それはアウグスティヌスの生きた古代後期の世界を支配したものであったと言ってよいでしょう。アカデメイアまでがそのような懐疑主義に染まっていたのでした。アウグスティヌスの著作のあちらこちらにそれとの取り組みのあとを見いだすことができます。それは彼がマニ教を離れキリスト教へと至る間に克服されるべきものとして、また彼の神学的・哲学的な著作のための道備えのような役割を担っていたのでした。

アウグスティヌスは懐疑主義の克服をまず第一に新プラトン主義との関わりをとおして行ないました。ギリシア哲学は懐疑主義を持って終焉に至ったという見方をする人もありますが、他方でそれは新プラトニズムによって受け継がれたのであり、アウグスティヌスは明らかにその影響の中にありました。それはアウグスティヌスが懐疑主義を克服して、魂の内なる神の直接的確実性へと至ることを助けることになりました。

アウグスティヌスはその際、新プラトン主義の現世逃避的なネガティヴな側面ではなく、それをポジティヴに転換して受容したと言ってよいでしょう。というのは新プラトン主義は、魂が地上的なものから高揚して究極的な一者と合一する可能性について主張したわけですが、アウグスティヌスは魂の内面において、今ここにおいて現在する神的なものについて強調したからです。

しかしこれだけでアウグスティヌスは懐疑主義を克服することはできませんでした。彼はこの懐疑を啓示や教会の権威を受け入れることによって克服することができると考えたのですが、そこには彼の母モニカからの信仰的な影響、そして彼の師アンブロシウスからの影響を見ることができるでありましょう。

このように見ますとアウグスティヌスはギリシア・ローマ的な伝統とキリスト教とを結び付けるために、ひとつの緊張を受け入れることになったわけです。それはこの世界を同時に肯定もし、否定もするという態度です。これは彼の創造論にも、国家論にも、そして彼の歴史哲学や恩寵論にも見いだすことができる彼の思想の特徴であり、ギリシア・ローマ的伝統とキリスト教的な伝統とを結合することによって生じた古代教会の態度としては典型的なものと言うべきでありましょう。

2　中世教会

1——中世世界の成立：C・ドーソンとH・ピレンヌの見解

ヨーロッパの「中世」とは何でしょうか。また「古代」から切り離され、「近代」でもない「中世」とは何でしょうか。「中世」とはふつう古代と近代の「間の時代」と考えられています。時代区分というのは歴史家の仕事というよりは、優れて歴史哲学の仕事と言うべきです。とりわけ古代の終わりと近代の開始についてはさまざまな議論がこれまでに展開されてきました。

中世世界の成立をどこに見るかというのは実は思想史上大きな問題です。たとえば先に見ましたアウグスティヌスを古代の思想家と見るか、あるいは中世の思想家と見るかということも大きな論争を引き起こした問題なのです。しかしアウグスティヌスはキリスト教古代の思想家と見るべきでありましょう。なぜならそこでは教会の見方が、また国家の見方が、私たちが中世と呼ぶものと質的に異なっているからです。そこにはなおいわゆる「キリスト教世界」(Corpus Christianum) と呼ばれるものが未成立です。「中世」とは「キリスト教世界」が成立し、地上のあらゆるものをキリスト教的な原理によって説明することを求めた時代であり、現世と宗教との間の分裂にひとまず終わりが告げられた世界だと言ってよいでしょう。

しかし歴史的な時代区分はある特定の日時をもって行なうことはできません。フィオーレのヨアヒムの歴史神学が教えているように、「新しい時代は古い時代の中に既に生まれている」ものなのです。クリストファー・ドーソンによれば中世もまた古代の中に準備され、既に生み出されていたのでした。

ドーソンも中世をヨーロッパという一つの文化的な統一体が完成した時代と見ていますが、彼は名著『ヨーロッパの形成』において、その統一体の三つの発展段階を見ていました。彼によれば中世における文化統一の第一段階はギリシア・ラテン文化世界にキリスト教が侵入してきた時代であり、当初対立していた両者が、ローマ帝国のキリスト教化とキリスト教へのローマ文化の移入によって、融合することになった時代ということになります。第二の段階はその発展段階であり、ローマ・カトリック教会によるゲルマン民族のキリスト教化とキリスト教による古典文化の保存が生じた時代です。最終段階が開花の時代と呼ばれるもので、キリスト教が形成した新しい文化が、ヨーロッパの文化的な統一体を形成し、それが社会の基盤となり、キリスト教世界が成立するという段階です。

この種の発展をやはり指摘しているのがベルギーの経済史家H・ピレ

ンヌであり、いわゆる「ピレンヌ・テーゼ」は中世教会史を考える場合にも良い視点を提供してくれていると言うべきでありましょう。ピレンヌのヨーロッパ中世世界の成立の見方は『ヨーロッパ世界の誕生――マホメットとシャルルマーニュ』によって明らかにされています。ピレンヌが中世ヨーロッパ世界と古代とを区別する際に注目したのはイスラムの動きでした。

ということは、ピレンヌによればゲルマン民族の大移動は確かに北欧においては変化をもたらしましたが、それによって一般に言われているほどヨーロッパ世界に大きな変化がもたらされたということはないのであり、むしろゲルマン民族の諸侯はローマ帝国の存続を守ろうとしたのだと見ています。つまり彼はゲルマン民族の大移動をローマ帝国内部の出来事と位置づけていると言ってよいでしょう。ピレンヌがそのような見方をする根拠はゲルマン民族の移動によってもなお地中海を中心とした貿易という経済的な統一が保たれていたということにあります。それに対して、イスラム圏の地中海への進出は、ゲルマン民族の侵入後も保持されていた地中海を中心とした統一を破壊してきたのであり、これによってローマ帝国の中心は地中海から北に移動することになり、中世的なヨーロッパが誕生したと彼は考えたのでした。それはピレンヌによればポエニ戦争以後最も大きな出来事であり、「古代の伝統の終焉であり、中世の開幕」であったというのです。そして彼はこの中世の変化をメロリング朝とカロリング朝との対比をとおして考察したのでした。

「中世」とはローマ帝国という歴史的な大帝国を前提とし、ゲルマン民族の大移動とイスラムの侵攻という出来事によってそれが弱体化していく中で、その帝国の再建とその文化の再構築をもキリスト教が担った時代ということになるでありましょう。

2――キリスト教世界（Corpus Christianum）

そのようにして出来上がった中世を「キリスト教世界」(Corpus Christianum）と呼んでいます。エルンスト・トレルチは有名な「近代世界の成立に対するプロテスタンティズムの意義」という論文の中で、中世の特質をやはりこの「キリスト教世界」という概念で表現しました。それは中世社会を一つの普遍的な教会によって統轄された社会と考えていることに基づいています。「コルプス」とは「身体」を意味するラテン語ですから、「キリスト教的な有機社会」と訳す人もいます。

ここに古代教会での問題、すなわち終末の遅延によって生じた神の国（civitas Dei）とこの世の国（civitas terrarum）との対立に一つの答えが与えられたということになるでしょう。それはローマ・カトリック教会の支配下のもとでキリスト教的な統一文化を形成するということによって与えられたのであり、教会は家族、社会、経済、法律、学問、そして文化をキリスト教化したのでした。それは既に述べた中世世界の成立の事情からも明らかなように、教会が対峙したのがもはやローマ帝国や古代的な教養ではなく、文化を欠いたいわゆる蛮族（バルバロイ）であったということと関係しているでしょう。キリスト教会は既に古代の伝統を自らのものにして、それらをキリスト教的に再構成した教養や学問、法律や行政力を用いて、蛮族への教育という使命をもって中世的キリスト教世界を形成したのです。マックス・ヴェーバーが見ているように、その時修道僧たちは修道院の領域を出て、文学的教養の担い手であり、農業技術の担い手となったのでした。また聖職者は法律、行政、組織における指導者となったのです。教会こそ唯一の不変の地上の組織体であると考えられ、これを手本に未完成の君主政国家の形成が目指されることになったのであり、教会はこの教育の意図せざる帰結であるとは言え、中世の文化原理となり、新しい国家形成の支柱となったのです。

カロリング王朝の国家理念はまさにこのような原理に基づいていたのであり、国家と教会とを一つのキリスト教的文化統一体へと融合することを試みたのでした。教会はもはや原始キリスト教に見られたような、現世否定的で、ただ神の国を目指す集団という側面が後退し、国家と公共の福祉に奉仕するものとなったのでした。

3——教会と国家

中世のキリスト教社会は、教会と国家とが表裏一体となってこの構造を維持することによって成り立っている社会でした。ですから単純に中世における教会と国家の対立や叙任権闘争や教権と俗権との対立を強調して、一般に考えられているような教会と国家との闘争がそこにあったと理解することはできません。そうではなく、それらは両者に等しく前提とされている国家・教会的生活統一の指導権の分与の限度をめぐっての闘争であったのです。

この時代の政治体制を特徴づけているものにセオクラシー（神政政治）という考え方があります。「セオクラシー」という言葉をはじめて使ったのは古代の歴史家のヨセフスだと言われています。この用語のその後の概念史はベルンハルト・ラングの一連の研究が詳しいのでそれに譲るとして、ここではこれまでの議論との関連でまず、コンスタンティヌス体制成立後におけるセオクラシーの問題を取り上げてみましょう。しかし「セオクラシー」という言葉がいつでも同じ意味で用いられていたということはできません。「セオクラシー」の定義は大変難しいものです。

中世西欧世界におけるセオクラシーの問題を扱ったＭ・パコーは、その概念の中にある発展や矛盾を十分に承知した上で「セオクラシーとは教会が世俗の諸問題について主権を保持すると考える教説のことである」と書いていますが、彼は同時に、9 世紀から 14 世紀にかけて発展したセオクラシーの教説は、「教会の側から突然一方的に宣言された固有の教義ではなく、教皇と世俗君主たちとの間で生じた論争のたびに発展したものの総称である」とも説明しています。

あるいはまたパコーは別の箇所ではもう少し幅の広い定義を試みています。すなわちセオクラシーとは「ひとつの政治理論である。すなわちある種の論理によって、あるいは中世期に流行した神学的命題を援用することによってまとめられた諸観念の全体」のことであると言います。「それは理念として考えられた宗教的世界像に合致した支配形態を現世に実現しようとする試みでもある」とも言います。それ故にセオクラシーとは、「こうした考えによって、教会、正確には、教皇が主権を保持しようとした試み」だということにその定義を留めておきたいと思います。

さてパコーはこのような意味でのいわば中世的セオクラシーの理論の特徴を次のように述べています。彼はセオクラシーの「多様性にもかかわらず、殆ど常に同一のいくつかの基本命題が、この思想の表現を豊かにかきたててきた」と述べ、この概念の多様性にもかかわらずこの時代のセオクラシーに一つの基本的な立場が存在していると言います。それは「現世の国家は何よりもまず宗教的に、そして道徳的規範によって治められるべきだという信念」です。そしてパコーはそこから「セオクラシーという交響曲を織り成す」二つのモティーフが生み出されると言います。その一つは「セオクラシーを奉じたすべての偉大な教皇たちによる、教皇座が異論の余地なく霊的事柄の絶対主権者であるという宣言」です。それは「世俗の問題が救済の問題と関係あると判断される場合、当然世俗の問題にも介入する権利を教皇に与えることを意味しているし、ましてや聖俗の領域が明瞭に区別されていない場合においてはまさに教皇の主権はすべての範囲に及ぶ」という考え方によるものです。もう一つは「教会は世俗権に対して真の意味での自立を認めることを拒否するというものです。すなわち世俗権は特定の原理を保持する固有の存在であってはならないばかりか、宗教的行為の妨げにならず、むしろそれと何の関係もない行為をなすような特殊機関であってはならない」という考えです。

中世のセオクラシーはまさに宗教的な教義による政治理論の定義づけ、あるいは制約の理論、そしてコンスタンティヌス体制以後の教会と国家との関係の定義づけという意味でまさに古典的な「政治神学」のひとつのバリエーションであると言ってよいでしょう。グレゴリウス的なセオクラシーも、教会法学者たちの試みも、またフリードリッヒ 2 世やインノケンティウス 4 世の教説も、そしてボニファティヌス 8 世とフィリップ 4 世の争いも基本的にはこのような構造を持っているのです。

4――修道院

クリストファー・ドーソンが指摘するように「修道制は、古代文明の衰退から 12 世紀のヨーロッパにおける大学の発生までの全期間を通してもっとも代表的な文化組織」でした。またゴードヴィン・レーマーマンが指摘しているとおり、懐疑主義に陥り、人間を精神的にも思想的にも救済する力を失ったアカデメイアが閉鎖されたその同じ年に、ベネディクトゥスがモンテ・カッシーノに以後の西方的な修道制度のモデルとなる規則を備えた修道院を建設したことは象徴的な出来事でした。それは中世世界における人間の精神的な努力を修道院が受け継ぎ、果たすようになったということを意味しています。修道院は中世をとおして学問や文化のみならず、社会制度を支える支柱の一つであり、経済的にも重要な機構でした。それでは修道院とは何でしょうか。ここではその起源は歴史的にはより古いとされる東方のアントニウスに代表されるような修道制ではなく、「西方教会の修道制の父」と呼ばれることになったベネディクトゥスを取り上げることにしましょう。

ベネディクトゥスは 480 年頃にイタリアのヌルシアに生まれ、教養を身につけた人物でしたが、当時の社会の道徳的な荒廃の中で社会から引きこもり、隠遁生活を送るようになりました。次第にこのような生き方に共鳴する人々が現れ、次第に規模が大きくなってきました。彼はおそらく 525 年頃にローマの近郊に修道院を設立し、有名な「聖ベネディクト規律」を定めました。この 73 章からなる規律が、後の西方の修道院の規律の基盤となりました。そこでは貧困、貞節、服従が義務づけられ、祈りと労働 (ora et labora) という後の修道生活の基礎も据えられることになりました。

この種の修道院の成立は社会史的には二つの重要な意味合いを持ってい

ます。一つはキリスト教的な二重倫理の出現ということです。修道院というのは、現世にありつつ、この世と断絶することで、イエスのラディカルな倫理的要求を文字どおり果たそうとするものでした。既に述べたようにイエスの教えはラディカルな終末論によって特徴づけられていましたので、一般の生活の中でそれをすべて守ることは困難であったわけです。しかし修道院ではそれが実行されるべきだと考えられていたのでした。それに対して他の人々は、イエスの教えの中でもイエスによって要約された戒めのみを守ればいいというように、一般化されたのでした。そのような仕方で倫理を二重にすることで、イエスの教えを現世において保持することが可能になったわけです。

第二に、修道院では「祈りと労働」とが推奨されておりましたが、この労働は自己利益のためではなく、根本的には神の栄光のための労働であり、またそのための学問でもありました。修道士たちは神の栄光のために私欲を捨てて働いたのでした。その結果修道院は一方で中世の経済活動の拠点の一つとなり、他方で学問文化の中心地の一つとなったのです。しかしそれは修道院活動の意図せざる帰結でありました。この意図せざる帰結が修道院の世俗化をもたらしたことは言うまでもありません。その時もう一度「聖ベネディクト規律」の精神に立ち返ろうという修道院改革が生じたこともまた歴史の必然的な帰結でありました。このような改革の中から生じた修道会に、シトー会や、ドミニコ会、さらにはフランシスコ会などがあります。

このような改革にもかかわらず14世紀には修道院の世俗化はさらに進み、宗教改革を生じさせるような基盤を逆に用意することになったのでした。

5――法と社会

ローマ人が法的な意識を持った民族であったことはよく知られていることですが、中世におけるローマ法の整備はローマ帝国の社会システムを支えることになった社会的な要因であったと言ってよいでしょう。

ローマ法は既に6世紀には師から師へと個人的に伝達されるような形式ではなく、法律全集や法学提要などの形で整備されるようになっていました。ガイウスやウルプアヌスといった法律家の仕事はよく知られています。中世はこのような仕事を受け継ぎ、ローマ法がその特殊性を克服し、いわば万民法の位置を獲得することになった時代だと言われています。ユスティアヌス時代に行なわれたローマ法典の集成は有名ですが、それはゲルマン民族侵入後のヨーロッパ世界の統一と一致とに大きな貢献を果たしたと言ってよいでしょう。

さてこの伝統は教会法の整備のためにも重要な役割を果たしたのでした。12世紀のグラティアヌスによる『グラティアヌス教令集』やボニファティウス8世の時代の『教会法大全』は有名です。この教会法の整備は、教会が終末が来るまでの「信徒の交わり」であるという段階を完全に克服して、「普遍的な救済機関」としての、あるいは「制度としての教会」という側面を確立したことと関係しています。そこには教会制度の構成、聖職者の叙任の条件、権利、義務のみならず、礼拝に関する規定から教会領の運営の問題までの規定が盛り込まれています。

ところで法の問題では、古代教会がストアから受容し、改造した自然法の伝統があります。人間の罪による堕落を知っていたキリスト教はこの自然法を受け入れる際に、「絶対的な自然法」と「相対的な自然法」とを区別したというのがエルンスト・トレルチの見解ですが、そのような立場に基づく自然法の発展はトマス・アクィナスの永遠法―自然法―人定法という法体系の中にも見いだすことができます。

6――トマス・アクィナス的総合

中世思想は13世紀に頂点を迎えると言われ、パウル・ティリッヒはそれを「神律の時代」と呼んでいますが、「神律」と呼ばれた事態は神学と哲学の統合が試みられただけではなく、中世キリスト教社会に神学的な基盤を与える思想と社会システムが作られたということであったと言ってよいでしょう。それは別の視点から言うならキリスト教的なアリストテレス主義と呼んでよいと思いますが、その点で古代を代表するキリスト教思想家アウグスティヌスとまったく異なっています。なぜならアウグスティヌスの思想を特徴づけていることの一つとしてアリストテレス哲学の受容の欠如を挙げることができるからです。

ここではトマス・アクィナスのみならず、中世の神学的な流れを、哲学と神学との関係という視点から簡単に整理しておきたいと思います。

この伝統の出発点において重要な働きをしたのは12世紀のアンセルムスでありましょう。彼の「知解するために、われ信ず」という命題はよく知られています。彼は「スコラ神学の父」と呼ばれますが、信仰の理性的な理解と解明ということを考えた人でした。彼は『プロスロギオン』の中で神の存在証明を展開します。確かにそれは、神の存在を前提とした存在証明なのですが、そこでは理性的な証明が試みられています。

12世紀にもう一人忘れることができないのが、神秘主義者クレルヴォーのベルナルドゥスの弟子ペトルス・ロンバルトゥスです。彼が書き残した『命題集』4巻は中世をとおして、神学の教科書となります。一般的には神学とはこの『命題集』の注解、あるいは解説という形をとるようになりました。

13世紀に入るとそこにボナベントゥーラとトマス・アクィナスとの二つの大きな流れが出現します。ボナベントゥーラがよく言われるように「神秘主義のスンマ」を書いたのだとすれば、トマスはスコラ哲学最大のスンマを（未完成ですが）残した人ということになるでしょう。

トマスの努力は既に述べたとおりアウグスティヌス的な伝統を、そこにおいては欠如していたアリストテレスの哲学によって再構築することにあったと言えます。彼の「恩寵は自然を破壊せず、かえってこれを完成する」という命題は信仰と理性、そして啓示と認識などの相違と調和を説明する彼の立場をよく表しています。それは中世の神学を中心とした学問体系のひとつの頂点を表すものですが、中世におけるギリシア・ローマ的な伝統とキリスト教との結合、あるいはキリスト教を中心とした社会の統一という思想的、社会的な出来事を神学的に説明するものでもありました。

しかしこのトマスの立場は中世においてまったく無批判に受け入れられたわけではなく、13 世紀終わりから既に厳しい批判を受けました。その中で一番厳しいものは主知主義的な立場をとるドミニコ会の神学者としてのトマスへのフランシスコ会的な伝統からの批判でした。それは一般には主意主義と呼ばれドゥンス・スコートゥスやウィリアム・オッカムによって主張されたのでした。

7――宗教改革の歴史的位置をめぐって

近年の教会史の教科書に見られるように、これに続いてマルティン・ルターやジャン・カルヴァンの宗教改革を中世教会史のカテゴリーの中で取り扱うことが妥当ではないかと思いますが、教会史の記述の区分として、古代、中世、宗教改革時代、近代と分けるのが通例となっていますので、ここではそれは取り扱われません。ただしリヒャルト・ローテやトレルチが「古プロテスタンティズム」と呼んだ時代については中世に属すると考えるべきだということだけを指摘しておきたいと思います。

3｜宗教改革

1――マルティン・ルターとその周辺

宗教改革は 16 世紀ヨーロッパを中心にして、中世キリスト教社会に起きた宗教運動であり、また教会改革運動です。当初ローマ・カトリック教会の改革を唱えて展開されましたが、結果的にはプロテスタント諸教会の誕生をもたらしました。

この宗教改革運動の発端は、ドイツの修道士マルティン・ルター（1483 -

1546）が、「免罪符」販売に疑問を感じて神学者に討論を呼びかけた「九十五箇条の提題」を大学の掲示板の役割を果たしていたヴィッテンベルク城塞教会の扉に張り出したことにあります。1517 年 10 月 31 日のことです（この日は後に宗教改革記念日と定められました）。ルターにとって、神の恵みを金銭で買う免罪とは、「安っぽい恵み」であり、耐え難いものであったのです。

ルターの中心的な神学は、「信仰義認」という用語に要約することができます。「義認」あるいは「義とされる」という用語は、「神の前に義とされる」、すなわち「神との正しい関係に入る」という意味です。「信仰義認」の教理は、人間が救われるために何をしなければならないかという問題を扱っています。ルターにとって、「救われるために私は何をすればよいのか」という問題は当時の人々と同様に、実存的な人生の重大な問いでありました。厳格な修道生活の努力にもかかわらず、ルターの内面では心の安らぎを見いだすことができませんでした。そのようなルターが、救いの確信を得られるようになったきっかけは、ローマの信徒への手紙 1 章 17 節の「福音には、神の義が啓示されていますが、それは、初めから終わりまで信仰を通して実現されるのです。『正しい者は信仰によって生きる』と書いてあるとおりです」という箇所からでした。当初ルターは、「神の義」を神自身の義《ただ》しさであり、神の要求する義を実現できなければ、神の怒りと裁きを受けなければならないという「能動的義」と理解していました。ところが福音の中に啓示された「神の義」とは、罪ある者を罰する義ではなく、信仰によって罪びとを義人とする義、無条件に与えられる「受動的義」であるということに気づかされたのです。ルターは、人間が神によって罪を赦され義とされるのは、ただ神の恵みとしての神の愛によるのであるということを再発見し、ルターはこれを「福音の再発見」と呼びました。

またルターは、キリスト教の福音は究極的に聖書に基づくものであると主張し、「聖書のみ」（sola scriptura）という標語が宗教改革の特色となりました。さらに、カトリック教会の聖職位階制に反対して、神の前ではあらゆる人間は信仰的・霊的に平等であって、それゆえ万人祭司でなければならないという見解を打ち出しました。この教えは「万人祭司の教理」と呼ばれています。1520年にはルターの三大文書と呼ばれる『ドイツのキリスト者貴族に与える書』、『教会のバビロン捕囚』、『キリスト者の自由』を執筆し、1521年のヴォルムス国会における審問においてもルターは信念を変えず、帝国から追放処分を受けました。ルターに生命の危険が及ぶことを恐れたザクセン選帝侯の保護を受けて、ルターはヴァルトブルク城に一時身を隠し、その間に新約聖書のドイツ語訳（1522年）を出版し、後には聖書全巻のドイツ語訳（1534年）を出版しました。このことは、ラテン語の読めなかった一般民衆に、母国語で聖書を読む道を開いたという意味があります。

その後1530年にフィリップ・メランヒトン（1497–1560）によってルターの考えが体系化され、『アウクスブルク信仰告白』が執筆されて、ルター派教会の信条となりました。1555年のアウクスブルク宗教和議により、プロテスタント諸侯の領邦における信教の自由が公認されるに至り、領主の宗教をその領土の宗教とする原則（cuius regio, eius religio）が、ドイツの宗教事情を長く支配することになりました。

2――改革派（Reformed《リフォームド》）教会運動

ルターを指導者にしてドイツを中心に始まった宗教改革運動は、進展するにつれて新たな運動の展開を見ることになります。スイスの宗教改革者ツヴィングリ（1484–1531）は、1518年にチューリヒの大聖堂教会説教者となり、1523年の2回の公開討論会によってカトリック教会の主張を論破して、チューリヒはプロテスタントに転じました。チューリヒの宗教改革は、都市を母体として行なわれ、チューリヒの拡大市参事会の面前での公開討論には、多くの聖職者、神学者、学識者が参加して聖書に照らして改革について討論し、その結論を受けて拡大市参事会が決定を下しました。このようにツヴィングリを指導者としたチューリヒの宗教改革は、「神の言葉に基づき、より改革された教会」を目指す改革派教会運動として展開することとなり、その影響はスイスと南ドイツに広く及びました。

この改革派教会運動の第2世代の指導者として登場したのが、ジュネーブの宗教改革者となったジャン・カルヴァン（1509–64）です。フランスで生まれたカルヴァンは、迫害を受けてスイスのバーゼルに行き、そこで『キリスト教綱要』（1536年初版）を出版しました。その後スイスのジュネーブに移り、宗教改革の指導者となりました。カルヴァンの神学の出発点は、神の主権であり、そこから摂理、キリストにある選び、キリスト者の召命などの教理が導き出されました。カルヴァンは信仰義認の教理においてはルターの立場を継承していますが、ルターが律法の第一（断罪的）用法を強調したことに対して、カルヴァンは信仰を「神の意思への服従」として捉え、律法の第三（規範的）用法を強調して信仰義認の教理の実践的な展開に重点を置いた点が特徴的です。

ルター派教会はドイツから北欧諸国に広がり定着していきました。改革派教会の影響は、スイスより発して、フランス、オランダ、イングランド、スコットランドなどに及びました。改革派教会運動は、フランスでは一時国を二分してカトリックと争い、オランダではスペインからの独立戦争の精神的支柱となり、スコットランドでは長老主義教会へ、イングランドではピューリタニズムへと引き継がれていったのです。

4 ピューリタニズム

1——イングランド宗教改革

プロテスタント宗教改革において、イングランドにおける宗教改革の発端は特異なものでした。イングランド宗教改革は、ヘンリー8世の離婚問題から始まり、ローマ教皇の支配から教会を独立させて、イングランド独自の教会と国家の新体制をつくるという政治的動機から展開されました。ヘンリー8世は首長令発布によりイングランド国教会の首長となり、修道院を没収してローマから分離しましたが、教会に対する基本姿勢は、国王が教会のあり方を決定するというものでした。そのためイングランドにおける宗教改革は、4人の君主の統治期に分け、第1期ヘンリー8世（在位1509—47年)、第2期エドワード6世（在位1547—53年)、第3期メアリー1世（在位1553—58年)、第4期エリザベス1世（在位1558—1603年）と分けることができます。エドワード6世の治世は、カンタベリー大主教トマス・クランマー（1489-1556）の指導もあり、急速なプロテスタント化が進み、『祈祷書』や『四十二箇条』の制定がなされました。しかしメアリー1世の治世は反動的なもので、カトリシズムへの復帰が試みられましたが挫折に終わり、エリザベス1世の長い統治において、ヘンリー8世の基本方針が受け継がれてイングランド国教会が確立され、主教制を導入し、『祈祷書』に基づく礼拝の統一をはかりました。イングランド国教会の特徴は、カトリシズムとプロテスタンティズムの中道（via media《ヴィアメディア》）を行くというものと言えるでしょう。このような状況の中で、イングランドにおける宗教改革を「半分しか改革されていないもの」(halfly reformed）と批判するピューリタンの改革運動が生まれるのです。

2──チューダー朝（エリザベス1世時代）のピューリタニズム

エリザベス時代のピューリタンの中には、メアリー1世時代のカトリシズムへの復帰の中、迫害を逃れて大陸に亡命し、特にカルヴァンの指導するジュネーブに滞在し、そこで改革派教会の影響を受けた者が含まれていました。彼らは、エリザベス女王の即位（1558年）とともに帰国し、聖書に基づきジュネーブの模範に倣った礼拝様式と教会組織を打ち立てようとして、カトリック的な制度や儀式を取り除いて、聖書に基づいたより「純粋な」(pure）教会を確立しようとしました。このピューリタンたちの運動をピューリタニズムと言います。ピューリタンを「清教徒」と訳すこともあります。

はじめに彼らがエリザベスの宗教体制とぶつかったのが、「聖職服論争」と呼ばれる対立です。エリザベス1世は、1559年「礼拝様式統一令」によって聖職者にコープやサープレスと呼ばれる聖職服の着用を義務づけました。しかしかつての亡命者を中心とする改革的な人々にとって、それはカトリック的なものの残存でしかありませんでした。聖職服着用に反対する者たちに対して、女王に協力する体制側からの抑圧も強化されるようになり、エリザベス体制とそれに抵抗するピューリタンという構図が出来上がりました。1560年代の聖職服論争は、1570年代にはトマス・カートライト（1535-1603）を中心に、エリザベス体制そのものを問題にする主教制批判へと発展していきました。1572年にはピューリタンたちは、議会に宗教改革を徹底するように「議会への勧告」という文書を出して、教会に残っている教皇主義的要素を取り除くように議会に訴えています。

エリザベス1世時代にカートライトやウォルター・トラヴァース（1548頃-1643）が目指したような為政者を説得して宗教改革を達成しようとした運動は、体制側によって押さえ込まれてしまいました。この時代から説教を極めて重要視することもピューリタニズムの特徴でしたが、ウィリアム・パーキンズ（1558-1602）に代表されるように説教によって人々に訴えていくという説教運動の方向にピューリタニズムは導かれていきます。あるいは改革が不徹底である国教会に留まることをやめて国教会から離れて分離派（セパラティスト）となっていった者、また地下運動に入っていく急進派（ラディカルズ）など、ピューリタニズムは主に三つの形態に分かれていきました。

3――スチュアート朝（ジェイムズ1世およびチャールズ1世時代）のピューリタニズム

エリザベス1世が亡くなり、スコットランド王ジェイムズ6世がジェイムズ1世（在位1603―25年）としてイングランド王に即位すると、ピューリタンたちは「千人請願」(1603年) を提出して、徹底した宗教改革を求めました。国王はこの請願を受け入れて、1604年1月にハンプトン・コート会談が開かれることとなりましたが、この会談で王が表明したことは、「主教がなければ王もない」('No Bishop, No King') という国王の言葉に示されているように、イングランド国教会の現体制を維持することでした。この会談で唯一ピューリタンたちの要求が適ったこととして、欽定訳聖書 (1611年) があります。国王は新しい英訳聖書の決定版を作ることを承認し、47人の学者・聖職者たちによって堂々たる用語、荘厳なリズム、美しい語句法を備えた、英文学上の重要な財産となる聖書が完成したのです。

またジェームズ1世のもとでの注目すべき出来事は、1620年に国教会から分離した分離派に属するピルグリム・ファーザーズ (旅人なる父祖たち) が、メイ・フラワー号に乗り、新大陸のプリマスに移住したことです。しばしばアメリカ建国物語と結び付けられて語られる出来事です。このように分離派の一部には国外に移住する者もいましたが、多くのピューリタンたちは国教会の中に留まって、生の内的改革を目指して説教運動に専心しました。「聖書釈義集会」と呼ばれる聖職者の聖書の釈義と説教の研修のための集会が盛んに持たれ、また「敬虔な人々」と呼ばれた一般信徒たちは、優れた説教を聴くために自分の属する教区を越えて他教区に赴いたり、ピューリタン集会に参加しました。

チャールズ1世 (在位1625—49年) の時代には、強権的な政治に国民各層の不満が高まります。ことに船舶税など議会の同意を経ない課税の強行、星室庁および高等宗務官裁判所を通じての政治犯や思想犯の弾圧などが人々の憤激を買いました。さらにスコットランドとの戦争のために莫大な費用が必要となり、そのために1640年には「短期議会」と「長期議会」が開かれました。これらの議会では、王の専制が非難され、長期議会では、議会の承認を経ない課税や星室庁・高等宗務官裁判所を禁止する法などが議決されました。

チャールズ1世は、カンタベリ大主教ウィリアム・ロード（1573–1645）と協力して、教会に対しても統制の力を強めていきました。ピューリタンに対する弾圧も強くなり、1630年代には多くのピューリタンらが、信教の自由を求めてオランダやアメリカ大陸に亡命を余儀なくさせられたのです。

4—ピューリタン革命

議会派と王党派の対立が鮮明になる中で、1642年に両者の間に紛争が起こり、ピューリタン革命が始まりました。はじめは王党派が有利でしたが、次第に議会派が巻き返し、オリヴァー・クロムウェル（1599–1658）率いるニュー・モデル・アーミーの活躍により、議会派が勝利を収めました。1649年にはチャールズ1世が処刑され、クロムウェルを中心とする共和制が成立します。クロムウェルは、1653年に指名制の議会を召集して「聖者」による支配を行なおうと試み、その後自らはプロテクター（護国卿）の地位につきます。

1658年にクロムウェルが死去すると、王党派と議会派の間で事実上の和解が進行し、王政復古を望む声が高まりました。そして1660年には、チャールズ2世を王に迎え、ピューリタン革命は終息しました。主教制が復活し、ピューリタンたちは非国教徒となる状況において、宗教的寛容が唱えられたのです。

5—『ウェストミンスター信仰告白』

長期議会の時に、ウェストミンスター神学者会議が1643年に召集され、1653年まで継続されて、主教制廃止後の国教会体制が検討されました。それは1642年に長期議会の下院において「根こそぎ法案」が可決され、主教制の廃止が決定されたからです。この会議には主に長老派、独立派、エラトゥス派の神学者が参加し、教義、礼拝、教会組織について討議して、「教会統治基準」や「礼拝指針」などを作成しました。また『ウェストミンスター信仰告白』が1646年に完成されました。『ウェストミンスター信仰告白』は、今日に至るまで、スコットランドをはじめ、英語圏の長老派教会の信仰規準として重んじられています。また独立派（会衆派）のピューリタンらは、1658年に『ウェストミンスター信仰告白』を一部修正、加筆して、独立派（会衆派）の信仰告白として『サヴォイ宣言』を発表しました。これらピューリタン革命期に作られた信仰告白は、後のプロテスタント教会の信仰告白に大きな影響を与えた信仰告白であると言うことができます。

6――ピューリタニズムの特徴

ピューリタニズムの特徴の第一には、聖書を教理、礼拝、教会組織、信仰生活のすべてに厳密に適用しようとする徹底した聖書主義が挙げられます。このためイングランド国教会の礼拝様式、教会組織に対する改革が唱えられました。第二の特徴は説教を重視したことです。説教から生活の改革を生み出すための倫理的指導を推し進めたのです。第三の特徴としては、ピューリタンたちが聖書の言葉の実践を重要視したことが挙げられます。習慣的、表面的な信仰生活に安住するのではなく、聖書の言葉は自己の経験と実践の中で確証されなければならないとし、厳しい自己点検を行ない、清い聖なる生の実現に励みました。そして、家庭を礼拝と信仰教育の場とし、また教会制度や社会全体に対する改革を強く求めたのでした。

ピューリタニズムは、アングロ・アメリカ的近代文化の形成に重要な役割を果たしました。今日の英米のプロテスタント諸教派のうち長老派、会衆派、バプテスト派、クェイカー派など多くはピューリタニズムの諸派から発展したものです。また、民主主義、人権理念、信教の自由、宗教的寛容、社会契約説など近代文化の基礎的な理念が、ピューリタニズムをとおして生み出されたのです。

5 日本のキリスト教

日本にキリスト教が伝えられてもう450年以上経ちました。その全部をこの短いスペースで書くのはとても無理なので最小限の重要事項のみ記していきます。

1──キリスト教伝来

日本にはじめてキリスト教がもたらされたのは、1549年8月15日カトリック教会の宣教師フランシスコ・ザビエルが鹿児島に渡来したことによります。ザビエルはスペイン・バスク人でありましたが、1534年にイグナチウス・ロヨラを中心として結成された「イエズス会」のメンバーとして、会が目指した世界宣教の志に従って、インド、中国、日本への伝道に赴いたのです。ザビエルが日本で活動したのはわずか2年3カ月であって伝道は困難に次ぐ困難の連続でした。応仁の乱以後、日本は戦国時代となり、世情落ちつかず異国からきた異国の宗教の話を静かに聞くという雰囲気ではなかったのです。ザビエルは日本を伝道するためにはまず中国を伝道してからだと考え直し、いったんインドのゴアへ引き返し、その後再び中国に渡り伝道活動に励みましたが、病を得て1552年中国上川島で独り寂しく天に召されていきました。

しかしザビエルの播いた種は日本で着実に芽を出し始め、次第にキリシタンの数が増えていきました。高山右近や大村純忠、大友宗麟など多くの大名がキリシタンとなり、当然その家臣や領民も多くキリシタンとなっていったのです。1580年頃には当時の日本伝道の責任を託されていた巡察使ヴァリニアーノの働きかけにより、キリシタンの少年4人がローマまで旅をして教皇に謁見するという「天正遣欧少年使節」が実現いたしました。少年たちの名は伊藤マンショ、千々石ミゲル、中浦ジュリアン、原マルチノと言います。日本人としてはじめてローマ教皇と謁見した4人でした。しかし4人がローマから帰ってきた頃は、すでに日本は禁教と迫害の時代に入っており、4人とも悲惨な生涯を送ることを余儀なくされたのでした。

1596年にスペイン船サン＝フェリペ号が土佐浦戸に漂着したのですが、その中の船員が「スペインはまず宣教師を各国に遣わして、その上でその国を征服するのだ」と言ったということが豊臣秀吉の耳に入り、彼は激怒します。そして直ちにフランシスコ会修道士6名と日本人キリシタン20名を捕らえて長崎・西坂の地で処刑いたします。1597年2月のことでした。今西坂の地へまいりますと、彫刻家舟越保武が製作した「26聖人の像」が掲げられていて、巡礼者が後を断ちません。

豊臣秀吉はすでに1587年に伴天連追放令を発布していて、キリスト教伝道は非常に困難な状態になっており、つづいて徳川家康も1612年4月に「キリシタン禁教令」を発布して弾圧の度を強めていきました。1637年にはキリシタン武士・農民らを中心とした「天草・島原の乱」が起きましたが、それも鎮圧され、1654年に幕府から「キリシタン禁制の高札」が建てられてからは、公にキリスト教信仰を表明することができなくな

図版⑩　26聖人の像

り、「隠れキリシタン」の時代に入ります。彼らはこの非常な困難の中、強い信仰を持ってひそかにその信仰を何世代にもわたって継承していきました。彼らの信仰の一つの結実を今私たちは五島列島の諸教会に見ることができます。これらの島々は本島から何十キロも離れた小島でありながらどの村にも立派な教会堂があり、多くの信者が毎聖日ミサをあげています。これらの島々からは今もなお多くの神父、修道士や修道女を生み出しているのです。

2――プロテスタント・キリスト教の伝道

以上のようにキリスト教禁止・弾圧が続く中、幕末になってアメリカからプロテスタント教会の宣教師たちが日本伝道を目指して続々とやってくるようになります。一番はじめに来日したとされている年が1859年で、米国長老教会のヘボン、米国改革派教会のブラウン、フルベッキらが来日しました。彼らは、まず聖書翻訳や医療事業などを手がかりに少しずつキリスト教伝道を開始しています。なおこの年には米国聖公会からリギンス、ロシア正教会のマーホフなども来日しており、翌1860年には米国自由バプテスト教会のゴーブルなどもやってきています。

明治政府も今までと同じく厳しくキリスト教禁教の政策をとり続け、なお多くの殉教者が出ていたのですが、アメリカその他の国々の圧力により、ついに1873年キリシタン禁制の高札が撤去されることになりました。しかし全体的には依然としてキリスト教に対する圧力は強く、後に「教育勅語」(1890年)や「文部省訓令第12号」(1899年)など反キリスト教的な方針が次々と打ち出されていきます。こういう中で1891年「内村鑑三不敬事件」が起き、天皇制問題を背後にして「教育と宗教との衝突事件」として国粋思想側とキリスト教陣営とで激しい議論が戦わされました。ある意味でこの議論は今に至るまで決着を見ていません。最近「教育基本法」の見直しが叫ばれていますが、その本質は明治時代のこの議論の延長線上にあると言って過言ではありません。

プロテスタント教会の伝道は、教会を中心としながらも、多くのミッション・スクール（キリスト教学校）を建てて、教育事業と併行してなされてきたのが特徴です。現在まで継続されている学校をいくつか紹介してみます。東奥義塾（1872年）、立教学校（1874年）、フェリス・セミナリー（1875年）、平安女学院（1875年）、神戸女学院（1875年）、同志社英学校（1875年）、明治学院（1877年）、青山学院（1878年）、聖和大学（1880年）、鎮西学院（1881年）、遺愛女学校（1882年）、大阪女学院（1884年）、東洋英和女学校（1884年）などですが、この後も東北学院、関西学院などが続々と建設されていきます。聖学院も1903年に神学校を開設してその活動を始めました。

プロテスタント伝道で注目しておきたいのは、初期のクリスチャンたちは幕末の下級武士出身の青年が多く、それぞれ志に燃えて、神と信仰の契約を結んだ三つのグループを中心に教会形成と伝道活動が進められたことです。それらは札幌バンド、横浜バンド、熊本バンドです。札幌バンドからは、内村鑑三、新渡戸稲造など、横浜バンドからは植村正久や押川方義、井深梶之助など、熊本バンドからは金森通倫、海老名弾正、宮川経輝などが輩出いたしました。

3――第二次大戦以後

日本の教会は明治期の一時期や大正時代に少し勢いのある時を迎えましたが、全体としてずっと困難でありました。1941年から始まった第二次世界大戦中も本当に苦しい時を迎えました。キリスト教は敵国の宗教という理由で伝道を禁じられたり、天皇や国策に反対する者は捕らえられて拷問を受け獄死する者も多く出ました。一方、各教会の指導者は教会の行く末を案じ組織を守るために国策に積極的に協力することが多くありました。戦争推進に一役買ったと言われても仕様がない態度を取ったりもしました。戦争が終わって20年以上経った頃から各教会・教団でその戦争（協力）責任を問う声が出始め、今なお問題となっています。これも大きく言えば、キリシタン迫害以来の、日本国の思想・体制（国体）とキリスト教との深刻な対立のひずみを表しているのです。

さて戦争が終わって 1947 年に、それまでの封建的な明治憲法と違って民主的な新憲法が制定されました。戦争・軍備の放棄、基本的人権の保障、信教の自由など今までにない近代的自由を根幹とした新憲法が制定されました。前にも少し述べました「教育基本法」も同年に制定されて、本当に日本は新しい思想と体制を整えて出発したのでした。しかしここに今なお続く一つの問題がありました。この新憲法も教育基本法もその背後にアメリカのキリスト教的思想の影響があったことはよく知られているのですが、日本国民は明治時代の「和魂洋才」と同様に、そのうわべだけを取り入れてその土台となっている思想・信仰を受け入れることはしませんでした。ですから確かに戦後間もなくは一時的にキリスト教ブームが起きて多くの人々が教会に行き、クリスチャンになった人もたくさん出たのですが、しばらくするとその熱がさめて教会からはだんだん人が去っていきました。

今もなお日本総人口のうち、クリスチャン人口は１％未満にすぎません。インターナショナルとかグローバルと言われているこの時代にあって日本の精神世界だけはいまだに鎖国をしているかのようです。日本はキリスト教とかイスラム教のような国際的・グローバルな宗教を受容する素地が欠けているようです。しかし家族・学校・病院・官庁その他いろいろなところで「心の荒廃」が叫ばれている今、キリスト教が説き、証ししている「神の愛」はいよいよ重要性を増していると言わざるを得ません。

日本とキリスト教の歴史をかえりみる時、一貫して変わらないのは日本のキリスト者に対する拒否の姿勢です。キリスト教会の側でもその壁を突破する信仰思想や体制を整えきれずにいます。しかし、日本がこの国際社会で貢献をなし、尊敬される国となっていくため、現行憲法の精神を体現する国になっていくために、キリスト教信仰と思想は必要不可欠です。聖学院に与えられている大きな使命を思わずにはいられません。「神を仰ぎ、人に仕う」という精神をもって、450 年にわたる日本のキリスト教の歴史を真剣にかつ責任的に受け止めたいと思います。

6 現代における教会

使徒パウロがはじめアジア州に行こうとしたのに、聖霊によってマケドニア州に赴いたことにより（使徒言行録 16 章 6 節）、福音伝道は東洋ではなく、西洋において始められ、それ以後約 1900 年間、教会は主として西洋で、ヨーロッパそして 17 世紀以降はアメリカでも活動しました。

もちろん、その間にも東洋への伝道は試みられました。たとえば 16 世紀に日本にカトリックの宣教師が来て伝道しています。しかし欧米の教会が、世界伝道に本格的に乗り出したのは、19 世紀になってからです。時は欧米の帝国主義の時代であり、アジアやアフリカを植民地化した時代でしたが、「世界伝道大命令」（マタイ福音書 19 章 11 節）のゆえに数千、数万人の青年男女が宣教師として、それこそ地の果てまで派遣されました。日本には 1859 年にアメリカからはじめてプロテスタントの宣教師が来ています。19 世紀が世界宣教史の「偉大なる世紀」と呼ばれるゆえんです。

その結果、これまで福音を聞いたことのない種族や民族の間に、教会ができるようになりました。それらの教会は、欧米の「古い教会」に対して「若い教会」と呼ばれました。日本の教会もその一つでした。

第二次世界大戦後に、これらの植民地はほとんど独立国家になりましたので、植民地主義と結び付いたキリスト教は滅亡するのではないかと思われました。ところが、これらの「若い教会」は欧米教会の出先ではなく、独立した各国の教会として目覚しく成長し発展していったのです。たとえば韓国では、10 年ごとに倍増し続け、現在は国民人口の 4 分の 1 から 3 分の 1 がキリスト教徒です。

したがって、20 世紀のはじめ、世界人口 15 億人の 3 分の 1 である 5 億人のキリスト者人口のうち、85％が欧米人で、非欧米人はわずか15％でしたが、1965年には、63％と37％となり、2000年には逆転して、42％と58％と推定されています。ちなみに、現在の世界人口は約60億人ですが、そのうちキリスト者人口は20億人で、カトリックが10億人、プロテスタントが4億5千万人、オーソドックスが1億5千万人と推定されています。

それ故に、キリスト教はもはや、西洋の宗教ではなく、西洋と東洋を越えた、文字どおりに世界宗教なのです。

ヨーロッパの教会は4世紀にキリスト教がローマ帝国の国教となって以来、国家と教会が一体となった、いわゆる、国教会（state church）でした。この体制は16世紀の宗教改革においても続き、国家から自由な、いわゆる自由教会（free church）が成立したのは、信教の自由と教会と国家の分離を確立した、18世紀のアメリカにおいてでした。

そのアメリカで派生し発展したのが、プロテスタントの諸教派（denominations）で、信徒たちが自由意志で所属する教会のことです。会衆派、長老派、メソジスト派、バプテスト派、ルター派、改革派など、大小合わせると200以上の教派教会ができました。これらのアメリカ生まれの教派はイギリスやヨーロッパ諸国においても発展しましたので、国際的な協議会ができるようになりましたが、1846年に成立した世界福音同盟（World Evangelical Alliance）がその最初のものです。

これらの国際的な協議会は、世界伝道が推進されるにつれ、伝道地における教派を越えた協力体制を造る必要に迫られました。20世紀のうちに世界をキリスト教化しようと、1900年にニューヨーク市でエキュメニカル宣教会議が開かれました。エキュメニカルとは、もとギリシア語で「人間が住む世界、家」という言葉からできた英語ですが、この時から、キリスト教会の一致運動をエキュメニズムと言うようになりました。

現代のエキュメニズムを推進した一つは、1880年に創設された国際宣教協議会で、1910、1928、1938年に国際会議を開いています。もう一つは、第一次世界大戦というキリスト教国同士の戦争の反省から生まれた、「教会をとおして国際友好を促進する世界同盟」の運動で、そこから「生活と事業」(Life and Work) および「信仰と職制」(Faith and Order)、つまり事業と神学において一致を求める、二つの運動が生まれました。これらの運動に世界学生キリスト教連盟、ＹＭＣＡ、ＹＷＣＡなどが加わって、世界教会協議会 (World Council of Churches) の形成の準備を進めつつありました。

その準備は第二次世界大戦のために停滞しましたが、戦後の 1948 年にアムステルダムで創立総会を開き、ついに設立を見ました。世界のプロテスタント諸教会の大半が属する最大の協議会であります。それ以後ほぼ6年ごとに世界各地で大会を開いています。1961 年にはギリシア正教会が加入し、カトリック教会を除くキリスト教会のエキュメニカルな運動として、国際政治にも少なからぬ影響力を及ぼしています。

カトリック教会もこれに刺激されて、1962 年から 65 年の 3 年間に、第二ヴァチカン公会議を開き、プロテスタントおよびギリシア正教会を同信の「兄弟姉妹」とみなす、エキュメニカルな態度を明確にとるようになりました。

この第二ヴァチカン公会議は、16 世紀の宗教改革以後、はじめて行なわれたカトリックの宗教改革であり、教会全体の近代化とともに、他の諸宗教に対する態度の変化を公示した公会議でした。つまりそれまでの排他的な態度から、他の諸宗教が持つ良きものを認める、包括的な態度に変わっていったからです。

この変化の背後には、国際的な世界平和を達成するためには、宗教間の紛争をなくし、宗教間の対話と協力を促進させねばならない、というキリスト教内のエキュメニズムの運動から宗教間の、いわば宗際的なエキュメニズムへの発展があります。

さらに第二次世界大戦後に、ヨーロッパ諸国で増加を見た外国人労働者と、アメリカで増加を見たアジア諸国からの移民のゆえに、ヒンズー教、イスラム教、仏教などの諸宗教の信徒が、伝統的にキリスト教国と言われた西洋で、キリスト教徒と共生共存するようになってきました。宗教の多元化現象です。それとともに、西洋人でキリスト教以外の諸宗教の教徒になる者もでてくるようになりました。

つまり現代は、世界的な宗教多元化の時代なのです。キリスト教の東洋における伝道の結果、伝統的な東洋宗教のほかにキリスト教も東洋で共存するようになりました。同じように、東洋からの移民によって、伝統的なキリスト教のほかに東洋宗教も共存するようになりました。

これまで、なぜある人がある宗教の教徒であるかといえば、それはたまたま日本で生まれたから仏教、あるいはアメリカで生まれたからキリスト教でした。しかしこれからは、自分で考えて、どの宗教を信じて生きるかを、選ぶ時代になるのです。いわゆる「各人の決断の時代」に入ったのです。

ある特定の宗教を選ぶか（入信）、すべての宗教は結局は同じだと思うか（宗教多元主義）、あるいは何も信じない（無宗教）かを自分で決断するのが現代なのです。宗教とは、人間とは何か、人生の意味は何かを問い、そして答えを選んで生きることにほかなりません。どの道が人間を人間として、最も人間らしく生かしめる道でしょうか。

教会は、神が自己を啓示されたイエス・キリストが宣べ伝えた神の国の到来と、パウロなど使徒たちが説いたその十字架の贖罪死と復活、すなわち「福音」こそは、すべての宗教、キリスト教も含むすべての宗教が絶えず聞き従わねばならない「道であり、真理であり、命である」（ヨハネ福音書14章6節）と信じています。さらにその「真理はあなたたちを自由にする」（同8章32節）がゆえに、教会は世界において、東洋であろうが、西洋であろうが、そして日本で伝道しているのです。これまで二千年間も伝道してきましたし、これからも「福音」を伝道し続けるのです。

VII

希望と喜びに生きる

1 生かされて生きる

「ひとつの花のために　いくつの葉が冬を越したのだろう
冬の葉が輝いている　母のように輝いている」（星野富弘『つばき』）

二千年もの間、いや何千年もの間、神と人々との真剣な出会い、人々同士のやり取りの歴史をとおし、多くの精神の歴史をとおして、今日の私たちが存在します。まさにこの星野富弘氏の詩のように、この一枚の葉である今日の私のために、いくつの葉が冬の苦闘を続けてきたことか、母のように一人の子どもを育てる苦労をしてきたか、考えたいと思います。思索を続けていく中で、私たちはこれらすべてに向かって深い感謝を持つのであります。そしてそのすべての上に、私たちを超越する神の愛があることに気づくのであります。

序章のところで私たち人間は、「どこにいるのか」（創世記3章9節）との神からの呼びかけに応答する（'respond'）存在であることを学びました。私たち人間は、これらの恵みに応えていく責任（'responsibility'）があるのであります。新約聖書で、マタイによる福音書25章14節以下の「タラントンのたとえ」を知りましょう。タラントンは当時の通貨の単位でしたが、やがて転じて talent（賜物、才能）の意に使われるようになりました。神は私たちにそれぞれ固有のタレントを託します。私たちはそのタレントを用い、さらに多くを増やす責任が与えられます。神からの賜物を受けた者は、その賜物を良い目的に大いに生かしていくべき応答責任があります。興味深いことに、神は私たちに一律に同じノルマを要求しておられないことです。それぞれ固有の要求をなさっているのです。豊かなタレントが与えられて、少しも増やさない人よりも、たとえ貧しいタレントでも誠実な努力で少しでもタレントを増やす人こそが称えられるのです。タレントは気づかれずに各人の中で眠っていて埋もれていることもありますし、せっかくのタレントが世の人々の誤解で理解されないことも多くあります。一例ですが、大変動作の緩慢に見え周囲から理解されない子どもが、実は物事を心をこめて丁寧に取り組むタレントを与えられていたことが、やがて理解されていったことがありました。同じようなことがまだまだあるのであります。皆さんの中にも。またタレントは磨かれ、増やされ、豊かにされるべきなのであります。学問をすること、また自ら学ぶこと、これらはタレントを増やすわざであります。

また神は自ら私たちに呼びかけ、特別の任務をお与えになります。

> 「イエスは、「わたしについて来なさい。人間をとる漁師にしよう」と言われた。二人はすぐに網を捨てて従った。」（マルコ福音書 1 章 17—18 節）

これは、アフリカに医療のため赴いたアルバート・シュヴァイツァー博士の心に響き、志を生んだ聖書の言葉でした。シュヴァイツァー博士にとっては、まさに神からの呼びかけ（'calling'）そのものでした。弟子たちは「二人はすぐに網を捨てて［イエスに］従った」のです。そこにシュヴァイツァーは深く学んだのでした。'calling' に対し 'response' をしていった結果が、世界の多くの人々に感銘を与えるアフリカでのわざでありました。

この 'calling' は、職業の意となりました。私たちは、職業につく時、こ

れが本当の ‘calling’ 天職か否か、皆悩みます。「卑しい」仕事、「高貴な」仕事があるように思えるのであります。しかし宗教改革者たちはこう考えました。職業に貴賤はない、人々はそれぞれの持ち場で神の栄光を現すべきであると。確かに神のご栄光を現すには困難な職業もあるかもしれません。またご栄光を現そうにも、組織の中で束縛されて自由が利かない状態もあるでしょう。しかしそれでも旧約聖書は「常に主を覚えてあなたの道を歩け。そうすれば／主はあなたの道筋をまっすぐにしてくださる」(箴言3章6節) と教えます。ここに職業の中で ‘calling’ にどのように ‘response’ し、‘responsibility’ を果たせるかの私たちの苦闘と課題と成長があります。収益事業も本当に神からの calling として受け止めるとき、私たちはその与えられた膨大な収益で社会を豊かにし、良い目的に大いに用いることができるのであります。

この聖学院自体、アメリカの教会はもちろん、クリスチャン経済人である篤志家の莫大な寄付を受けて発展してまいりました。札幌農学校のクラーク博士の言葉の真意、“Boys, be ambitious (in Christ)！”「少年よ、(キリストにあって) 大志を抱け！」はこの同じ精神を示しております。この学校から多くの優れたキリスト者経済人が輩出しました。マックス・ヴェーバーの『プロテスタンティズムの倫理と資本主義の精神』など多くの研究によって、この問題についての解明がなされております。

またイエスに称賛されたローマの百人隊長の言葉を想い起こしましょう。

> 「主よ、御足労には及びません。わたしはあなたを自分の屋根の下にお迎えできるような者ではありません。ですから、わたしの方からお伺いするのさえふさわしくないと思いました。ひと言おっしゃってください。そして、わたしの僕をいやしてください。わたしも権威の下に置かれている者ですが、わたしの下には兵隊がおり、一人に『行け』と言えば行きますし、他の一人に『来い』と言えば来ます。また

部下に『これをしろ』と言えば、そのとおりにします。」(ルカ福音書7章6—8節)

この言葉は、ローマ軍団の組織人として育ちながら、より大いなる神の世界の組織秩序に従い得た人の言葉であります。この人に対し、イエスは「これを聞いて感心し」、言いました。「言っておくが、イスラエルの中でさえ、わたしはこれほどの信仰を見たことがない」と。世俗的組織・業務の中からも宗教的教えを学びとることができます。

'calling' の中でも特に、重要な神からの召しがあります。より直接的な形での神に仕える道です。牧師、キリスト教学校での教育伝道者等、神により直接的に仕える道への召しがあります。これは最も困難ではありますが、最も祝福に満ちた道であると言えましょう。1979年にノーベル平和賞を受けられたマザー・テレサは、インドのいわゆるスラム街で衰弱して倒れている方々を「死を待つ人のホーム」に迎え入れ、今日のターミナルケアの先駆けとなるご奉仕をされました。彼女は、新約聖書マタイによる福音書25章31—46節の記事から「はっきり言っておく。わたしの兄弟であるこの最も小さい者の一人にしたのは、わたしにしてくれたことなのである」とイエスが言われたことをしばしば引用しました。マザーにとっては、文字どおりイエス・キリストをケアするようにインドの衰弱して死にゆこうとしている人々に仕えたのです。マザーの行為は、決してただの慈善行為ではありません。まさに人格的にイエス・キリストにお仕えする行為でありました。キリストは、飢え渇く人、悩み苦しむ人、寂しい人らとご自身を結び付けられました。飢え渇く人、悩み苦しむ人、寂しい人は、私たちのすぐ隣に大勢いるのではないでしょうか。インドまで必ずしも行く必要はありません。私たちはどこでもキリストと出会えるように、そのような人たちと出会うのであります。その時、私たちはその前にいて寂しい人に、キリストに接するように、接していくのであります。敬愛を込め、優しい言葉を用い、真心から誠意を持って接するのであります。本学

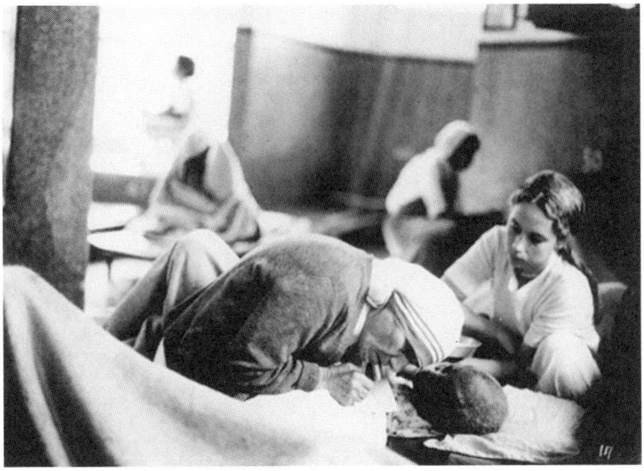

図版⑪ 「死を待つ人の家」で、その人の名前と宗教を聴いて書きとっているマザー・テレサ。
映画「マザー・テレサとその世界」より。撮影：白井詔子

のスクールモットーである「神を仰ぎ、人に仕う」は、まさに神を仰ぎつつ、そのまま前にいる人に仕えていく心を語っております。それは、卒業後も私たちの基本的精神として、その精神のもとに生きていくのであります。（図版⑪参照）

最後に、私たちの中にどれほどすぐれたタレントが与えられている人がいたとしても、一人ですべてのことができるわけではありません。また私たちそれぞれに、たとえどれほど異なった任務が与えられるとしても、地味なわざをしていくとしても、それらは神からご覧になればすべてかけがえのない大切な任務であります。

「つまり、一つの霊によって、わたしたちは、ユダヤ人であろうとギリシア人であろうと、奴隷であろうと自由な身分の者であろうと、皆一つの体となるために洗礼を受け、皆一つの霊をのませてもらったのです。体は、一つの部分ではなく、多くの部分から成っています。足

が、『わたしは手ではないから、体の一部ではない』と言ったところで、体の一部でなくなるでしょうか。耳が、『わたしは目ではないから、体の一部ではない』と言ったところで、体の一部でなくなるでしょうか。もし体全体が目だったら、どこで聞きますか。もし全体が耳だったら、どこでにおいをかぎますか。そこで神は、御自分の望みのままに、体に一つ一つの部分を置かれたのです。……それどころか、体の中でほかよりも弱く見える部分が、かえって必要なのです。……神は、見劣りのする部分をいっそう引き立たせて、体を組み立てられました。それで、体に分裂が起こらず、各部分が互いに配慮し合っています。」（一コリント 12 章 13—25 節）

この人間の共同性、すなわち一人は全体のために、全体は一人のために、との本質が最もよく現れている場が、キリストのからだとしての教会です。まさに世界は教会のあり方へ進んでいくと言ってよいのです。私たちはその先駆けであります。

2 終末の希望と喜び

キリスト教には、他の宗教や思想に欠けがちな一つの重要なモチーフがあります。それは終末論です。天地に初めがあるように、終わりがあることを厳しく認識するのであります。聖書は、神が終わらせるまことの終わりがあると教えております（二ペトロ 3 章 10—13 節）。その時にはキリストが再臨し、救われる者と永遠の死に裁かれる者とに分けられます。審《さば》きの時にはだれが救われるか、審かれるかと言ってはならないことが教えられております（ローマ 10 章 6—7 節）。審きの時に救われるとすれば、それはキリストの特別の恩寵によることを謙虚に知りましょう。

しばしば、いつ終末が来るとか、世の終わりが来るとか言う人々が宗教宗派を問わずおりますが、聖書はそのような人々には特に気をつけ、ついて行ってはならないと戒めております。それは時の節目に必ずと言ってよいほど現れる「偽予言者の類」です（マルコ福音書13章21―23節）。また終末がいつ来るか、どのようにして来るかは、主イエス・キリストご自身も知らないと言われます（マタイ福音書24章36節）。人間が分かるはずがありません。一部の宗派の人々は冷戦時の核戦争によって世の終わりが来るものと考え、戦争の到来を密かに歓迎しました。こうした態度がいかに聖書的でないかは、言うまでもありません。神学者カール・バルトは、水平線をどこまで行っても陸は空と接合していないように、地上の歴史の単純な延長線上にカタストロフィー的終末が来るはずがない、とまで断言しております。私たちは正しい終末理解を持ちましょう。次の諸点が重要です。

第一に、この地上に終末が来ることを知ることは、神の愛と義の勝利が来ることであり、私たちの地上の苦しみや困難がどれほど大きかろうと、私たちは真の希望を持つことができます。それはキリストと出会い、キリストと共に私たちもよみがえり、永遠の命が与えられるという希望です。

図版⑫　ロジャー・ウィリアムズ像

第二に、この地上が過ぎ行くものであることを知ることにより、世の営みに深入りしすぎない堂々たる生活態度を持つことが教えられます。それは、天に宝を積み、この地上のことで一喜一憂しない態度です。しかしそれは、この世に対し、無責任で冷淡な態度をとることではありません。この世の営みが過ぎ行くものであることを知り、同時にイエス・キリストがこの世を愛されたことを知るからこそ、責任的に愛をもって関わって生きるのです。

第三に、終わりに審判があることを知るとき、私たちは、あの毒麦のたとえを想い起こすべきです。良い麦をまいた畑に毒麦がまかれてしまいましたが、主人は毒麦を抜こうとするとき良い麦も共に抜いてしまうことを恐れ、収穫の時まで待つことにします。ここから最終の審判まで、良い麦も毒麦も共存することを知るべきであります。アメリカの信教の自由の唱導者ロジャー・ウィリアムズは、この終末論的教えから、信教の自由、宗教的寛容の教えを学びました。何が正当かは、自己を相対化する宗教的寛容の精神で、終末の時まで待つことです。（図版⑫参照）

第四に、終末（'end'）は同時に目的・目標でもあります。終末の到来を知る者は、この地上において御国を来たらせたまえと、祈りつつ、神の国を歴史における目的・目標としてこの地上に映し出す努力をし続けるのであります。

第五に、毎年私たちはクリスマスの約4週間前から待降節（アドヴェント）を迎えます。それは、実は主イエス・キリストの再臨を迎える訓練、すなわち終末を迎える訓練をしているのでありますが、そのことは実は、神の子との完全な出会いを迎える訓練とともに、私たちの神からの召し（死）を迎える訓練をしているのであります。死は、私たちにとって断絶を意味します。死の突然の脅かしを受ける者は、否認、怒り、取引き、抑うつの思いが起きてきます。しかしやがて死の受容を迫られることになります（E.キューブラー＝ロス、*On Death and Dying*, 邦訳『死ぬ瞬間』、読売新聞社、1971年)。しかし死の究極の問題は、神と愛する人々との別離です。神との別離とはまさに罪であります。旧約聖書ヨブ記は「人は死んでしまえば／もう生きなくてもよいのです」（14章14節）と告げます。旧約聖書においては一般に人は死とともに、その生は終わるのです。人は「塵にすぎないお前は塵に返る」のであります（創世記3章19節）。一方新約聖書は、確かに「一人の人によって罪が世に入り、罪によって死が入り込んだ」（ローマ5章12節）と見ております。しかしこの罪から人間を救うために、イエス・キリストは死を避けることなく、死をそのまま贖罪として受け入れ、死において神の赦しの愛を示されたのです。言い換えれば、キリストの十字架の死において神のご臨在があるのです。聖書は高らかに勝利を宣言します。

「死よ、お前の勝利はどこにあるのか。死よ、お前のとげはどこにあるのか。』死のとげは罪であり、罪の力は律法です。わたしたちの主イエス・キリストによってわたしたちに勝利を賜る神に、感謝しよう。」（一コリント15章55—57節）

キリストの死において罪が克服され、死はもはや神との別離でなくなりました。このキリストを神はよみがえらされました。十字架におけるキリストの死は復活に突入する入り口であったのです。さらに私たちはキリストと共に、よみがえらされるのです。私たちが死ぬとき、私たちの体は土に帰りますが、私たちの存在は神の中にやすらい、終わりの日に復活の体が与えられて、第二の死にあうことなく、永遠に主とまた愛する者たちと共に生きることを許されるのです。私たちはこの事実を知りましょう。

聖学院大学においても、大変悲しいことに、何名かの学生が在学中に天に召されました。ご家族の方々の悲しみは耐えがたいものであります。しかし、聖書は告げます。

「しかし、死者はどんなふうに復活するのか、どんな体で来るのか、と聞く者がいるかもしれません。愚かな人だ。あなたが蒔くものは、死ななければ命を得ないではありませんか。……死者の復活もこれと同じです。蒔かれるときは朽ちるものでも、朽ちないものに復活し、蒔かれるときは卑しいものでも、輝かしいものに復活し、蒔かれるときには弱いものでも、力強いものに復活するのです。つまり、自然の命の体が蒔かれて、霊の体が復活するのです。自然の命の体があるの

ですから、霊の体もあるわけです。」（一コリント 15 章 35—44 節）

またヨハネによる福音書においてイエスは「一粒の麦は、地に落ちて死ななければ、一粒のままである。だが、死ねば、多くの実を結ぶ」（12 章 24 節）と言います。ひとりの兄弟の死は、必ずや一粒の麦として、豊かな実を結びうる開かれた可能性があるのです。そしてキリストと共に復活され、再会の希望が与えられているのであります。

私たちはこのように復活の命、永遠の命と直面しつつ、日々を生きております。永遠の命に支えられて、私たちは私たちの生を、ちょうど幼虫がやがて繭に入り、さなぎとなり、時至って大空に飛翔する蝶々のように、捉えることができます。地上で良い幼虫の生活を送る意味があります。やがて第二の偉大な生涯へ私たちは入っていきます。この地上での困難な生の営みを神の前に、キリストと共に立派に生きていくことができるのです。地上での第一の生は、第二の偉大な生涯と深いつながりがあるからです。また私たちの地上での人生が永遠の命に囲まれていることを知るとき、私たちはこの地上での生がどれほど困難であっても、喜びを持って積極的に取り組んで生きることができるのであります。そして学問探究も喜びを持って取り組んでいけるのです。この神の愛される地上をより深く探究する場として。

歴史年表

〈旧約聖書の時代〉

前 1900 頃　アブラハムとその一族、カルデヤのウルからカナンへ移住（創世記 12 章）

前 1700 頃　イスラエル人（ヤコブとその一族）のエジプトへ移住（創世記 46 章）

前 1250 頃　モーセ、イスラエル人の出エジプトを導く。約 40 年間シナイの荒野を放浪後、後継者ヨシュアによるカナン侵入と定着（民数記 13、14 章、ヨシュア記）

前 1200 頃　士師たちの時代（士師記）

前 1020　サウル、イスラエル初代の王となる（サムエル記上 9、10 章）

前 1000　ダビデ、最初の 7 年ヘブロンでユダの王、後の 33 年エルサレムで全イスラエル統一王国の王となる（サムエル記下 2、5 章）

前 961　ソロモン、イスラエルの王となる（列王紀上 2 章）。治世第 4 年に神殿竣工（列王紀上 6 章）

前 922　ソロモンの死、イスラエル王国の分裂（南王国ユダと北王国イスラエル）（列王紀上 12、14 章）

前 900 頃〜609　新アッシリア帝国古代近東世界を支配。前 612 年ニネヴェ陥落、3 年後に滅亡

北のアハブ王時代（871〜852）、預言者エリヤ、北イスラエルの宗教的堕落との戦い（列王紀上 17〜19 章）。エリシャはその後継者（列王紀下 2 章以下）

前 760　大地震　この頃、アモス、少し遅れてホセア、北イスラエルで預言活動（シリア・エフライム戦争の頃まで）

前 733　シリア・エフライム戦争（北イスラエルとシリヤ、同盟参加を強制して南ユダ攻撃、列王紀下 16 章、イザヤ章 7 章）

第一イザヤ、ミカ、預言活動開始（前 736〜）

前 722　アッシリア帝国によって北王国の首都サマリア陥落し、北王国イスラエル滅亡。住民はアッシリアに捕虜（列王紀下 17 章）

前 650 年頃からゼファニヤ、前 626 年エレミヤ、預言活動開始

前 622　「律法の書」発見（列王紀下 22 章）。ヨシュア王、これに基づき宗教改革に着手（異教的祭儀や地方聖所の廃止、祭儀のエルサレム集中）

前 625　新バビロニアの独立。609 年以後新アッシリア帝国に代わって古代近東世界を支配

前 597〜587　バビロニア帝国によるエルサレム陥落。エルサレム住民のバビロニア捕囚（列王紀下 24、25 章、エレミヤ 52 章）
前 593 エゼキエル、バビロニアにて預言活動開始。紀元前 6 世紀半ばから、第二イザヤ、預言活動
前 538〜333　ペルシア帝国の時代
前 538　ペルシア王クロス、バビロニアにおける捕囚のユダヤ人のエルサレム帰還を許す（イザヤ書 45 章）
前 520　エルサレム神殿再建（ペルシア総督の下で制限的自由独立を享受、ユダヤ人共同体が成立、エズラ 1 章）
ハガイ、ゼカリヤ、第三イザヤ、彼らより遅れてヨエル、マラキの預言活動
前 458? あるいは 398　エズラの帰還。ユダヤ人の呼び名が定着
前 336 以降　ヘレニズムの時代
前 333　アレクサンドロス大王、シリア、パレスチナを併合
前 168　ギリシャのアンティオコス・エピファネス、エルサレム神殿に異教の祭壇を建立。ユダ・マカバイは武装蜂起
前 167〜162　マカバイ戦争（ユダ・マカバイの活躍）。164 年にエルサレム奪還。ハスモン王朝として独立
前 63〜後 135　ローマ帝国の時代
前 63　ポンペイウスによるエルサレム占拠

〈新約聖書・教会の時代（宗教改革前夜まで）〉
紀元前
4〜7?　イエスの誕生
紀元後
28〜30 頃　イエス、洗礼者ヨハネより洗礼を受ける
30〜32 頃　イエス、十字架刑によって処刑されるが、3 日後に復活する。その 50 日後、弟子たちの上に聖霊が下り教会が誕生する
33〜34 頃　ステファノが殉教する（最初の殉教者）。パウロが回心し、キリスト教の伝道者となる
47〜48 頃　パウロの伝道旅行始まる。この後 56 年頃まで計 3 回の伝道旅行が行なわれる
49 頃　エルサレムで使徒会議が開かれる
50 年代　パウロ、テサロニケの信徒への手紙 1、ガラテヤの信徒への手紙、フィリピの信徒への手紙、コリントの信徒への手紙 1、2、ローマの信徒への手紙等を書く

59〜60 頃　パウロ、ローマで殉教する
60 頃　マルコによる福音書が書かれる
64　皇帝ネロによるキリスト教徒迫害が起こる
66　第一次ユダヤ戦争が始まる。エルサレムが陥落し、神殿が破壊される（70）
80 頃　マタイによる福音書、ルカによる福音書が書かれる
90 頃　ユダヤ教のヤムニヤ会議が開かれ、現在の旧約聖書が完成する
100 頃　ヨハネによる福音書が書かれる
132　第二次ユダヤ戦争が始まる。ローマ軍によってエルサレムが完全に制圧され、ユダヤ人はエルサレムから完全に追放される（135）
150 頃　ペトロの手紙 2（新約聖書に収められた最も新しい文献）が書かれる
＊ 2 世紀後半　古カトリック教会が成立する（現在とほぼ同じ形の新約聖書が成立し、また職制、信条が整う）
200 頃　教父時代が始まる
250　デキウス帝による最初の全帝国的なキリスト教大迫害が始まる
303　ディオクレティアヌス帝による迫害が始まる
313　コンスタンティヌス大帝、ミラノの勅令を発し、キリスト教を公認宗教とする（コンスタンティヌス体制の始まり）
325　ニカイア（ニケーア）公会議が開かれる
330　ローマからビザンティウムに遷都し、コンスタンティノポリスと改名する
361　ユリアヌス帝、異教の復興を計る
375　ゲルマン民族の大移動が始まる
388〜400 頃　ヒエロニムス、ラテン語訳聖書（ウルガタ）を完成させる
392　テオドシウス帝、キリスト教を国教とする
395　ローマ帝国、東西に分裂する
430　アウグスティヌス没す（354〜）
451　カルケドン公会議が開かれる
476　西ローマ帝国が滅亡する
481　クローヴィス、フランク王となり、496 年正統キリスト教に改宗する
529　ベネディクトゥス、モンテ・カシーノに修道院を開く
532　ユスティニアヌス法典（「ローマ法大全」）が成立する
571 頃　ムハンマド（イスラム教の開祖）、生まれる
590　教皇グレゴリウス 1 世、即位する（〜604）
596　教皇グレゴリウス 1 世、修道院長アウグスティヌスをイングランドに派遣する

732　カール・マルテル、トゥール・ポワティエの戦いでイスラム教徒を破る
800　カール大帝、教皇レオ3世より西ローマ皇帝の王冠を戴く
843　ヴェルダン条約（フランク王国が3分割され、現在のフランス、イタリア、ドイツの原型ができる）
910　クリュニー修道院、開設される
962　オットー大帝、神聖ローマ帝国を創設する（〜1806）
1054　ローマ・カトリック教会の教皇とギリシャ正教会の総主教とが相互に破門し合い、キリスト教界が東西に分裂する
1066　ノルマンディー公ウィリアム、イングランドを征服する（ノルマン・コンクェスト）
1075　教皇グレゴリウス7世、信徒による聖職叙任に反対する宣言をする（皇帝ハインリヒ4世との「叙任権論争」の始まり）
1077　カノッサの屈辱（ハインリヒ4世、教皇に謝罪する）
1096　第1回十字軍始まる。この後、13世紀後半まで計8回の十字軍が起こされる
1098　シトー会、開設される
1122　ヴォルムス協約が結ばれ、叙任権論争に終止符が打たれる
1198　教皇インノケンティウス3世、即位する（教皇権の絶頂期）
1209　アシジのフランシスコ、「小さき兄弟会」（通称「フランシスコ会」）を創設する
1215　イングランド王ジョン、マグナ・カルタ（大憲章）を制定する
1216　ドミニコ、ドミニコ会を創設する
1274　トマス・アクィナス没す（1224/26〜）
1309　教皇庁がローマから南仏のアヴィニョンに移される（「教皇のバビロン捕囚」）（〜77）
1378　シスマ（大分裂）が起こる（〜1417）
1409　ピサ公会議が開かれ、その結果3人の教皇が乱立する
1414　コンスタンツ公会議が開かれる（〜18）
1415　フス、焚刑に処せられる
1419　フス戦争始まる（〜36）
＊15世紀　イタリア・ルネサンスの盛期
1453　東ローマ帝国、滅亡する
1456頃　グーテンベルク、印刷術を発明し、いわゆる「グーテンベルク聖書」の刊行を始める
1492　コロンブス、西インド諸島に到達する

1498　ヴァスコ・ダ・ガマ、インド航路を発見する
フィレンツェで教会改革を試みたサヴォナローラ、処刑される

〈新約聖書・教会の時代（宗教改革以降）〉

1517　ルター（1483〜1546）、「九十五箇条の提題」を発表（ドイツ）
1519　ライプチヒ神学論争により、カトリック教会とルターとが決定的対立（ドイツ）
1521　ルター、ローマ教皇より破門される（ドイツ）
1523　ツヴィングリ（1484〜1531）、カトリック教会を批判し、チューリヒ市の教会はプロテスタント教会となる（スイス）
1524　ドイツ農民戦争：農民の領邦君主に対する戦い（〜25）
1530　アウクスブルク国会に、アウクスブルク信仰告白（ルター派）、四都市信仰告白（ブーツァー派）、ツヴィングリの信仰告白がそれぞれ提出される
1534　ヘンリー8世（位1509〜47）、首長令発布。カトリック教会から離脱し、イングランド国教会始まる（イングランド）
1534　ルター、ドイツ語訳聖書完成（ドイツ）
1534　イグナティウス・デ・ロヨラ（1491〜1556）、イエズス会を設立し、対抗宗教改革の推進
1536　カルヴァン（1509〜64）、ジュネーブにおいて宗教改革開始（スイス）
1545　トリエント公会議（〜63）。ローマ教皇の首位権や贖宥状などを再確認
　1549　イエズス会のザビエル（1506〜52）、鹿児島に渡来してカトリック伝道を開始（日本）
1554　メアリー1世（位1553〜58）、カトリックを復活させる（イングランド）
1555　アウグスブルクの講和：皇帝とドイツ・プロテスタント諸侯との講和。諸侯にカトリックかルター派かの宗教選択権を与え、住民はその領主の信仰に従うとした（ドイツ）
1559　エリザベス1世（位1558〜1603）、首長令、統一令および共通祈禱書を復活させ、イングランド国教会を確立（イングランド）
1562　ユグノー戦争：カトリック教会対ユグノーの宗教対立に政治闘争が結びついて起こったフランスの内戦（〜98）（フランス）
1571　「三十九箇条」の信仰箇条制定（イングランド）
　1582　天正遣欧使節出発（〜90）
　1589　豊臣秀吉、バテレン追放令発布
　1597　長崎において二十六聖人殉教

1598　ナントの勅令：フランス王アンリ4世（位1589～1610）がユグノーに信仰の自由と市民権を与えた勅令（フランス）
1603　ピューリタンの千人請願（イングランド）
1611　欽定訳聖書（King James Version）の完成（イングランド）
1618　三十年戦争：ドイツ国内で戦われた宗教戦争（～48）
1620　ピルグリム・ファーザーズ、信仰の自由を求めてメイフラワー号に乗りアメリカ大陸へ移住。上陸に先立ってメイフラワー契約を結ぶ（アメリカ）
1629　チャールズ1世（位1603～25）、専制政治を強め、議会を解散（イングランド）
　1629　徳川家康、踏み絵施行
1635　ロジャー・ウィリアムズ、イングランド国教会からの分離を主張し、ニュー・イングランド体制を批判（アメリカ）
　1637　島原の乱（～38）
1640　ジョナサン・エドワーズ（1703～58）を中心に信仰の大覚醒運動が起こる
　1641　鎖国体制完成
1642　議会派と王党派の武力衝突により内戦始まる（～49）（イングランド）
1643　ウェストミンスター神学者会議始まる（～53）（イングランド）
1646　ウェストミンスター信仰告白完成（イングランド）
1648　ウェストファリア条約（ドイツ）
1649　ピューリタン革命：チャールズ1世が処刑され、共和国となる（イングランド）
1653　クロムウェル（1599～1658）、護民官に就任（イングランド）
　1654　キリシタン禁令高札
1660　王政復古。チャールズ2世（位1660～88）の即位（イングランド）
1688　名誉革命（イングランド）
1689　権利章典制定（イングランド）
1713　ユトレヒト条約
1739　ジョン・ウェスレー（1703～91）、弟のチャールズ（1707～88）と伝道活動を始め、メソジスト運動が広がる（イングランド）
1776　独立宣言（アメリカ）
1789　アメリカ合衆国憲法制定（アメリカ）
1789　フランス革命
1792　合衆国憲法修正。信教の自由と国教会制度不採用の決定（修正第1条）（アメリカ）

1811　ディサイプルス派成立（アメリカ）
1833　オックスフォード運動起こる（イングランド）
　1859　宣教師リギンス、ウィリアムズ、ヘボン、ブラウン、シモンズ、フルベッキが来日し、プロテスタント伝道が開始される
1861　南北戦争（〜65）（アメリカ）
　1861　ロシア正教会司祭ニコライ来日
1863　奴隷解放宣言（アメリカ）
　1872　日本基督公会創立
　1873　キリシタン禁令の高札撤去
　1883　ディサイプルス派の宣教師ガルスト（1853〜98）来日
　1887　日本聖公会成立
　1891　内村鑑三（1861〜1930）、不敬事件
　1900　足尾銅山鉱毒事件
　1907　日本メソジスト教会成立
　1909　賀川豊彦（1888〜1960）、貧民窟において伝道を開始
1914　第一次世界大戦（〜18）
1917　ロシア革命
1939　第二次世界大戦（〜45）
　1941　日本キリスト教団成立
　1946　日本国憲法制定
1948　世界人権宣言
1955　マーティン・ルーサー・キングの指導の下、人種差別撤廃を求めてバスボイコット運動が起こる（アメリカ）
1963〜65　黒人の公民権を求めるワシントン行進が起こる（アメリカ）
1962　第二ヴァチカン公会議
1989　ベルリンの壁崩壊（ドイツ）
1991　ソビエト連邦崩壊

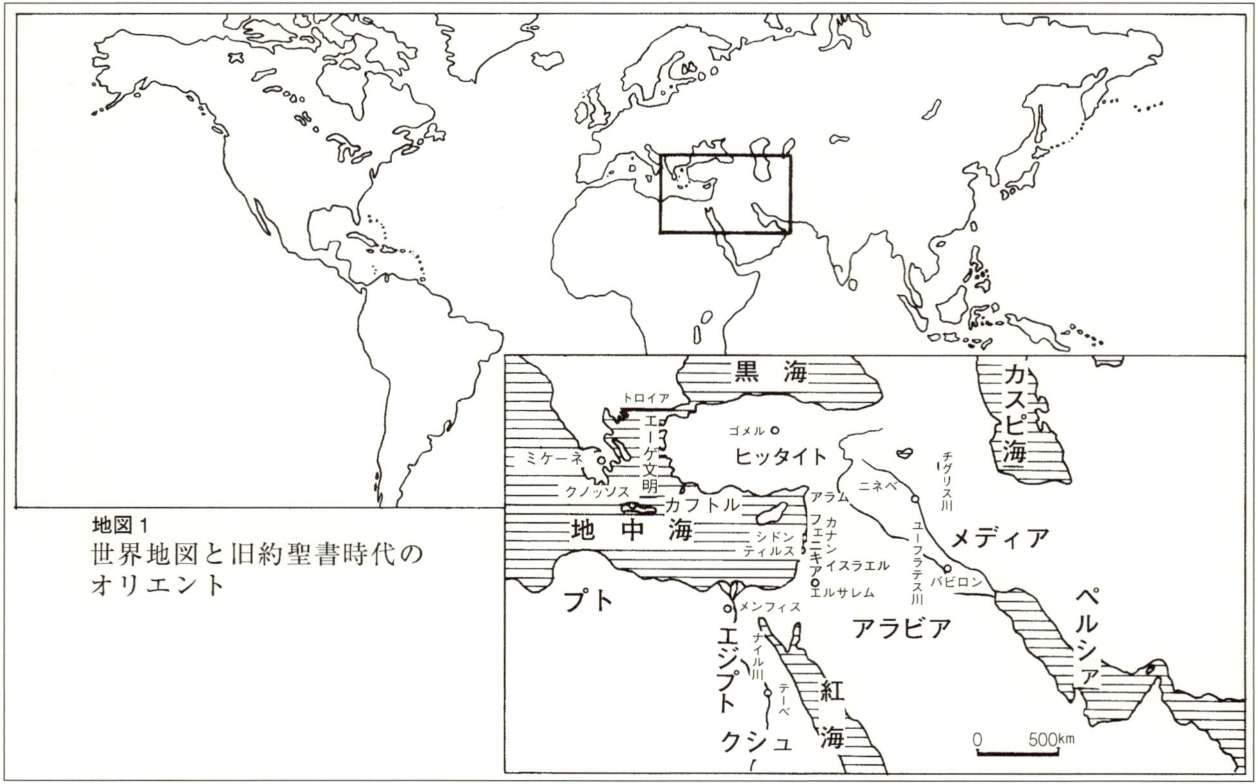

地図 1
世界地図と旧約聖書時代のオリエント

地図２
新約時代の
イスラエル
0 10 20 30 40 50km
大海（地中海）
シドン
サレプタ
ティルス
フェニキア
レバノン山脈
アンティ・レバノン山脈
ヘルモン山
ダマスコ
イトラヤ
フィリポ・カイサリア
トラコン
ナフタリ
ガリラヤ
コラジン
ベトサイダ
カファルナウム
ガリラヤ湖
カナ
カルメル山
ティベリアス
デカポリス
タボル山
ナザレ
ナイン
ガダラ
カイサリア
サマリア
シャロンの野
サリム
アイノン
ペレア
ヨルダン川
シカル
ゲラサ
ヤッファ
アリマタヤ
リダ
エフライム
エリコ
エマオ
エルサレム
ベトファゲ
ベタニア
ベタニア
アゾト
クムラン
ベツレヘム
塩の海（死海）
ガザ
ヘブロン
ユダヤ
イドマヤ

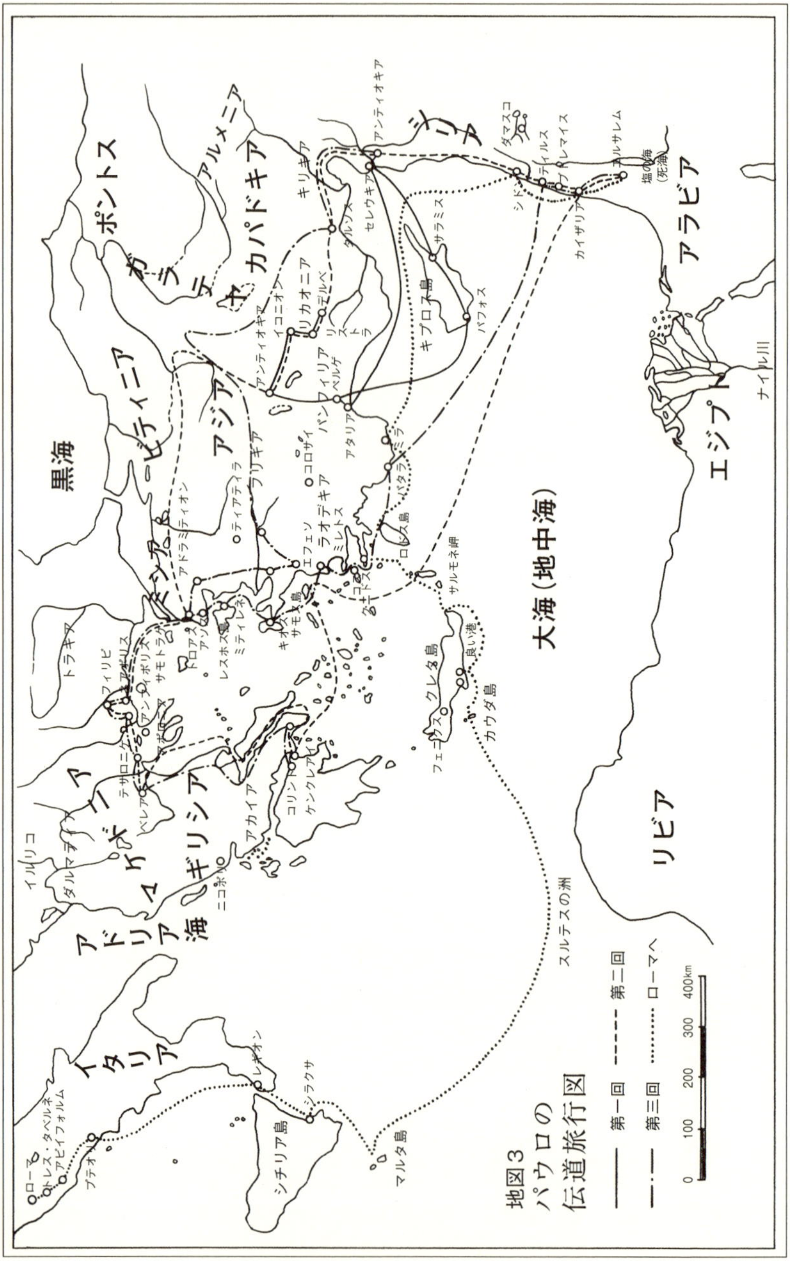

地図3
パウロの伝道旅行図

執筆者一覧

(2013年4月1日現在)

阿久戸光晴（聖学院理事長、聖学院院長、聖学院大学学長）
近 藤 勝 彦（前東京神学大学学長、元学校法人聖学院理事・評議員）
阿 部 洋 治（女子聖学院中学校高等学校校長）
菊 地 　 順（聖学院大学大学チャプレン、政治経済学部チャプレン(兼)、同教授、聖学院キリスト教センター副所長）
佐 野 正 子（聖学院大学人間福祉学部チャプレン、同教授）
濱 田 辰 雄（聖学院キリスト教センター副所長、聖学院小学校・聖学院幼稚園チャプレン）
古 屋 安 雄（元聖学院大学大学院 アメリカ・ヨーロッパ文化学研究科教授）
深 井 智 朗（金城学院大学人間科学部宗教主事、同教授、元聖学院大学 総合研究所教授）
相 澤 　 一（フェリス女学院大学文学部コミュニケーション学科准教授、元聖学院大学政治経済学部副チャプレン、元同准教授）

＜改訂版修正担当＞
山 口 　 博（聖学院副院長、聖学院キリスト教センター所長、聖学院大学附属みどり幼稚園園長代行）
菊 地 　 順（聖学院大学大学チャプレン、政治経済学部チャプレン(兼)、同教授、聖学院キリスト教センター副所長）
佐 野 正 子（聖学院大学人間福祉学部チャプレン、同教授）
左 近 　 豊（聖学院大学人間福祉学部副チャプレン、同准教授）
柳 田 洋 夫（聖学院大学人文学部副チャプレン、同准教授）

神を仰ぎ、人に仕う・改訂21世紀版

2013年4月1日　初版第1刷発行
2015年4月1日　　　第2刷発行
編　著　聖学院キリスト教センター
発売所　聖学院大学出版会
〒362-8585　埼玉県上尾市戸崎1番1号　電話048-725-9801

印刷・製本／クイックス

ISBN978-4-907113-04-9　C0016

史料による
日本キリスト教史
鵜沼裕子著

キリシタン時代から現代に至るまでの、日本におけるキリスト教の受容と展開をわかりやすく素描した「歴史篇」と、手に入りにくい原史料を集めた「史料篇」からなる。

四六判並製本体一六〇〇円

キリスト教信仰概説
倉松功著

日本のプロテスタント・キリスト教のなかで、最も多数をしめる日本キリスト教団の「信仰告白」を解説することによって、プロテスタント・キリスト教信仰の概要をしめす。

四六判並製本体一五五四円

キリスト教社会倫理
W・パネンベルク著
大木英夫・近藤勝彦監訳

われわれは、文化や社会の問題を、倫理的諸問題を、その根底から再考しなければならない時代に生きている。本書はその課題に神学からの一つの強力な寄与を提示する（あとがきより）。

四六判上製本体二五二四円

現代に生きる教会の使命
W・パネンベルク著
大木英夫・近藤勝彦監訳

『キリスト教社会倫理』の続編。「教会の意味」について、その「使徒性や普公性」、また今日緊急な問題になっている「聖餐の理解」について、教えるところが多い。本書はまたパネンベルクの「エキュメニズム」論を提示している点でも重要である。

四六判上製本体三六〇〇円

主の祈り キリスト入門
大木英夫著

祈ることの困難と祈りの世界からの断絶を経験している現代の中で、祈ることは可能なのか。「主の祈り」を講解しながら、祈りの意味、現代に投げかける光と声を明解に解き明かす。

ヴェリタス叢書①　四六判並製本体一八四五円

歴史としての啓示
W・パネンベルク編著
大木英夫・近藤勝彦ほか訳

神の啓示を客観的な歴史的事実の中に見ようとする「歴史の神学」の立場を明確にした論争の書。歴史の流れにおける神の働きを考察し、終末論的希望をイエスの復活に根拠付ける。

四六判上製本体三一〇七円

光の子と闇の子
デモクラシーの批判と擁護
ラインホールド・ニーバー著
武田清子訳
政治・経済の領域で諸権力が相剋する歴史的現実の中で、自由と正義を確立するためにはいかなる指導原理が必要か。キリスト教的人間観に基づくデモクラシー原理を明確にする。
四六判上製本体二一三六円

ラインホールド・ニーバーの歴史神学
高橋義文著
ニーバー神学の形成背景・諸相・特質を丹念に追い、独特の表現に彩られる彼の思想の全貌を捉えながら帰納的に「歴史神学としてのニーバー神学」と特質を解明する気鋭の書下ろし。
四六判上製本体四二七二円

ユルゲン・モルトマン研究
組織神学研究第一号
組織神学研究会編
モルトマンは、終末論に基づいた『希望の神学』等で知られるテュービンゲン大学教授。本書は、組織神学研究会の過去一年間の研究成果をまとめた論文集である。バルトとモルトマン／三位一体論、とくに聖霊論の対比／死者の居場所をめぐってなど所収。
A5判並製本体二〇〇〇円

パウル・ティリッヒ研究
組織神学研究所編
二十世紀の思想、美術などに大きな影響を与えたアメリカを代表する神学者、パウル・ティリッヒの思想を現代世界・日本の状況の中で、主体的に受けとめ、新しい神学を構築しようとする意欲的な論文集。
A5判上製本体三八〇〇円

パウル・ティリッヒ研究2
組織神学研究所編
現代世界におけるキリスト教の意味を最も体系的に思索したパウル・ティリッヒの主著『組織神学』をその背後にある哲学・思想を明らかにしながら批判的に捉え直す。
A5判上製本体三八〇〇円

自由と結社の思想
ヴォランタリー・アソシエーション論をめぐって

J・L・アダムズ
柴田史子訳

アメリカの著名な神学者・社会倫理学者、ジェイムズ・ルーサー・アダムズの社会理論・社会倫理に関する主要論文を集める。「本書に掲載されている数十年にわたって執筆された論文が提起している問題は、『自由主義』の再検討にとっても、人間と共同体、歴史と社会倫理の関係について展開されている学問的論争にとっても有効性を持つ問題であることは明らかである」（本書「編者序文」より）。　四六判上製本体三八〇〇円

近代日本キリスト者の信仰と倫理

鵜沼裕子著

近代日本のキリスト教に関する研究の主要な関心は、これまで主として「近代化」という国家的課題の中で、キリスト教が果たしてきた開明的役割を明らかにすることであり、政治・社会との関わりに重点がおかれてきた。本書では、これまでの研究を踏まえつつ、近代日本における代表的キリスト者である、植村正久、内村鑑三、新渡戸稲造、三谷隆正、賀川豊彦を取り上げ、かれらの信仰を内在的に理解し、その信仰と倫理の実像を描く。　A５判上製本体三六〇〇円

宗教の未来

パウル・ティリッヒ著
大木英夫・相澤一訳

現代アメリカ思想において大きな影響を与えたパウル・ティリッヒの現代における宗教の意義を論じた論文集。I部ティリッヒに捧ぐ／ティリッヒがアメリカに与えた衝撃（ジェラルド・ブラウアー）、ティリッヒの豊かさの源泉（ヴィルヘルム・パウク）、ティリッヒと宗教史（ミヒャエル・エリアーデ）、II部ティリッヒによる論文／宇宙探検が人間の条件と態様に対して与えた影響、未知の世界、進歩の理念の衰退と妥当性、組織神学者にとっての宗教史の意義。　四六判上製本体二二〇〇円